Enzo Barillà

ASTRI E DESTINO

II edizione 2018

INTRODUZIONE

Sono stato incoraggiato ad affidare questo testo alle stampe in considerazione del favore incontrato dal mio *Il punto dell'astrologia*[1], di cui può essere considerato un logico complemento. In aggiunta ai capitoli riguardanti lo studio della biografia di alcuni personaggi storici, raffrontata al rispettivo tema natale, questa raccolta include anche il resoconto di una ricerca d'archivio eseguita in Germania sulla vita e le opere di Nicola Sementovsky-Kurilo (noto nei paesi di lingua tedesca come Nikolaus v. Sementowsky-Kurilo), e relativo tentativo di ricostruirne la genitura.

Include anche una corposa introduzione allo studio di Jyotish o astrologia indiana: *Ciò che l'astrologia indiana ci può insegnare* che a suo tempo riscosse l'interesse del politologo prof. Giorgio Galli, tanto da essere citata nel suo *Appunti sulla New Age*[2]. Lo stesso prof. Galli ha attinto, pur senza nominarmi direttamente, al mio *Paul Feyerabend e il manifesto anti-astrologico del 1975* per concludere il suo capitolo *Astri e filosofi da Adorno a Feyerabend*[3]; credo che rappresenti una conferma accademica della validità dell'impostazione da me a suo tempo adottata. E così deve avere pensato l'estensore della voce "Oscurantismo" di Wikipedia[4], citando questo mio scritto tra le sue fonti.

Desidero concludere segnalando al lettore i tre scritti redatti sotto forma di dialogo: *Intervista a Enzo Barillà*, *Piccoli passi di avvicinamento al concetto di destino* e *La previsione. Una chiacchierata attorno al caminetto*. In essi ho cercato di esporre la mia biografia e la mia filosofia dell'astrologia, servendomi del collaudato escamotage che risale a Platone e prediletto da Leopardi.

Introduzione alla seconda edizione

Rispetto alla prima edizione del settembre 2015, la presente non espone modifiche nel testo, ma si limita a correggere gli inevitabili

---

[1] Alpes Italia editore, Roma, 2014.
[2] Kaos edizioni, Milano, 2003, p. 82.
[3] Cfr. *Stelle rosse*, Alacran edizioni, Milano, 2006, p. 45
[4] Cfr. wikipedia italiano (consultato il 28/2/2015)

refusi, oltre a introdurre un rinnovato apparato iconografico.

Bologna, novembre 2018.

I PARTE
LE INTERVISTE

INTERVISTA A ENZO BARILLÀ

D. Come Le è venuto in mente di intervistare se stesso? Non ritiene che sia una trovata un po' narcisistica?

R. Ho seguito un'idea di Oriana Fallaci. È una finzione, una modalità di libera espressione su tematiche che mi stanno a cuore e che non avrei avuto modo di manifestare diversamente. Per essere intervistati da un quotidiano o da una rivista sembra sia necessario avere una visibilità mediatica, o avere fatto strepitose previsioni, poco importa se successivamente rivelatesi infondate.

D. Vedo che è saltato piè pari nella topica astrologica. È questo l'argomento che Le sta più a cuore? Si definisce un astrologo?

R. Non mi consideri un astrologo, La prego.

D. Perché? Si sentirebbe offeso?

R. Assolutamente no. Mi considero uno junghiano appassionato di astrologia. Essere junghiani significa occuparsi di psiche, e quindi – tra l'altro – di archetipi, di miti: significa dirigersi consapevolmente verso l'individuazione. L'astrologia può essere di grande aiuto per l'individuazione. Ovviamente non tutti gli junghiani la pensano così, e comunque si può prediligere lo studio delle fiabe, oppure dell'alchimia, della mitologia, delle religioni comparate... Jung aveva interessi vastissimi; amare e rispettare Jung comporta seguirne il pensiero nelle varie direzioni da lui tracciate, nessuna esclusa.

D. Ne deduco che chi segue il pensiero di Jung dovrebbe essere amico dell'astrologia, mi pare scontato.

R. Guardi che qualcuno dissentirebbe vigorosamente. Un nome tra tutti: Aldo Carotenuto che arrivò a scrivere parole sprezzanti contro la scienza degli astri. Si legga *Jung e la cultura italiana*, pagg. 118, 119. Qualche anno fa ho avuto uno scambio di idee sul web con uno psicoanalista a orientamento junghiano che dichiarava di nutrire molti dubbi rispetto alla validità dell'analisi astrologica. La pagina in questione è ancora consultabile sul sito Psicoterapia Junghiana (attivo alla data dell'8/9/2015).

D. Quando avvenne il Suo incontro con il pensiero di Jung?

R. Frequentavo l'ultimo anno della scuola media superiore quando una compagna di classe mi regalò *Il problema dell'inconscio nella psicologia moderna*. Lo conservo ancora. Dovettero però passare alcuni anni prima che lo leggessi seriamente e incominciassi (sottolineo: incominciassi) a capirne il contenuto.

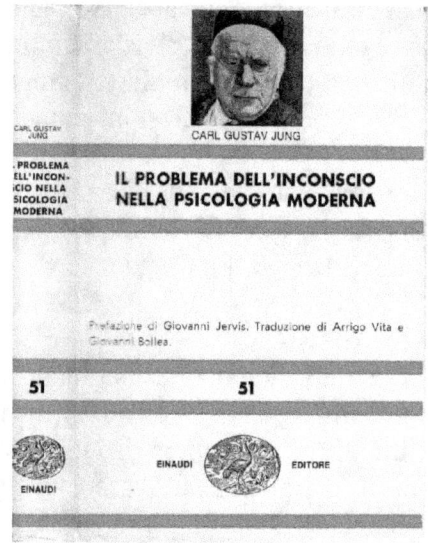

D. Forse il libro era arrivato un po' troppo presto. Quando incominciò a interessarsi di astrologia?

R. Posso condividere qualche ricordo, e successivamente richiamare una data approssimativa a partire dalla quale cominciai ad applicarmi sistematicamente allo studio della materia. Ero un bambino quando guardavo i librettini dei segni zodiacali di Francesco Waldner appesi in bella mostra all'edicola vicino a casa. Costavano 300 lire l'uno, una cifra ragguardevole se si pensa che un qualsiasi giornale quotidiano costava a quel tempo 25-30 lire. Il ricordo successivo mi riporta verso il 1970, quando comprai il *Trattato* di Sementovsky-Kurilo. Lo lessi un po' qua e là, poi lo prestai e non lo riebbi più indietro. Nel 1977 dividevo i locali della mia attività professionale con un avvocato, il quale mi "fece l'oroscopo". Rimasi impressionato dalla sua analisi e intrapresi uno studio sistematico dell'astrologia, che da allora non ho più abbandonato.

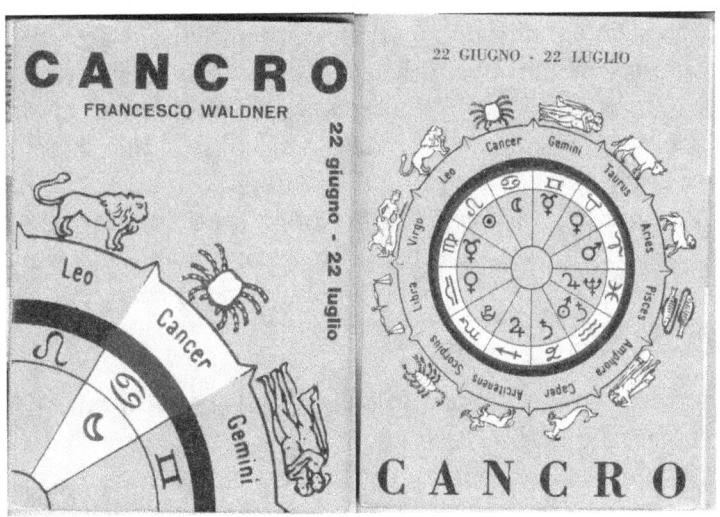

D. Il Suo interesse per Jung è dunque andato di pari passo con la passione per l'astrologia?

R. Direi di sì, anche se i tempi non coincidono perfettamente. Mi spiego meglio. Sono entrato in analisi nel 1974, quando risiedevo a Londra per lavoro. Non mi trovavo bene in quello che facevo, e sentii la necessità di un aiuto. Sfogliai un giornaletto locale di piccoli annunci e notai quello di uno psicoanalista junghiano che cercava di formare un gruppo analitico. Mi presentai e da lì iniziò la mia avventura. Era un americano e, malgrado la brevità dell'analisi (dovetti interrompere per via del rientro in patria), fu un'esperienza veramente straordinaria. Ne fui talmente colpito che nel 1983, trovandomi negli Stati Uniti per turismo, riuscii a rintracciarlo in

California, dove era ritornato, e anche a incontrarlo. Pochi anni fa abbiamo inoltre avuto uno scambio di corrispondenza.

D. La Sua è una storia davvero singolare. Le è mai capitato di riflettere su quegli avvenimenti così apparentemente casuali, ma che hanno quasi il sapore di una svolta preordinata? Proviamo a pensare: se Lei non fosse stato spedito a Londra, se Lei non si fosse trovato talmente a disagio da voler ricorrere all'aiuto di uno psicoanalista, se Lei non avesse incontrato proprio quell'analista junghiano… Che cosa ne sarebbe stato della Sua passione per Jung?

R. È difficile dare un giudizio. È vero che da giovanotto ebbi in regalo un libro di Jung… forse possiamo considerarlo un segno premonitore, un'anticipazione, non saprei. Uno scrittore che apprezzo molto, Stefan Zweig, ha scritto un libro assai interessante intitolato *Momenti fatali*. Nella premessa dell'A. si legge: «Fatti che di solito scorrono placidamente l'uno dopo l'altro, l'uno in parallelo all'altro, si comprimono in un singolo attimo, che tutto decide e tutto dispone: un unico sì, un unico no, un troppo presto o un troppo tardi rendono quell'ora irrevocabile per cento generazioni, e determinano la vita di un individuo, di un popolo, addirittura il corso del destino per l'intera umanità.»

D. A Lei piace molto riportare in citazione il pensiero di altri. Non potrebbe essere più originale, usare parole Sue?

R. È un rimprovero che mi viene spesso fatto. E io, quasi per dispetto, Le rispondo con un'altra citazione, quella di Jean Starobinski all'*Anatomia della malinconia* di Robert Burton: «Questo libro, egli lo ammette, è un centone. L'ampiezza del ricorso alla citazione, in un autore che si dichiara esso stesso malinconico, ci invita ancora ad interrogarci sul rapporto fra la malinconia e la perpetua inserzione di un discorso preso da altri in seno al proprio discorso. Se c'è qui, da un lato, l'attestazione di un sapere, c'è anche dall'altro, un'ammissione di "insufficienza". Cedere così costantemente la parola a coloro che vengono considerati le massime autorità potrebbe essere la conseguenza del sentimento d'inferiorità, cioè di spersonalizzazione, di cui soffre la coscienza malinconica: le sono necessari dei sostegni, degli appoggi esterni, dei garanti.»

D. Afferma di essere un melanconico, è questo che mi vuol dire?

R. Essere melanconici è un destino. Pensi come meglio crede.

D. Allora vuole forse fare sfoggio di erudizione?
R. Non sono un erudito, cerco solo di andare a fondo nelle cose, cerco di non essere superficiale. Tutto qui. Passiamo ad altra domanda, se non Le dispiace.

D. Ritorniamo all'astrologia, perché mi sembra che occupi la gran parte dei suoi scritti.
R. È vero, i miei scritti di psicologia sono inferiori nel numero a quelli di astrologia. Ma se Lei si fosse preso la briga di leggerli tutti – del che ne dubito, stando alla Sua domanda – si sarebbe accorto che ogni qual volta tratto un argomento astrologico, il taglio è sempre psicologico-junghiano. Senza eccezione alcuna, direi.

D. Quali sono gli Autori da cui ha tratto maggior beneficio, astrologicamente parlando?
R. In ordine cronologico, ma non per importanza, Sementovsky-Kurilo, poi André Barbault. Nella mia biblioteca figurano ovviamente anche altri nomi: tedeschi, anglo-americani, francesi. Ho la fortuna di avere una certa predisposizione per le lingue straniere e cerco di leggere i testi in originale, piuttosto che in traduzione italiana. Purtroppo le traduzioni sono spesso insufficienti e addirittura talvolta stravolgono il pensiero dell'Autore con strafalcioni inimmaginabili.

D. Autori italiani, nessuno?
R. Guardi, il tasto è delicato, e forse ho capito dove vuole arrivare. Lei intende riferirsi a Lisa Morpurgo?

D. Precisamente. Mi sembra un'Autrice italiana dotata di un pensiero originale.
R. L'ipotesi dell'esistenza di pianeti trans plutoniani era già stata formulata dall'astrologo francese Léon Lasson che li aveva battezzati "X" e "Y" molti anni prima che Lisa Morpurgo scrivesse la sua *Introduzione all'astrologia*. Ciò detto, alcuni concetti espressi da Morpurgo in questo testo sono senz'altro interessanti e meritevoli di attenzione.

D. Chi considera il Suo Maestro?

R. André Barbault, non v'è alcun dubbio in proposito. Basti leggere i miei articoli, i miei ritratti storici, i numerosi testi di Barbault da me tradotti in italiano per capire quanto sia importante per me questo Autore, con cui nel tempo s'è anche sviluppato un rapporto di sincera e profonda amicizia. Il pensiero di André Barbault è completo, e la sua impostazione dà conto a mio avviso dell'essenza dell'arte di Urania, della sua utilità nelle concrete e svariate applicazioni pratiche. Le faccio un esempio tratto dalla mia diretta esperienza. Alcuni anni fa andai a trovarlo a Parigi e nel corso dell'incontro ci capitò di parlare di Borsa valori, di azioni e di valori mobiliari. Gli dissi che avevo un certo pacchetto azionario, e il Maestro mi mise sull'avviso rispetto a un crollo che secondo lui si sarebbe verificato in concomitanza dell'opposizione celeste tra Saturno e Urano del 2008-2009. Vendetti tutte le azioni, realizzando un discreto guadagno, scansando così la crisi economico-finanziaria che puntualmente si verificò a livello mondiale.

D. Come è avvenuto il Suo incontro con il Maestro francese?

R. Anche questa è una storia particolare, perché il primo incontro avvenne molti anni fa a Parigi, però senza che nessuno dei due lo sapesse. Immagini due amici che affrontano un viaggio di 1.100 chilometri circa per recarsi a Parigi nei primi anni '70 del secolo scorso, a bordo di una piccola Citroen 2 cavalli.

Li immagini ora passeggiare per gli Champs Elysées, quando si avvicina qualcuno che mi mette in mano un volantino. È il volantino di ASTROFLASH, di cui Barbault aveva scritto i testi poi confluiti nel relativo programma informatico. Il suo nome è chiaramente visibile nel frontespizio, dove si può leggere: *È sotto l'alta autorità di André Barbault, il più grande astrologo dei nostri tempi, autore della celebre collezione dello Zodiaco, che sono stati programmati una serie di studi, ecc. ecc.* Per qualche ragione, che non so razionalmente spiegare, ho sempre conservato il volantino, incredibilmente sopravvvissuto a una serie di traslochi.

Le grand psychologue C. G. Jung dit, dans "L'Homme à la découverte de son âme" : "Nous sommes nés à un moment donné et nous avons comme les crus célèbres, les qualités de l'an et de la saison qui nous ont vus naître".

Depuis des millénaires, les hommes de bonne foi ont l'intime certitude que leur personnalité n'est pas le fruit d'un hasard, et que, de toutes les heures de la vie, la plus importante est celle qui a marqué l'instant de leur naissance.

Examiner toutes les circonstances qui entourent ce moment capital : l'hérédité, les antécédents, le milieu et particulièrement la disposition des astres dans le ciel à cet instant donné, c'est à quoi s'emploient depuis des siècles les êtres qui réfléchissent : savants, philosophes, religieux, médecins, etc...

Le révérend Père Riquet a déclaré : " ... On peut admettre comme l'ont fait d'illustres docteurs de l'Eglise tels Saint-Thomas d'Aquin, que les astres exercent une certaine influence sur le tempérament, la complexion des hommes et pour autant, sur leur comportement."

Et il ajoute : "D'où une possibilité de prévoir les tendances qu'ils sont susceptibles d'exercer assez probablement mais non pas infailliblement, parce que l'homme, prévenu, peut dominer, orienter, infléchir les tendances qui sont en lui la résultante de toutes les influences cosmiques ou astrales qui s'exercent sur son organisme.

«KEPLER»
"Vingt années d'études pratiques ont convaincu mon esprit rebelle de la réalité de l'Astrologie".

«BALZAC»
"L'Astrologie est une science immense et qui a régné sur les plus grandes intelligences".

«C. G. JUNG»
"Si les gens dont l'instruction laisse à désirer ont cru pouvoir, jusqu'à ces derniers temps, se moquer de l'Astrologie, la considérant comme une pseudo-science liquidée depuis longtemps, cette Astrologie remontant des profondeurs de l'âme populaire se présente de nouveau aujourd'hui aux portes de nos universités qu'elle a quittées depuis trois siècles".

«GABRIEL MARCEL»
"Bien que je n'aie pas dans ce domaine d'expériences personnelles, on m'a rapporté trop de faits précis et concordants pour que je ne sois pas persuadé qu'il y a en Astrologie un fond de vérité. Je me refuse catégoriquement à croire que tout cela est charlatanisme. Sans doute n'y a-t-il rien de fatal. Selon la phrase latine, les astres inclinent, ils ne déterminent pas".

ASTROFLASH / 64, CHAMPS ELYSÉES / PARIS 8ème

CREATION BELGRAPHIC 1962 27 32

ASTROFLASH

ASTROFLASH a mis au service de l'astrologie les extraordinaires ressources de l'électronique, la rigueur et la rapidité des ordinateurs.

C'est sous la haute autorité d'André BARBAULT, le plus grand astrologue de ce temps, auteur de la célèbre collection du Zodiaque qu'ont été programmées toute une série d'études, conformes aux interprétations classiques mais enrichies des apports de la psychologie moderne.

Indiquez à l'ordinateur la date, l'heure et le lieu de votre naissance et vous obtiendrez en quelques instants, dans la langue de votre choix, le dossier ASTROFLASH qui vous intéresse, de 7 à 15 pages d'un texte spécialement établi pour vous, en fonction des configurations astrales qui vous sont propres.

choisissez ▷

14

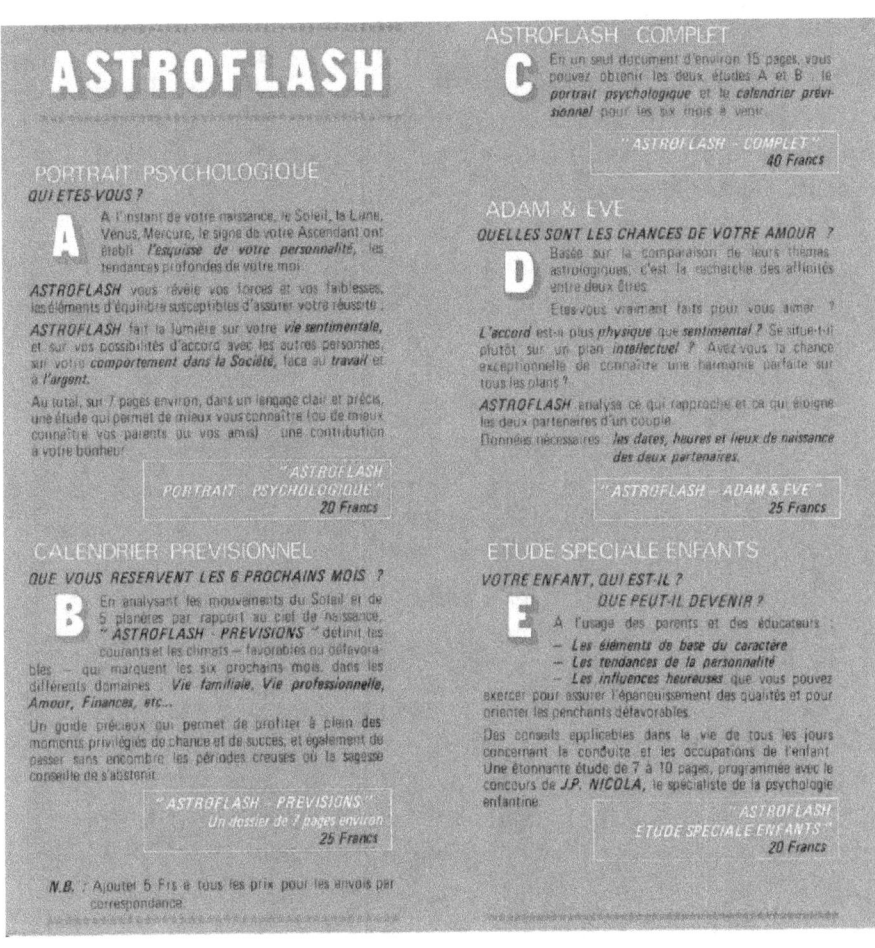

D. Anche questa è una storia singolare. Mantiene contatti con altri allievi di André Barbault? Scambiate opinioni, casi di studio, approfondite il pensiero del Maestro?

R. Purtroppo no. Per costituire un serio gruppo di studio barbaultiano occorrerebbe l'esistenza di un numero di allievi italiani francofoni già familiare con l'intera opera di questo Autore. Temo di essere uno dei pochi, se non l'unico in Italia, ad avere reperito e studiato tutta la sua produzione, niente escluso. Oltre ai libri e a ciò che Barbault ha reso disponibile sul suo sito internet, ci sono anche gli scritti pubblicati su *l'astrologue*. È una produzione molto vasta.

D. E Lei, ha allievi a cui sta trasmettendo questo patrimonio di conoscenze astro-psicologiche?

15

R. Al momento ho un'allieva capace, un tipo intuitivo, che ha ben compreso i fondamenti dell'arte di Urania. Tuttavia, come talvolta accade a molti intuitivi, non si applica con costanza. Comprende le situazioni al volo, senza passare per il pensiero, con il rischio di lasciarle cadere. Potrebbe fare molto di più.

D. In che senso parla di "tipo intuitivo"?
R. Ne parlo in senso junghiano. Una fra le più importanti opere di Jung è *Tipi psicologici*, in cui il Maestro svizzero ha delineato due atteggiamenti di base, l'introvertito e l'estrovertito, e quattro funzioni della coscienza: pensiero, sentimento, intuizione e sensazione. Combinando le funzioni con gli atteggiamenti di base, ne risultano otto tipi psicologici. È importante sottolineare che non si tratta di una caratterologia, bensì di un orientamento della coscienza.

D. Ritiene che si possa tentare un abbinamento di qualche genere tra gli atteggiamenti e le funzioni junghiane con o segni zodiacali o i pianeti?
R. Più che abbinamenti si possono tentare alcuni accostamenti. Non credo si possano abbinare le quattro funzioni ai quattro elementi tramandatici dall'astrologia. Prenda ad esempio la funzione sentimento: si sarebbe tentati ad abbinarla ai segni zodiacali d'acqua, ma in realtà il segno più "sentimentale", astrattamente parlando, è quello della Bilancia. Che come sappiamo, appartiene alla quadruplicità dell'Aria.

D. Sarebbe quindi più agevole rivolgersi a una vera e propria caratterologia, al fine di individuare un possibile terreno d'incontro con la tradizione astrologica?
R. Direi di sì, se Lei in particolare allude alla caratterologia di René Le Senne. Anche in questo campo il lavoro d'indagine di André Barbault è stato davvero pionieristico. Risale infatti al 1957 una pubblicazione (*L'astrologie en liason avec les typologies*, insieme a Claire Santagostini) in cui affronta la questione.

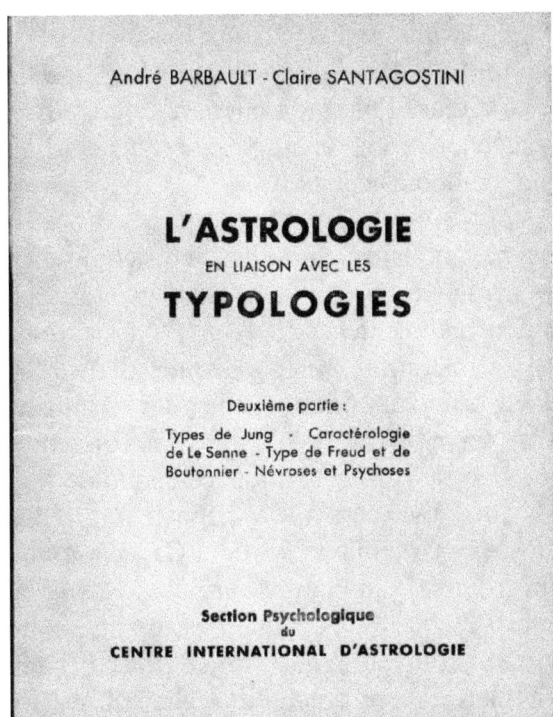

André BARBAULT - Claire SANTAGOSTINI

L'ASTROLOGIE

EN LIAISON AVEC LES

TYPOLOGIES

Deuxième partie :

Types de Jung · Caractérologie
de Le Senne · Type de Freud et de
Boutonnier · Névroses et Psychoses

Section Psychologique
du
CENTRE INTERNATIONAL D'ASTROLOGIE

Ed è interessante notare che la corrispondenza tra tipologia caratterologica e astrologia è stata ripresa da Leo Talamonti nella sua *Guida al carattere,* quindi da uno studioso, non un astrologo, che non può essere sospettato di simpatie verso l'arte di Urania.

D. Che correlazioni si è quindi riusciti a stabilire?
R. Solo per fare un esempio, chi ha un Marte dominante nella carta del cielo di nascita, molto probabilmente sarebbe classificabile sotto il profilo caratterologico tra gli Emotivi-Attivi-Primari di Le Senne. Oppure ancora, tornando ai tipi psicologici di Jung, Barbault con un eccellente lavoro ha dimostrato che i soggetti fortemente segnati alla nascita da Saturno sono invariabilmente degli introvertiti.

D. Che utilità può avere tutto questo sotto il profilo pratico? Voglio dire, non basta un accurato esame della carta del cielo di nascita per tracciare un quadro esaustivo della personalità?
R. Innanzitutto è estremamente interessante osservare come diversi metodi d'indagine, sia pure adottando linguaggi differenziati,

17

possano convergere e raggiungere identici risultati nel tentativo di disvelamento del mistero della personalità umana. In secondo luogo, una disciplina può aiutare l'altra a mettere a fuoco, ad approfondire, a evidenziare sfaccettature che ci sfuggirebbero se ci limitassimo ad adottare un unico metodo d'indagine.

D. Lei ha appena menzionato Saturno; se ben ricordo è un'immagine che appare nella pagina di apertura del Suo sito internet, proprio alle Sue spalle. È solo una coincidenza?

R. Sono un "figlio di Saturno", ben soddisfatto di esserlo. Era l'astro più temuto dagli antichi, dagli arabi, dai medievali, che lo consideravano il "Grande malefico". Marsilio Ficino, che nacque proprio mentre Saturno si trovava all'Ascendente nel suo domicilio in Acquario, gli attribuiva la propria disposizione melanconica, di cui si lamentava spesso. L'amico Giovanni Cavalcanti lo rimproverò scrivendogli una lettera in cui affermava: "Guardati dunque dall'attribuire ancora le tue colpe a quell'astro supremo, che forse ti ha riempito di benefici innumerevoli e grandissimi. Per non dilungarmi a enumerare vani dettagli: tu che sei stato mandato ad adornare una città fiorente, che ormai grazie a te è divenuta fiorentissima, non volle forse Saturno guardarti sotto lo stesso aspetto con il quale guardò il divino Platone, per rendere illustre Atene?"

D. Ancora una citazione! Non riesce proprio a farne a meno?

R. Vede, caro amico, ho l'obbligo di servirmi degli strumenti che la natura mi mise a disposizione. Sono un tipo pensiero, un saturniano, un introverso … vorrebbe forse che rinnegassi la mia essenza? Cerco di farne il miglior uso possibile, armonizzando il lato notturno del mio essere con il lato diurno, alla ricerca di un equilibrio che non faccia prevalere l'uno contro l'altro. Mi piace la storia, e studiando le geniture dei Grandi Spiriti del passato cerco di trarne utili insegnamenti per vivere meglio, per conoscermi meglio. Per evitare gli errori derivanti da una vita vissuta inconsapevolmente e dirigermi verso il polo luminoso dell'archetipo. Per riconoscere il mio mito individuale, e per andare consapevolmente incontro al mio destino. Jung amava riferire un detto che gli gnostici attribuivano a Gesù, e che suonava così: "Se tu sai ciò che stai facendo, sei benedetto; se non sai ciò che stai facendo, sei maledetto".

D. Mi spieghi ancor meglio, se vuole, il motivo della sua predilezione per lo studio delle geniture di personaggi storici.
R. Ci sono persone che hanno vissuto la loro vita a guisa di archetipi incarnati. Prenda per esempio Dostoevskij, o Casanova, o Napoleone, o Garibaldi, se preferisce. Quest'ultimo rappresenta, a mio avviso, l'incarnazione dell'archetipo dell'eroe solare. Non trova forse affascinante osservare l'impatto degli archetipi sul mondo fenomenico?

D. Ma Lei si riferisce a persone che hanno abbandonato le spoglie mortali! Non sarebbe meglio venire a contatto con gli archetipi tramite il nostro vissuto di persone ordinarie?
R. Be', dire "ordinarie" mi sembra un po' riduttivo, mi pare che sminuisca la nostra unicità. Ciascuno di noi è un essere speciale, diverso da tutti gli altri esseri, e sono miliardi, che popolano il nostro pianeta. Ma *transeat*! Supponiamo per un momento che Lei sia stato profondamente innamorato di una donna almeno una volta nel corso della Sua vita: ebbene, se così è stato, Lei ha fatto esperienza dell'archetipo dell'Anima. Una donna innamorata di un uomo avrà invece vissuto l'esperienza del contatto con l'archetipo dell'Animus. A suo tempo ho pubblicato sul mio sito internet uno scrittarello in proposito, *Le relazioni amorose come gioco di proiezioni Animus-Anima e loro identificazione nel simbolismo astrologico*.

D. Vorrei ora rivolgerLe una domanda personale…
R. Che non sia però troppo personale. Come forse saprà, i saturniani non amano stare sotto le luci dei riflettori… malgrado ciò, debbo confessarLe che mi piaceva molto calcare le scene teatrali sotto la direzione di un regista, umanista e astrologo come Mario Zoli.

D. Vuole parlarcene?
R. Volentieri. Il tutto ha a che fare con il mio ingresso nel *milieu* astrologico che ruotava intorno alla rivista *Zodiaco*. Parlo di fine anni '70 e inizio anni '80 del secolo scorso. Scrissi una lettera alla redazione della rivista, ed ebbi risposta da uno dei fondatori, Armando Billi, purtroppo recentemente e prematuramente scomparso. Incontrai poi anche Mario Zoli e cominciammo a frequentarci, inizialmente per la comune passione astrologica, a cui successivamente si aggiunse quella per il teatro. Aveva fondato una

piccola compagnia che vantava un ottimo cartellone, e Zoli aveva un gran talento nel ricavare – fellinianamente, direi – buoni attori da persone che nella vita si occupavano di tutt'altre cose. Del gruppo a un certo punto fece parte, non come attore ma come drammaturgo, uno studente universitario che in seguito sarebbe diventato un noto giallista italiano.

La frequentazione di Mario Zoli fu per me assai formativa sotto il profilo astrologico: era colto, brillante, intuitivo e molto addentro la materia. Inoltre, la biblioteca comunale di Faenza, sua città natale e di residenza, disponeva del "fondo Caffarelli", una preziosa collezione di buoni testi astrologici in varie lingue. Ho imparato molto da lui.

D. E dopo Mario Zoli?
R. *Zodiaco*, malgrado fosse un'ottima rivista, non ebbe lunga vita. Passò qualche anno ed entrai in contatto con un altro trimestrale,

Ricerca '90, diretta da Ciro Discepolo. Gli sottoposi quello che considero il mio lavoro più significativo, *Processo di individuazione e astrologia*, e me lo pubblicò proprio nel 1990. Sono stato anche ospitato da *Linguaggio astrale* e altre riviste specializzate francesi e inglesi, per restare in campo astrologico. E sono orgoglioso di aver visto pubblicare alcuni miei articoli su riviste di psicologia, come *Klaros*, *Babele* e, da ultimo, *Tempo d'analisi*.

D. Lei non è più un ragazzo. Che cos'altro vorrebbe ancora fare?
R. Proseguire *in primis* nel mio cammino verso l'individuazione; divulgare per quanto mi è possibile il pensiero di André Barbault; adoperarmi perché si radichino stabili contatti e scambi di esperienze tra astrologi e psicologi. A quest'ultimo proposito desidero segnalare l'opera meritoria del CIDA – Centro italiano discipline astrologiche, che ha già organizzato, nel 2011 e 2012, due convegni in cui si sono confrontati astrologi e psicoanalisti a orientamento junghiano. Per oggi direi che abbiamo chiacchierato a sufficienza, forse ci saranno altre future occasioni per proseguire il confronto.

PICCOLI PASSI DI AVVICINAMENTO AL CONCETTO DI DESTINO

Domanda: Nel nostro precedente incontro più di una volta ha parlato di "destino". Che cosa significa per Lei questa parola?

Risposta: Più che una parola, è un concetto. Rimasi colpito dalla frequenza del termine nell'autobiografia di Jung. Che cosa voleva dire, perché lo usava così spesso? Per me il destino è un qualche cosa di già assegnato, su cui non abbiamo molto margine di manovra. In questo mi sento vicino alla concezione greca della *môira*, parte, parte assegnata. Che sia una parte assegnata dagli dèi – sulla quale non abbiamo alcuna voce in capitolo – o parte liberamente scelta dall'anima prima dell'incarnazione (il *klêros* del mito di Er della Repubblica di Platone), poco importa. Perché nel primo caso la parte non dipende da noi, ma da potenze esterne, mentre nel secondo è vero che trattasi di libera scelta, ma di cui non abbiamo in seguito il benché minimo ricordo o consapevolezza. Il concetto è talmente importante (e percorre per secoli il pensiero greco) da trovare una personificazione prima nelle Moire, poi nelle Norne.

D. Quindi per Lei il destino è "parte assegnata", e pertanto si ricollega semplicemente al pensiero greco? Le scoperte della psicoanalisi e l'antica scienza degli astri non hanno nulla da dire in proposito?
R. Certamente c'è molto altro da dire; cercherò di chiarire meglio la mia percezione di destino passando per approssimazioni successive. Nell'opera di Sementovsky-Kurilo c'è un brano che, pur riferendosi specificamente al problema del libero arbitrio (problema peraltro intrecciato con il problema del destino), desidero riportare per intero. È evidente che occuparsi di destino comporta necessariamente affrontare il concetto di libertà, di libero arbitrio.

«La moderna concezione astrologica sulla funzione del libero arbitrio si potrebbe perifrasare in questo modo scherzoso: quando l'uomo nasce, è simile ad un cuoco che ha il compito di preparare una pietanza complicata. Sul tavolo di cucina trova tutti gli ingredienti a ciò necessari. Di ciascuno di questi ingredienti gli viene data una certa quantità e qualità. La pietanza però può essere preparata a proprio piacimento. Sta a lui elaborare gli ingredienti meno buoni in modo tale da farli sentire appena o in modo da farli perfino diventare gustosi. Tuttavia deve rinunciare ad utilizzare qualsivoglia ingrediente che non ha trovato sul tavolo di cucina. Nel caso in cui egli non badi con precisione alle quantità esistenti degli ingredienti oppure non valuti adeguatamente la loro qualità, allora preparerà male la pietanza oppure la guasterà del tutto.

Si può dire in altre parole che l'uomo riceve con la nascita ciò di cui ha bisogno per formare la sua vita a seconda dell'immagine celeste e psichica (*Seelisches Himmelsbild*) presente in sé. Gli riuscirà se si rende perfettamente conto delle possibilità e dei limiti delle sue capacità. Sottovalutarle o sopravvalutarle può diventare egualmente disastroso. Sviluppare le capacità esistenti, dopo averne conosciuto la forza e le caratteristiche, questo può e deve fare l'uomo con l'aiuto del suo libero arbitrio. Egli scopre la propria immagine celeste e psichica nel suo tema di natalità. Se è capace di interpretarlo correttamente o se lo fa interpretare da un esperto, allora diventa consapevole delle sue debolezze e virtù. Dal tema natale egli vede sia gli ostacoli che gli si presentano che i risultati di cui lo rendono capace le sue doti innate. Egli vi può rintracciare pericoli contro i quali deve difendersi, può sfruttare le forze a disposizione per conseguire i suoi obiettivi nel modo più intelligente e favorevole possibile e perciò può raggiungere più sicuri successi. Colui che conosce la propria immagine celeste e psichica non potrà mai lamentarsi di avere mancato i propri obiettivi!» (*Astrologie und Psychologie*. Trad. it. *Astrologia e Psicologia* a cura di chi scrive)

Leggendo queste parole, si nota da una parte un preciso richiamo a concezioni psicologiche – su cui mi soffermerò in seguito – e dall'altra all'invalicabilità di una precisa cornice già presente alla nascita, cornice che secondo questo A. non si deve cercare di oltrepassare.

D. Una sorta di "libertà nella necessità"?
R. Sì, questo pare essere il nucleo del pensiero di Sementovsky. Nel 1997 riuscii a intervistare Silvio Ravaldini, un grande ricercatore nel campo della metapsichica, a cui rivolsi specificamente – tra le altre – una domanda sul concetto di destino. Era una domanda obbligata, per via dei problemi filosofico-religiosi posti dal fenomeno della precognizione, studiato prima dalla metapsichica e poi dalla parapsicologia. Ravaldini diede una risposta a mio avviso del tutto

rispettabile, richiamandosi in sintesi all'idea di "libertà condizionata" dell'uomo già proposta da Ernesto Bozzano. Non posso però aderire alle motivazioni addotte da questo valente ricercatore, poiché esse si fondano su presupposti esoterici che non ritengo opportuno chiamare in causa.

D. Che cosa pensare? Intendo dire, è possibile iniziare a fare il punto della situazione? Ho l'impressione che il cerchio si stia allargando sempre più.
R. In effetti è così. Claudio Widmann, noto psicoanalista junghiano, ha scritto un testo molto interessante intitolato appunto *Sul destino*. Alcuni passaggi rappresentano a mio avviso un buon contributo. Cominciamo con il primo. Widmann lamenta "l'impotenza [del] terapeuta che si ripromette di modificare la soggettività di un individuo, la sua impostazione, il suo carattere, il suo ruolo nella vita." E scrive:

«Ognuno è portatore di un nucleo di personalità scarsamente influenzabile, inaccessibile all'alterazione propria e alla manipolazione.»

Ora, ciò sembrerebbe quasi una banalità, una dichiarazione d'impotenza che potrebbe essere anche letta, maliziosamente, come incapacità del singolo terapeuta ad avvalersi dei suoi "ferri del mestiere". E tuttavia le cose non stanno proprio così. Molto tempo addietro lessi con un certo stupore questa affermazione di Carl Gustav Jung nell'autobiografia: "Anni fa compilai una statistica sui risultati dei casi da me trattati. Non ricordo più esattamente le cifre; ma, facendo una stima prudenziale, posso affermare che un terzo dei casi effettivamente guarì, un terzo migliorò notevolmente, e solo sul rimanente terzo non influii in modo essenziale." Quindi c'è un campo, un settore, una sfera della personalità non modificabile perché è inalterabile. E forse non la si può raggiungere, nemmeno per esplorarla, per prenderne visione. Sarebbe questa la sfera del destino? Forse, tornando ai Greci, il miglior esempio di destino è la dura sorte di Edipo, punito terribilmente per azioni commesse senza colpa. Il fatto stesso di essere nato in determinate circostanze è di per sé un destino. Ho conosciuto una persona che sarebbe nata sana, se non fosse stata danneggiata col forcipe dall'imperizia dei medici, riportando sin dal primo momento di vita un grave danno irreversibile alla spalla e al braccio.

D. Allora torniamo al punto di partenza, i Greci!
R. Certo, i Greci, ma non solo. Pensi ad esempio a Giobbe, solo per restare nel nostro ambito culturale. Spero che questo procedere a zigzag non La disturbi, ma se potessimo risolvere il problema del destino mediante un ragionamento logico e lineare, sarebbe un non-problema già da tempo. Il grecista e filosofo Aldo Magris evidenzia le varie concezioni di destino nel pensiero greco: non c'è solo *môira*: sono presenti pure *anánke, heimarméne* e *prónoia*. Per la piega che ha preso il nostro colloquio, e per l'aspetto di destino a cui sono interessato, devo trascurare questi ultimi, per avvicinarmi più alla visione omerica, così come il poeta l'ha tramandata nell'Iliade e nell'Odissea. Magris scrive: "Giacché nella visione omerica il destino non è, appunto, una concatenazione universale, di tipo causale nella fattispecie, come nello stoicismo; si tratta piuttosto di un insieme dall'esito prestabilito, al cui interno si presentano insiemi parziali di eventi, dovuti sia ai destini singoli che vi si intrecciano, sia all'arbitrio degli dèi, ma in ogni caso non dipendenti dall'uomo e in questo senso comunque *fatali*." (*L'idea di destino nel pensiero antico*).

D. E la psicologia del profondo, il pensiero di Jung, possono aiutarci a capire un po' meglio questo mistero? Perché si tratta di un mistero, non crede?
R. Credo anch'io che sia un mistero. Vediamo però che cosa ci consegna Jung. In una pubblicazione del 1934 troviamo:

«Ma comunque si voglia designare ciò che sta in fondo alla psiche, certo è che esso esercita un'influenza inaudita sull'essere e sulla natura della coscienza: e tanto maggiore è tale influenza quanto meno ne siamo coscienti. È difficile che il profano riesca a rendersi conto di come egli, nelle sue tendenze, nei suoi stati d'animo, nelle sue decisioni, sia soggetto all'influenza di questi oscuri fatti della psiche, e quanto queste energie che *forgiano il nostro destino* possano di volta in volta essere pericolose o provvidenziali. (*Il significato della psicologia per i tempi moderni*).»

Nel 1939 scrive il saggio *Coscienza, inconscio e individuazione* in cui torna in argomento:

«L'inconscio ha un volto bifronte: da un lato i suoi contenuti rimandano al passato, a un mondo istintivo, preistorico e preconscio; dall'altro esso anticipa potenzialmente il futuro, grazie all'istintiva preparazione e disponibilità dei fattori che determinano la sorte dell'uomo. Una conoscenza completa della struttura inconscia presente in ogni individuo fin dalla sua origine permetterebbe di *preannunciarne ampiamente il destino*. ... Lo stesso destino individuale dipende in gran parte da fattori inconsci.»

Nel Seminario sui sogni dei bambini (*Kinderträume* 1936-1940) Jung, esamina i sogni della piccola infanzia e conclude:

«Stranamente, però, il bambino ha già inconsciamente la psicologia di un adulto. Si potrebbe dire che l'individuo a partire dalla nascita – si potrebbe dire addirittura a prima della nascita – è proprio ciò che diventerà. Il progetto essenziale è molto presto già tracciato.»

Jung manterrà sempre questa impostazione, la vediamo ribadita nel suo fondamentale *Psicologia della traslazione* (1946):

«Quanti più destini umani si son visti, e quanto più se ne è indagata la motivazione segreta, tanto più impressionante appare la forza con la quale i motivi inconsci agiscono, e tanto più circoscritta e limitata appare la libertà e l'intenzionalità delle nostre scelte.»

D. Quindi il destino risiede nell'inconscio o, detta altrimenti, il destino è l'inconscio?
R. È così in parte, almeno credo. Widmann afferma che "La psicologia del profondo ascrive all'inconscio molte caratteristiche (forse tutte) che miti e credenze, filosofie e religioni attribuirono già al destino". Tuttavia la questione non è per nulla risolta, perché, come dice ripetutamente Jung, è davvero molto poco ciò che sappiamo sull'inconscio. Personalmente, preferisco evitare di tirare in ballo, almeno per il momento, il concetto junghiano di processo d'individuazione (di per sé stesso misterioso e a volte imperscrutabile: non si svela un mistero facendo ricorso a un altro

mistero) oppure sostenere che tutti i più importanti accadimenti nella vita di un essere umano siano provocati da dinamiche operanti nei più profondi strati della psiche. Ciò è senz'altro possibile e accade certamente molte volte, ma non può essere invocato per rendere conto di ogni evento fatale.

D. E così ripartiamo da zero! Che cosa abbiamo guadagnato conversando insieme fino ad ora?
R. Ci stiamo confrontando nel dialogo, e forse alla fine qualcosa porteremo a casa. In un mio piccolo scritto avevo riportato testualmente un brano di Marie-Louise von Franz, che mi piace ancora ricordare:

«Molte vite umane portano in sé modelli preesistenti. Si nasce uomo o donna, bianco o nero, in un certo luogo e non altrove, da una certa famiglia e non da un'altra. C'è un modello precostituito, ma c'è anche un margine, una certa libertà. In caso contrario, potremmo mettere la terapia da parte e concludere che ognuno realizza il proprio modello di vita e che nulla si può fare al riguardo. Leggendo il modello, rendendolo cosciente, interpretando i sogni, non sfuggiamo al nostro destino, semplicemente possiamo imprimergli un senso positivo. C'è una differenza fra l'acconsentire al proprio destino e realizzarlo positivamente o il negarlo e subirlo contro la volontà. Possiamo allora concludere che, benché una certa predeterminazione esista, essa non è assoluta. Non ha nulla a che fare con l'idea fatalista di un Allah che decide ogni cosa e quindi ogni cosa va nel senso da lui deciso. Possiamo cambiare le cose, e questo dà un senso alla terapia. Possiamo cambiare le cose grazie alla comprensione del modello della nostra esistenza e quindi evitandone alcune delle conseguenze negative. Possiamo imprimere al destino una svolta relativamente più positiva.»

Anche Widmann si pone con decisione sulla via tracciata da von Franz:

«La fenomenologia del destino ha adeguatamente messo in evidenza che un'individualità si forma su un terreno costituzionale ben preciso, partecipa a un inconscio familiare e collettivo dalle caratteristiche specifiche, cresce in un determinato tempo storico, è

29

soggetta a influssi culturali, educativi e genericamente sociali. Questi fattori partecipano in maniera corposa al dispiegarsi del destino individuale e nessuno di essi è scelto dall'Io. La libertà individuale non ha giurisdizione su di essi. ... Vi sono eventi che non sono intenzionati dall'Io e nei confronti dei quali l'Io non può nulla. Che siano originati da un destino impersonale o dall'inconscio personale, che siano imputabili a forze esterne o interne alla personalità, non muta la strapotenza con cui essi s'abbattono sull'individuo, la cecità con cui fanno scempio della vita.»

D. Ma questa è una dichiarazione di resa! In pratica non sappiamo niente e non siamo in grado di spiegare niente; brancoliamo nel buio, come se fossimo in balìa di forze cieche. Allora a che serve discuterne? E poi, non furono forse i romani a proclamare il famoso detto *homo faber fortunae suae*? Dev'esserci un qualche lenitivo, qualcosa che l'uomo può fare! Sono confuso, e mi ribello.
R. La capisco molto bene. Per premiare la pazienza sin qui dimostrata, vorrei farLe un piccolo dono e cercare di fare leva su un fattore decisivo, che forse abbiamo alquanto sottovalutato: la libertà, limitata fin che si vuole, ma sempre presente. Pur se non possiamo comprendere il perché di certi avvenimenti fatali, indubbiamente ci rimane la possibilità di scegliere quale atteggiamento adottare verso di essi. È una libertà che deve sostanziarsi nell'instancabile ricerca del senso, forse la vera, grande, incomprimibile libertà di cui l'Io sia dotato. E la ricerca del senso dipende strettamente dal nostro grado di consapevolezza. Nella condizione di esseri umani, abbiamo pertanto il dovere di incrementare il più possibile il nostro spazio di libertà, e possiamo farlo solo passando attraverso l'allargamento della coscienza. Questo è quanto c'insegnano i saggi di ogni appartenenza culturale. Per restare in ambito psicologico leggiamo ciò che scrive Jolande Jacobi:

«Quanto sia urgente ed essenziale l'allargamento del campo della coscienza è provato dal fatto che il libero arbitrio dell'uomo è strettamente connesso al grado della sua consapevolezza. Con tale allargamento procede infatti di pari passo anche una crescente libertà della volontà, il che assume una decisiva importanza etica. Il libero arbitrio si estende solo fino ai limiti della coscienza; appena tali limiti vengono oltrepassati, smettiamo di distinguere, di essere capaci di scegliere e giudicare, e cadiamo in balia di incontrollabili impulsi e tendenze dell'inconscio.» (*Der Weg zur Individuation*)

E anche un chiaro passaggio di Jung:

«La critica psicologica deve fare i conti col fatto che, nonostante ogni nesso causale, l'uomo possiede un sentimento di libertà identico all'autonomia della coscienza. Benché tutto e tutti concorrano a dimostrare all'Io che esso è dipendente e condizionato, non è possibile convincerlo di essere interamente privo di libertà. Occorre ammettere infatti che una coscienza assolutamente preformata e un Io totalmente dipendente sarebbero una commedia senza scopo, perché in una situazione inconscia tutto andrebbe altrettanto bene, o addirittura meglio. L'esistenza della coscienza dell'Io ha un significato soltanto se è libera e autonoma. Con quest'affermazione abbiamo certamente enunciato un'*antinomia*, ma anche dato un'idea di come stanno effettivamente le cose. Nei gradi di dipendenza e di libertà esistono differenze di tempo, luogo e individualità. In realtà, tanto la supremazia del Sé quanto l'*hybris* della coscienza sono sempre presenti.» (*Il simbolo della trasformazione nella Messa*).

Widmann ci offre ancora una volta uno spunto su cui riflettere, che può rappresentare un consiglio per affrontare gli inevitabili momenti difficili della vita che prima o poi dobbiamo attraversare.

«Soltanto il recinto della consapevolezza offre un qualche riparo alla ferocia del fato, ai capricci della sorte, al disordine delle compulsioni inconsce. Sull'Io grava l'onerosa responsabilità di gestire la libertà interiore, che consente di affrontare spiritualmente in un modo o nell'altro le situazioni imposte. Anche se ciò non muta il corso degli eventi, da ciò dipende come si evolverà l'esistenza futura.»

D. Tutto questo è molto interessante, addirittura affascinante. È difficile non essere d'accordo. Ora però si pone il problema del senso. Vorrei avere un breviario, o meglio, un ricettario da seguire ordinatamente per raggiungere il senso, per riempire di senso la mia vita.
R. Mi dispiace, ma qui non posso proprio aiutarLa. Non ci sono formule né ricette valide per tutti, ognuno deve mettersi alla ricerca

del proprio senso. Riempire di senso la propria vita è un compito talmente individuale da sfuggire a qualsiasi regola, qui entriamo in un ambito metafisico in cui la ricerca del *mio* senso molto probabilmente differisce dal Suo o da quello di qualsiasi altro essere umano.

D. Non so se posso dichiararmi soddisfatto da queste conclusioni. Personalmente, andavo in cerca di certezze, e invece...
R. Caro amico, l'essere umano detiene un'unica certezza, quella di essere nato.

LA PREVISIONE. UNA CHIACCHIERATA ATTORNO AL CAMINETTO

Domanda: Nel nostro ultimo incontro abbiamo affrontato il tema del destino. Mi sembra sia ora venuto il momento di occuparci della previsione.

Risposta: In effetti – sotto il profilo sistematico – a mio avviso sarebbe stato più corretto partire con la previsione, ma ovviamente non ho voluto interferire con l'impostazione dell'intervistatore. Si possono fare previsioni in ogni campo del sapere umano, ma immagino che Lei voglia riferirsi primariamente alla previsione astrologica. Solo recentemente mi sono imbattuto negli scritti di un ingegnere che tuttavia dedicò molta della sua opera all'astronomia. Un autore prolifico, di vasta cultura e di grande erudizione: Ottavio Zanotti Bianco (1852-1932). Egli afferma che "La conoscenza o, meglio, la supposizione del futuro è pur sempre un bisogno, è incalzante necessità. La vita dell'uomo, come del genere umano, il progresso civile, l'esistenza stessa della società non sarebbero possibili se non si pensasse al domani. ... Ogni uomo sano di mente si preoccupa del futuro prossimo per sé e per i suoi. Ogni nazione e per essa la politica e la sociologia mirano a un futuro un po' più lontano." (*Astrologia e astronomia*, 1905)

D. Certo, sono affermazioni di buon senso. Chi potrebbe metterle in dubbio? Ma descrivono uno stato di fatto senza addurre le motivazioni profonde che spingono l'essere umano a occuparsi del futuro. Perché guardare in avanti e non limitarsi a vivere alla giornata?

R. La parola "previsione" deriva dal latino *praevidere*, da PRAE avanti e VIDERE vedere. I sistemi divinatori a cui l'uomo ha fatto ricorso sin dagli albori delle civiltà m'inducono a credere che il gettare uno sguardo sul futuro corrisponda a un'esigenza profondamente radicata nell'essere. L'uomo si rende conto di non potere esercitare un completo controllo sulla sua vita, si sente smarrito di fronte all'ignoto, spesso è tormentato da un'oscura "angoscia esistenziale". L'uomo non vuole brancolare nel buio, non vuole sentirsi in balìa di forze sconosciute, vuole sapere, vuole agire rettamente o convenientemente. *Fatti non foste a viver come bruti, ma per seguir virtute e canoscenza.*

D. Lei accenna a "sistemi divinatori" e quindi vuole spostare l'attenzione dalla "previsione" per indirizzarsi sulla "divinazione"?

R. Si parte dalla divinazione per approdare alla previsione. Si conoscono sin dall'antichità i più svariati sistemi divinatori: achilleomanzia, oniromanzia, teratomanzia, geomanzia, lecanomanzia, aleuromanzia, estispicio, epatoscopia, chiromanzia, cartomanzia... solo per citarne alcuni. Come dicono la maggior parte dei termini, sono mantiche, dal greco μαντεία, che a sua volta rimanda a μάντις, indovino. È interessante leggere a questo proposito un brano del lemma "mantica" nel dizionario di filosofia della Treccani: "La divinazione è ammessa e giustificata nella dottrina stoica (*I frammenti degli stoici antichi*, II, 1187-1216) attraverso la visione del fato come ordine naturale di tutti gli eventi, per cui l'uno consegue dall'altro svolgendosi secondo un intreccio immutabile (II, 1000); si può pertanto ritenere che la divinità abbia concatenato eventi apparentemente indipendenti e che, per es., un dato volo di uccelli sia legato alla medesima serie causale di un determinato evento futuro."

D. Quindi l'idea è che l'indovino interpreta i segni per decifrare un ordine sottostante?

R. Certamente, soprattutto in certe forme mantiche, come ad es. l'interpretazione del volo degli uccelli, ma non solo. La Sua osservazione apre la strada a un interessante discorso di carattere psicologico.

D. Immagino che ora tirerà in ballo le categorie junghiane di archetipi e sincronicità.

R. Mi complimento per il Suo acume! Sostiene infatti M.-L. von Franz che in molti sistemi mitologici sono riscontrabili non solo immagini tipiche (il divino fanciullo, il drago, il serpente, l'eroe, ecc.) ma pure sequenze e collegamenti tipici (un classico è rappresentato dal drago e la fanciulla: «Là dove c'è un mostro non può però mancare la leggiadra fanciulla, perché – com'è noto – essi hanno un'intesa segreta, cosicché è raro che l'uno compaia senza l'altra.» scrive C. G. Jung in *Mysterium Coniunctionis*). Sicché von Franz si spinge ad affermare: "In tal modo si può predire la sequenza temporale nella fiaba, e predire con una certa precisione ciò che accadrà. Ciò significa che non solo ci sono motivi tipici, ma esistono anche sequenze tipiche di accadimenti archetipici. Il fisico Wolfgang Pauli pensava addirittura che si potesse avanzare una spiegazione per il fenomeno della precognizione: ovvero che in realtà sappiamo quale sia l'archetipo costellato in fondo alla psiche e per questo siamo in grado di predire ciò che accadrà poi. In altre parole, il fenomeno della precognizione si basa sull'ordinamento temporale dell'archetipo. ... Psicologicamente parlando, se conosciamo la più profonda costellazione archetipica sottostante la situazione presente, allora possiamo sapere sino a un certo punto come andranno a finire le cose." (*On divination and synchronicity. The psychology of meaningful chance*).

D. Allora ci siamo! Se abbiamo risolto il problema della divinazione, a maggior ragione e con maggior cognizione di causa, in questa cornice possiamo affrontare il problema della previsione astrologica.

R. Non si entusiasmi troppo presto, la strada da percorrere è ancora lunga. Intanto, la previsione astrologica non è divinazione e, sebbene anche qui ci troviamo in un quadro interpretativo, abbiamo a che fare con simboli e non con segni. Inoltre, la previsione necessita di un procedimento coerente e razionale, che a sua volta poggia su un'esperienza e su ripetute osservazioni secolari, mentre la divinazione si fonda quasi esclusivamente sull'intuizione dell'interprete. Certo, sia la divinazione che la previsione astrologica nascono nella psiche umana, ma le differenze sono talmente grandi che non è ragionevolmente possibile, oggi come oggi, fare rientrare l'astrologia tra le mantiche, o classificarla tra i fenomeni oggetto di studio della parapsicologia. Per illustrare meglio la questione non sarà inutile rifarsi a Tolomeo, il principe degli astrologi, che dedica il III capitolo del I libro del suo *Tetrabiblos* proprio all'utilità della previsione astrologica. Sostiene lo scienziato: "Io penso invece, benché spesso ci si sbagli, che esiste tuttavia una qualche preveggenza delle cose future e che essa è possibile e degna di essere studiata. Assai a proposito, dunque, noi ci accosteremo a quella dottrina che ci insegna a evitare i malanni, e la considereremo qual cosa di grande profitto, poiché, nonostante non possa stornare tutto, essa, effettivamente, può spingersi davanti agli accidenti e respingerne qualcuno, sia che siano grandi o piccoli." (*Tetrabiblos*, a cura di Massimo Candellero). Quindi la previsione non solo è possibile, è anche utile perché consente di prevenire pericoli, evitarli o quanto meno attutirne gli effetti. André Barbault sostiene addirittura che un astrologo degno di questo nome non può rifiutarsi di fare previsioni. Come si vede, siamo ben lontani da quell'aura di fatalismo che taluno vorrebbe attribuire all'astrologia.

D. Possiamo scendere in dettaglio? Che cosa è possibile prevedere per mezzo delle tecniche astrologiche?
R. Qui il discorso si fa delicato. Come Lei sa, vengono riconosciute quattro branche dell'arte: l'astrologia genetliaca, l'astrologia cattolica (o astrologia mondiale), l'astrologia catarchica e l'astrologia oraria. La previsione vera e propria è applicabile solo alla genetliaca e alla mondiale, poiché l'astrologia catarchica si occupa di stabilire il momento più favorevole per intraprendere una qualsivoglia attività, mentre l'astrologia oraria pretende di dare risposta a un quesito specifico. Un esempio di astrologia catarchica è quello riguardante l'incarico conferito dal Papa Paolo III a Luca Gaurico, il quale doveva determinare il momento propizio per la posa della prima pietra della costruzione dell'ala Farnese in

Vaticano, il che avvenne il 18 aprile 1543 (Paola Zambelli, *Many ends for the world*). Un esempio di astrologia oraria è invece dato da un'interrogazione posta all'astrologo come ad es.: la nave con il suo carico tornerà felicemente in porto? Come si può notare, gli obbiettivi conoscitivi del consultante sono assai diversi.

D. Esaminiamo allora il caso più comune, quello di un normale consulto astrologico. Il consultante si rivolge all'astrologo per avere lumi sulla sua situazione futura; che cosa gli comunicherà l'astrologo?

R. Qualsiasi previsione parte da una base su cui necessariamente si poggia. L'astrologo fonderà le proprie previsioni su una conoscenza la più approfondita possibile del soggetto, quindi ne avrà preliminarmente interpretato la genitura, preferibilmente con la leale collaborazione del cliente. Avrà con lui instaurato un rapporto dialettico, cercando di individuare le parti salienti della sua personalità, le sue predisposizioni innate, il suo nucleo archetipico essenziale. Avrà da lui recepito informazioni sul suo stato sociale, lavorativo, culturale in genere; sull'ambiente familiare in cui è cresciuto e sull'educazione ricevuta, sulle sue aspirazioni e sulle risorse a disposizione per realizzare i suoi progetti. Si sarà anche fatto un'idea sul grado di maturità del consultante in rapporto all'età. È un procedimento ragionevole e razionale, che Keplero ben conosceva e utilizzava nell'interpretazione delle geniture che gli venivano sottoposte. Leggiamo infatti i seguenti brani, tratti dal famoso studio dell'oroscopo di Wallenstein: "Anche se nella seguente spiegazione potrebbe sembrare che io mi affidi al caso, e che io indovini per fortuita o *contingentia*, quanto dico non deve essere inteso se non a seconda della spiegazione che ora darò. E cioè secondo questa regola: che quell'*Astrologus* il quale predice cose soltanto e semplicemente dal cielo e non si basa sul temperamento, sull'anima, sulla ragione, sulla forza e sulla costituzione di quella persona che deve incontrare, costui non si basa su un buon fondamento, e se ci riesce è solo a causa della fortuna. Ciò perché l'uomo spera tutto dal cielo, ma il cielo è solo il padre, e in più c'è la madre, la sua propria anima; e come nessun bambino viene concepito fuori dal ventre di sua madre, anche se ci fossero dieci padri, allo stesso modo si spera invano la fortuna solo dall'alto, anche se non si trova alcuna corrispondenza nell'anima e nel temperamento dell'uomo." Inoltre, Keplero esigeva che il consultante fosse persona colta, matura ed equilibrata, in modo che potesse intendere correttamente il responso astrologico. Leggiamo ancora: "Da quando nel regno della Boemia approntai tanti anni fa la presente interpretazione (ma su questo fatto devo fare mente locale), sia a quel tempo che successivamente non mi feci più muovere all'interpretazione di una sola natività, tranne nel caso in cui il mio lavoro fosse destinato, e di ciò ne fossi stato assicurato, a chi si intendeva di *Philosophiam*, o nel cui nome fosse esso richiesto, e quindi non fosse legato ad alcuna superstizione, che con quella contrastasse. Superstizione che pretende che l'*Astrologus* possa prevedere dettagli futuri e future *Contingentia*, traendoli dal cielo; in questo senso bene ricordo che il Dr. Stromair, dotto *medicus*, sollecitandomi l'interpretazione di questa natività, su questo punto mi diede assicurazione. E quindi non mi sarei mai sognato che questo mio lavoro, per sua stessa volontà, dovesse ritornare nelle mie mani per essere ampliato con più *Specifice*." Oggi il confronto con il consultante è molto importante, tuttavia si può procedere anche al buio, senza disporre altro che i dati di nascita del soggetto, e il suo sesso.

D. In tal caso, che cosa si può ricavare?
R. La mappatura della psiche del consultante, le sue predisposizioni innate e, probabilmente, il suo mito individuale. Non sapremo se l'ambiente l'ha ostacolato o l'ha incoraggiato a manifestare la sua essenza, e neppure riusciremo a ponderare la "stoffa" di cui è fatto né sotto il profilo quantitativo né sotto quello qualitativo. E tuttavia l'indagine astrologica "al buio" mantiene inalterata una sua validità, certificata dallo stesso C. G. Jung in una lettera del 6 settembre 1947: «Nelle diagnosi psicologiche difficili faccio spesso fare un oroscopo per acquistare un altro, nuovo punto di vista. In molti casi i dati astrologici contenevano una spiegazione per certi fatti che altrimenti non avrei capito. Da tali esperienze dedussi che l'astrologia è di particolare interesse per lo psicologo. Si basa su un fatto dell'esperienza psichica che chiamiamo "proiezioni", cioè sono per così dire contenuti psichici che troviamo nelle costellazioni degli astri. Originariamente nacque così l'idea che questi contenuti venivano dagli astri, mentre sono semplicemente in un rapporto sincronistico.»

D. Tutto ciò è molto interessante, ma il consultante ora frigge sulla sedia e proclama all'astrologo: «so già come sono fatto, ora mi dica che cosa mi riservano i mesi o gli anni futuri!»

R. Innanzitutto non v'è certezza che il soggetto si conosca interamente, in quanto molte persone evitano convenientemente di vedere la propria Ombra, passaggio però indispensabile per procedere lungo il cammino dell'individuazione. E il confronto con l'astrologo non solo aiuta il soggetto a conoscersi meglio, ma può indurlo a prendere atto delle proprie caratteristiche anche sotto questo profilo. Ma afferriamo pure il toro per le corna e inoltriamoci nel futuro, tuttavia trascurando di entrare nei meccanismi delle varie tecniche previsionali. Lei crede forse che un astrologo serio si spinga a pronosticare a un soggetto femminile che presto incontrerà un uomo alto, biondo, dagli occhi azzurri, ricco, colto, bello come un bronzo di Riace, che la chiederà in sposa? O a rassicurare l'uomo in difficoltà finanziarie con una previsione di una spettacolare vincita al lotto?

D. No, non credo proprio... Mi sembra un atteggiamento ciarlatanesco.

R. Proprio così. La previsione dev'essere ragionevole, tenendo conto dell'età, personalità e condizione generale in cui si trova il consultante. La previsione non deve ingenerare paura o, al contrario, irragionevoli aspettative di riuscita. La previsione necessita inoltre di uno stato di armonia psichica tra consulente e consultante, come pure una buona dose di intuito e di esperienza di vita da parte del consulente.

D. Ma Lei si rifiuta di rispondere! Finora non sono riuscito a cavarLe di bocca che cosa in effetti si può dire al consultante in merito agli eventi futuri!

R. Non si possono prevedere eventi o accadimenti specifici. Una previsione seria e ragionevole si limita a individuare un clima, un'atmosfera, nel cui ambito possono verificarsi eventi in sintonia con il clima generale dato. Comunque, per placare la Sua insoddisfazione e aderire alle Sue legittime aspettative – condite, come vedo, da una certa impazienza e irruenza – è giunto il momento di cedere la parola al mio Maestro. D'ora in poi è André

Barbault che parla, e sono certo che riuscirà a darLe piena soddisfazione.

"Il normale pronostico astrologico in genere si limita allo spoglio enunciato di un fatto, di una situazione o di un dato clima di vita compreso in un dato arco temporale, che esprime la manifestazione dell'andamento di una particolare tendenza: rischio di disturbi della salute nell'ambito di quel certo periodo, possibilità di realizzazione sentimentale in quell'altro... L'analisi permette di scorgere solo qualche indizio di un dato avvenimento che deve capitare in conseguenza di un complesso insieme di dati, nei quali s'incrociano l'uomo e l'ambiente. Al punto che si potrebbe dire che invece di prevedere veramente l'avvenire, l'astrologia il più delle volte non fa altro che darcene lumi. ... Tuttavia le sfugge l'avvenimento propriamente detto e il pronostico s'accontenta d'esprimere la nota della gamma astrale che attribuisce il tono o il clima di vita dell'avvenimento: con Venere tendenza amorosa, affettiva, alla simpatia, al benessere, alla felicità, alla gioia, alla fortuna; con Marte una tendenza aggressiva di confronto, di scontro, di violenza, ecc. (*La prévision de l'avenir par l'astrologie*, 1982). Il Maestro francese è tornato sull'argomento in un testo del 2006, in cui ribadisce la sua precedente posizione, aggiungendo peraltro qualche interessante nota di dettaglio. "L'analisi astrologica offre inoltre un punto di vista che contribuisce a discernere meglio, nell'ambito di una situazione data, il verosimile dall'improbabile, il possibile dall'impossibile, la realtà dall'immaginazione; in breve, a collocare dei valori e attribuire significato all'ignoto. ... Il rischio della previsione consiste nel volere andare oltre, nel tentare di collegare il sentimento (vedi sopra, allorché l'A. parla del clima "venusiano" e "marziale", *N.d.T*) a una situazione o a un avvenimento che l'accompagna, considerato causa o conseguenza di tale animazione interiore: pertanto all'interprete, tenuto quindi a operare una scelta, viene offerto un ventaglio di possibilità, con il fatto esteriore che più o meno gli sfugge." (*L'astrologie certifiée*, 2006).

A questo proposito, è davvero notevole la concordanza tra le affermazioni di André Barbault con quelle di M.-L. von Franz quando scrive che "se si guarda attentamente a ciò che accade nelle diverse tecniche divinatorie, ci si accorge che non vengono mai predetti avvenimenti effettivi, ma solo la *qualità* di *possibili* eventi. ... Sembra quindi che la conoscenza assoluta degli strati più profondi della psiche inconscia non possano predire con accuratezza eventi sincronistici e o di altra natura, ma sia in grado di delineare un'immagine più o meno sfuocata di varie possibilità." (*On divination and synchronicity. The psychology of meaningful chance*).

D. Capisco. Ora però mi piacerebbe spostare l'accento sulle previsioni degli eventi collettivi, di cui si occupa l'astrologia mondiale.
R. Non oggi, l'argomento è assai complesso e richiede molto tempo. È comunque vero che, se un giorno l'astrologia tornerà a essere insegnata nelle nostre aule universitarie, ciò sarà merito dell'astrologia mondiale.

INTERVISTA AD ANDRÉ BARBAULT

Per festeggiare i 75 anni di André Barbault, la rivista *Ricerca '90* incaricò, nell'estate 1996, Enzo Barillà di intervistare il grande Maestro d'Oltralpe. Il pezzo fu pubblicato sul n. 28 (ottobre 1996) di *Ricerca '90* con la traduzione di Carlo Miele; in questa edizione la traduzione è di Enzo Barillà.

D. *Vuole parlarci dei più noti astrologi che ha incontrato?*

R. Sono "entrato" in astrologia a 14 anni, nel 1935, con Choisnard appena deceduto l'anno prima. Arrivato a Parigi alla fine della guerra, ho subito frequentato l'ambiente astrologico parigino, integrandomi nel *Centre International d'Astrologie*, del quale ho finito in qualche modo per diventare l'animatore. Vale a dire che ho frequentato praticamente tutti gli astrologi francesi da Néroman a Lasson, passando per Volguine, ma anche molti stranieri. Poiché ho organizzato un congresso internazionale a Parigi nel 1954 con la contessa Zoe Wassilko, mi sono trovato in rapporto con i più importanti fra loro: Brahy in Belgio, Carter in Inghilterra, Koch e molti altri in Germania; inoltre ho organizzato un ricevimento principesco per Rudhyar presso il C.I.A.... Ero molto ben introdotto nell'ambiente... Più di cento astrologi hanno già collaborato a "L'Astrologue", non per niente ho una congiunzione in Bilancia e in VII...

D. *Ha avuto rapporti diretti con Michel Gauquelin?*

R. Michel e Françoise Gauquelin erano venuti una volta ad una riunione del Sabato a casa mia, dove ricevevo tutte le settimane i miei amici astrologi. Questo avveniva prima della pubblicazione del primo libro di Michel, intorno al 1953. I miei rapporti con lui erano buoni, e l'ho difeso nell'ambiente, lui ed i suoi risultati: criticava molto l'astrologia. Poi è venuto "Astroflash". Mobilitò subito un fronte ostile (l'affare Petiot) sferrando così un doppio colpo: contro l'astrologia e contro di me, con l'appoggio di colleghi, fra cui il Volguine. Più avanti, essendo venuto a più miti consigli, non ebbi più motivo di volergliene ed i nostri rapporti tornarono buoni. Fra noi c'era un'autentica simpatia.

D. *Quando e come Le è venuta per la prima volta l'idea di trattare i cicli planetari?*

R. Nel 1936 mio fratello Armand stabilì una correlazione tra il fatto che la rivoluzione russa del 1917 si era verificata sotto una congiunzione Saturno/Nettuno ed il fatto che in quel medesimo 1936, all'opposizione degli stessi astri, si verificavano i processi di Mosca, la guerra di Spagna ed il fronte popolare in Francia, oltre al patto anti Komintern. Una correlazione che sarebbe stata adottata da tutti gli altri astrologi. E' da lì che siamo partiti...

D. *Come Le venne in mente di scrivere a Carl Gustav Jung (la risposta di Jung datata 26 maggio 1954 si trova nell'epistolario)?*

R. Nella Parigi degli anni '50, Jean Carteret ed io costituivamo una dinamica d'ispirazione astropsicanalitica ed io dirigevo presso il C.I.A. una piccola rivista, "L'astrologie moderne", nella quale facevo parlare d'astrologia alcune celebrità. Così era naturale intervistare Jung, la cui opera non era ancora stata tradotta in Francia e che sapevo interessato alla questione per via di quanto m'aveva detto il suo amico Mircea Eliade.

D. *Lei è noto per aver sviluppato la teoria dei cicli planetari in astrologia mondiale, ma dà anche particolare risalto all'analisi astrologica individuale. Come concilia personalmente questi interessi così diversi?*

R. Non ci sono qui due fronti opposti, bensì il massimo di apertura a ventaglio, con l'uno che rinvia all'altro. Così, ciò che mi ha insegnato in astrologia mondiale la congiunzione del Sole con i pianeti mi ha fatto capire il valore della congiunzione solare nel tema. Ed è meglio conoscere entrambi quando il soggetto è coinvolto nella storia del proprio tempo. Non si può essere un astrologo completo se non si tiene almeno un piede nell'astrologia mondiale.

D. *Quale personalità, da Lei analizzata astrologicamente, l'ha interessata di più?*

R. Domanda senza risposta possibile, in ogni caso, almeno per me. Ciascun microcosmo è in sé una formula originale, con la possibilità di essere appassionante quanto qualsiasi altro, perché l'interesse aumenta man mano che l'espressione individuale si avvicina all'incarnazione archetipica. In quanto insegnante, tuttavia, mi piace molto presentare figure che si avvicinano ad uno stato di perfezione, ad esempio il più grande gigante del mondo come da Guinness dei Primati: Robert Pershing Wadlow (Alton, Illinois, 22/2/1918, ore 6.30), alto 2 metri e 72! L'uraniano più tipico di cui io sappia, con Urano congiunto all'Asc., al Sole, Mercurio e Venere, il tutto in Acquario salvo il Sole!

D. *Utilizza per se stesso il suo tema di natalità, e fino a che punto riesce o meno a trarne profitto?*

R. Che domanda! Un astrologo che non si "segue" né da vicino né da lontano attraverso il proprio tema m'inquieta... Deve più o meno fare previsioni su se stesso! Deve essere una lettura illuminante che non imbrigli la spontaneità della vita ma la renda luminosa. Niente a che fare con l'ossessiva paura di vivere di chi si aggrappa alle effemeridi come un religioso che si obnubila sul suo breviario per rifiutare di vedere la vita. E' certo che la lettura dei transiti mi è considerevolmente servita nella mia vita.

D. *Può farci l'esempio di una persona che ha utilizzato in modo efficace e decisivo per la propria vita le indicazioni tratte da una sua analisi astrologica?*

R. Mi chiedete forse di farvi il nome di uno dei miei consultanti? Non aspettatevi questo da me, il rispetto del segreto professionale comincia da questa discrezione. Proclamarsi l'astrologo di un grande personaggio dà prestigio... ma che vanità! Si dicono tali sciocchezze sugli astrologi di Hitler e perfino di De Gaulle (mio fratello)...

D. *Quando e perché ha scelto di dedicarsi esclusivamente all'astrologia (o di vivere dell'astrologia o per l'astrologia)?*

R. Mi sono a tal punto sentito astrologo e così presto da non aver mai pensato di fare altro. Un primo (cattivo) libro a 24 anni, conferenze, corsi e via che sono partito...

D. *Fino a che punto è attuale il pensiero dei classici? Pensiamo soprattutto a Luca Gaurico, Francesco Giuntini e Jean Baptiste Morin de Villefranche.*

R. Un buon consiglio: se esponete le vostre idee di astrologo, prima di esprimere la vostra originalità fate come continuo ancora a fare io, studiando ciò che gli altri hanno detto prima di noi. Non dimenticate di calpestare un suolo bimillenario: la solidarietà di pensiero di una catena di grandi spiriti che hanno radicato un sapere, ed è da questo lascito che occorre partire. Sicuramente la tradizione non è il Vangelo, oltre al fatto che noi dobbiamo vivere un'astrologia del XX secolo. Questa tradizione è in parte erronea? Ma se sapeste la montagna di "fesserie" che si è accumulata nel corso del nostro secolo e persino della vostra generazione! Per dire le cose come stanno... è pura incoscienza rifare l'astrologia a partire dalla propria piccola persona. Nel corso di questo secolo, la figura di Tolomeo si è trasformata da Padre iniziatore a quella di avo rimasto bambino e c'è disprezzo per questa tradizione disistimata come una povera vecchia, buona sola ad andare in pensione. Ma abbiamo preso distanze sufficienti nei confronti della nostra modernità? Vi siete resi conto che i nostri innovatori, battitori di piccole strade ed alzatori di piccola selvaggina, sono alla fine più tarpatori di ali che aiuti alla crescita? Il "superatore" non diventa ridicolo quando lo si paragona a ciò che credeva di avere superato? Forse è perché ho la visuale del "vecchio" che faccio questa stima dei nostri "avanzati" modernisti. Ah, fanno bei discorsi, ma che cosa c'è dietro? Ciò che oggi esiste d'essenziale e nel contempo di più solido ci viene ancora... dalla tradizione. In ogni caso sul piano tecnico.

D. *Esiste una scuola francese di astrologia in contrapposizione ad altre scuole?*

R. La scuola condizionalista di Jean Pierre Nicola, che indubbiamente costituisce un approccio ricostruttivo razionale. Gli ho concesso spazio sui primi numeri de *L'Astrologue* e la considero un'acquisizione di qualità anche se ciò che ho appena detto riguarda purtroppo anche lei. Ben più discutibile è l'atteggiamento degli stessi condizionalisti, il cui settarismo li ha confinati in una "conventicola". Non esiste altra astrologia che quella condizionalista e tutto il resto è "robaccia". Niente altro: niente elementi, niente signorie, niente simbolismo... Tutto ciò appartiene al passato... Tuttavia ho riannodato un filo con uno di loro, Richard Pellard. Abbiamo consacrato il n. 110 de *L'Astrologue* ai quattro elementi, lui per respingerli ed io per raccomandarli. Stiamo preparando un numero similare sulle signorie. Il confronto è pittoresco, credetemi...

D. *Come sente il rapporto con gli astrologi della nuova generazione? Con un senso di continuità o di frattura?*

R. E' tra continuità e frattura che si cercano i giovani d'oggi - che io compiango - ingarbugliandosi tra una scuola e l'altra. Come sapere dove si trova la verità che si cerca? Una volta c'era solamente l'insegnamento classico, che si prolungava attraverso una modernità di propria scelta. Immaginate solo il male che può fare ad un neofita - facendogli perdere tempo - una scuola americana che gli dice di affrontare un tema secondo i disegni planetari: tipo ciotola, secchio o altalena... La tradizione non ha però ignorato questo punto... E' solo quando si "sa" da se stessi, che si può giudicare l'insegnamento per il quale si è passati. E che si può superare, qualunque sia stato! Noi "leggiamo" l'astrologia con gli occhi del nostro tema: ciascun astrologo pratica secondo le proprie configurazioni quando ha superato le scuole e si è liberato dai maestri (tanto più che, veramente, essi non esistono in astrologia, considerandomi io stesso ancora un apprendista). Infine, il tema è lo specchio che ci rinvia la nostra immagine di astrologo. Qualsiasi "maestro" che voglia imporvi la sua è un "primitivo" pernicioso, e l'astrologia non è terreno dove possa offrirsi il culto della personalità.

D. *Quali sono i più proficui filoni da approfondire per lo sviluppo dell'astrologia?*

R. In realtà, occorre approfondire tutto nella nostra disciplina per meglio consolidare il nostro sapere generale che pecca sempre di inconsistenza empirica. L'astrologia ideale, le vite precedenti ed altro, è tutto assai carino se vi piace. Se volete, inoltre, l'astrologia giocata, trattata come un trastullo dello spirito, uno svago intellettuale: si ottiene il risultato del proprio investimento. Si può fare però di meglio: accedere ad un reale astrologico. Bisogna darsi il potere che ha Urania di diffondere informazioni al di là oppure al di sopra della relazione interprete-interpretato. Per far questo, occorre andare fino al limite della propria fiducia, attaccandosi al reale, affinché vi renda l'eco della vostra parola che è il verbo del cosmo. Imparerete ciò che questo significa quando farete una precisa previsione di astrologia mondiale che non annuncia altro se non ciò che si legge nelle effemeridi, come ad esempio un armistizio sotto un triplice aspetto di Sole/Venere/Giove...

D. *Qual è il significato della parola destino che ricorre nei suoi libri?*

R. Sapete bene che la mia esperienza mi ha portato ad essere sempre meno determinista sul piano umano, poiché le nostre astralità non hanno tanto potere quanto loro si attribuisce. Destino fa pensare a diktat. Non è ciò che si osserva quando si vedono vivere individui che hanno il medesimo tema. Effemminiamo la parola addolcendola molto: tendenza di destino che si esprime su tutta una gamma analogica. Si è più nel vero.

D. *Morin de Villefranche individuò con assoluta precisione la data della morte del re Gustavo Adolfo di Svezia e non esitò a comunicarla al cardinale de Richelieu. Anche Luca Gaurico previde la morte del re Enrico II di Francia. Le è mai capitato di nutrire un'analoga certezza e come si è comportato con tale previsione?*

R. Quando si fa una lunga carriera, fatalmente si ottengono successi ma anche fiaschi; è inopportuno evocare i primi senza i secondi. Previsione per previsione, se qualcuno dovesse ricordare qualcosa della mia "avventura" astrologica, dovrebbe menzionare la mia astrologia mondiale ed in particolare la scadenza storica del 1989-1990, la cui configurazione ho presentato ed interpretato con anni d'anticipo - come un decisivo leitmotiv previsionale - al tempo stesso nel corso di cinque conferenze internazionali (tra cui una in vostra compagnia a Capri nell'ottobre 1983) ed in cinque opere differenti a partire dal 1955! E' assai probabile che sia anche la principale previsione astrologica del XX secolo ricordata dai nostri successori. Il che non cancella i miei insuccessi.

D. *Quale pensa che sia il più originale contributo all'astrologia contemporanea?*

R. Il contributo dell'elettronica. La rivoluzione informatica rinnova completamente le nostre possibilità di lavoro, con la promessa della stesura di solide correlazioni per l'avvenire. Vedete già la correlazione ereditaria Ascendente/Sole colta da Ciro. E' un lavoro che resterà.

D. *L'astrologia, che riteniamo sia ormai per Lei una filosofia di vita, l'ha mai portata in conflitto con la fede? Pensa che il conflitto in cui per lo più sente di trovarsi il credente sia giustificato o no?*

R. Non ho avuto problemi con la mia fede religiosa, allorché una bigotta si è incaricata di disgustarmene per sempre. L'astrologia tiene un piede nella religione come nella scienza e nella poesia: il cosmo astrologico unisce l'uomo all'universo. Se si avverte un conflitto tra la propria astrologia e la propria fede religiosa, c'è qualcosa che si è inceppato da qualche parte, ed una delle due è incerta. Tommaso d'Aquino resta la più alta autorità in materia.

D. *C'è stato un momento nella sua vita in cui si è trovato in una situazione di dubbio verso l'astrologia in generale?*

R. Si conosce lo choc terribile ma molto salutare che ha prodotto su di me il fiasco previsionale dello scoppio della guerra nel 1939. Da allora - Mercurio/Scorpione in 8° - ho lo sguardo assassino tanto su di me quanto sugli altri. Sin dai tempi dell'insegnamento, mettevo in guardia i miei allievi annunciando loro che un giorno avrebbero avuto "il mal d'astrologia"; è allora che avrebbero veramente cominciato ad aderire al sapere astrologico. Con la previsione, sapete comunque come regolarvi riguardo il valore dell'interpretazione.

D. *Anni fa l'astrologia era l'interesse di pochi specialisti praticanti e di pochi utenti appassionati; oggi invece è un fenomeno di massa. Questa situazione la soddisfa o se ne sente tradito nella sua professionalità? In altre parole, sente tale situazione come uno sviluppo positivo anche del suo lavoro o la sente come una deviazione della serietà dei suoi studi?*

R. L'astrologia vive di un'esistenza propria che sfugge alla condanna dei suoi detrattori così come oltrepassa i suoi adepti. Dinamica di una "idea forza" dello psichismo profondo dell'umanità, il suo fenomeno d'inconscio collettivo la trascina verso un destino che ci sfugge. In questo secolo l'abbiamo "psicologizzata" perché è ciò di cui avevamo bisogno. E domani? Mistero...

D. *Se è vero che la "dominante" è il fondamento del tema astrologico, qual è la dominante di André Barbault?*

R. Con Urano signore dell'Ascendente in Acquario ed a lui congiunto, ed in aspetto ai luminari, Mercurio, Venere, Marte... Ho forse bisogno di farvi lo schema del mio tema e della mia persona?

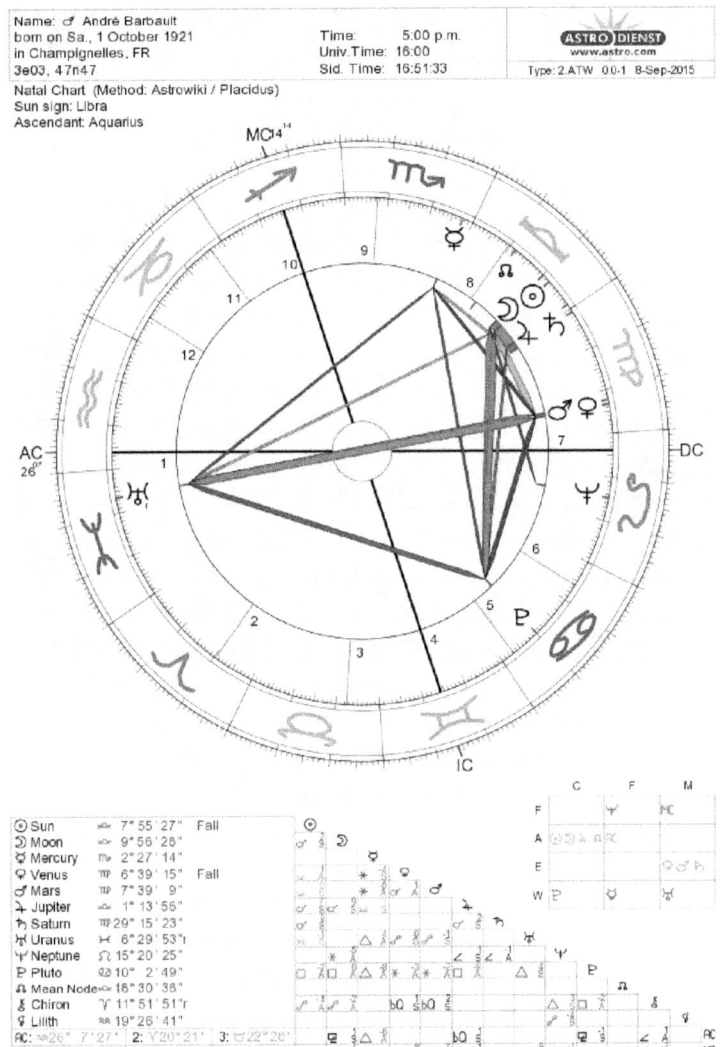

Name: ♂ André Barbault
born on Sa., 1 October 1921
in Champignelles, FR
3e03, 47n47

Time: 5:00 p.m.
Univ.Time: 16:00
Sid. Time: 16:51:33

ASTRO DIENST
www.astro.com
Type: 2.ATW 0.0-1 8-Sep-2015

Natal Chart (Method: Astrowiki / Placidus)
Sun sign: Libra
Ascendant: Aquarius

☉ Sun	♎ 7° 55' 27"	Fall
☽ Moon	♎ 9° 56' 28"	
☿ Mercury	♏ 2° 27' 14"	
♀ Venus	♍ 6° 39' 15"	Fall
♂ Mars	♍ 7° 39' 9"	
♃ Jupiter	♎ 1° 13' 56"	
♄ Saturn	♍ 29° 15' 23"	
♅ Uranus	♓ 6° 29' 53" r	
♆ Neptune	♌ 15° 20' 25"	
♇ Pluto	♋ 10° 2' 49"	
☊ Mean Node	♋ 16° 30' 36"	
⚷ Chiron	♈ 11° 51' 51" r	
⚸ Lilith	♒ 19° 26' 41"	

AC: ♒26° 7'27" 2: ♈20° 21' 3: ♉22°26'
MC: ♐14° 13'44" 11: ♑3° 7' 12: ♒24° 1'

51

II PARTE
MONDI LONTANI

CIÒ CHE L'ASTROLOGIA INDIANA CI PUÒ INSEGNARE

"Ciò che l'astrologia indiana ci può insegnare" è l'argomento della conferenza che sono ben lieto di sottoporvi. Nelle mie intenzioni essa rappresenta anche un omaggio al genio di Carl Gustav Jung, che nel 1939 scrisse un breve saggio che aveva appunto per titolo *Quel che l'India può insegnarci*. Egli concludeva così il suo scritto: «Penso che un viaggio in India, se ve lo potete permettere, sia nel complesso la cosa più edificante e, da un punto di vista psicologico, la più consigliabile, anche se vi potrà causare considerevoli mal di capo.»Un consiglio di Jung vale sempre la pena di essere ascoltato e, limitandomi all'astrologia, cercherò di portarvi in viaggio nel mondo dell'astrologia vedica.

Ho usato il termine "astrologia vedica" perché ne ritroviamo le origini nei Veda (Frawley, pag. 40). Qui leggiamo riferimenti astronomici che ci riportano indietro fino al 6.000 a. C. Altri termini per indicare l'astrologia vedica sono: astrologia indù, dal nome della omonima cultura e religione, e *Jyotish*, termine sanscrito che significa "scienza della luce". Occorre dire subito che vi sono profonde differenze tra il sistema indù e quello occidentale. Esse si possono riassumere in:
1) differenza di atteggiamento culturale;

2) differenza di zodiaco;
3) differenza di tecnica interpretativa (numero e significato dei pianeti, uso degli asterismi, uso di diverse carte oroscopiche, sistemi previsionali).

DIFFERENZA DI ATTEGGIAMENTO

In India, l'astrologo viene interpellato per dare risposte a quesiti squisitamente di carattere pratico che riguardano per es. quanti figli si avranno, se saranno maschi o femmine, quando saranno concepiti. Ci si aspetta di sapere le probabilità di successo nella vita, se il matrimonio sarà felice, se si vivrà a lungo, se si compreranno case e terre. Si vuole conoscere quale professione sia meglio intraprendere e così via. Si è poco interessati alla propria personalità, psicologia e motivazioni interiori. (*Astro-logos* pag. 49) L'astrologia indù è strettamente collegata alla legge del Karma, che presuppone il ciclo delle rinascite. Secondo questa concezione, l'uomo deve soffrire le conseguenze delle proprie azioni, anche se c'è libertà di agire o non agire. Non si può sfuggire alle conseguenze, ma con l'esercizio del libero arbitrio si può guidare il proprio futuro e creare il proprio destino. L'astrologia rivelerebbe allora quali sono i risultati delle azioni che non ricordiamo perché commesse in vite precedenti. (Raman, *Planetary influences*, pag. 25) I pianeti indicano quindi i risultati del Karma precedente, però senza che vi sia nulla di prestabilito riguardo gli effetti del nuovo Karma che si crea con l'agire quotidiano.

Secondo Varahamihira (astrologo-astronomo del sesto secolo d.C.), l'astrologo deve possedere le seguenti virtù: "deve essere pulito, efficiente, coraggioso, eloquente, geniale, conoscitore dell'ora e luogo, sincero, non timido in pubblico, non farsi sovrastare dai colleghi, esperto, scevro da vizi, ben versato nell'arte di celebrare i riti sia di tipo preventivo che terapeutico, come nell'arte della magia e dei bagni, dedito agli dèi ..."

Soprattutto, l'astrologo indiano è consapevole di studiare e praticare una sacra scienza.

Il prof. Ramakrishna Bhat, capo del dipartimento di Sanscrito presso l'Hindu College dell'Università di Nuova Delhi, ha scritto: «Nell'antica India gli astrologi erano tenuti in grande considerazione, poiché essi coniugavano una mentalità scientifica con un

atteggiamento spirituale nei confronti della vita; essi conducevano un'esistenza pura e secondo alti principi morali. Praticavano questa disciplina non per ammassare ricchezze, ma per offrire una guida ai bisognosi e agli afflitti. Avevano lo scopo di eliminare le cause delle sofferenze della gente e di rivolgere le loro menti al Dharma e a Dio. È per questo che che ci si aspetta dagli studiosi di astrologia un atteggiamento reverenziale. I lettori ricorderanno ciò che dice il Signore verso la fine della Gita: "Questo [insegnamento] non dovrebbe essere impartito a colui che non fa penitenza, non è devoto, non ha interesse e a chi Mi odia." Ciò è estensibile anche all'astrologia. Iniziando questo studio, si dovrebbe invocare la benedizione del Sole sull'insegnante e sullo studente affinché ci dia un chiaro intelletto, un cuore pieno di comprensione e pensieri puri. Che ci sia consentito di bearci nella Luce Misericordiosa di quel Supremo Fulgore!» (Fundamentals of Astrology, pag. 1-2)
Vorrei precisare che questa citazione è tratta da un libro stampato nel 1992 e tuttora in comune commercio.

I DUE ZODIACI

Molti di voi certamente sapranno che cosa è lo zodiaco. Mi scuso quindi se ripeterò cose ben note a beneficio di coloro che si stanno accostando a queste tematiche. Si dice zodiaco quella fascia circolare che si estende 8°-9° a nord e a sud dell'eclittica (ovvero del percorso annuale del Sole sulla sfera celeste come lo si vede dalla Terra). Lo zodiaco è dunque una banda circolare larga circa 17° nel cui ambito si trovano sempre il Sole ed i pianeti, con l'eccezione di Plutone.
Il piano dell'eclittica è inclinato rispetto a quello dell'equatore celeste e forma un angolo di circa 23,5° (obliquità dell'eclittica). Questa è la distanza massima dall'equatore che il Sole raggiunge nei giorni dei solstizi. Eclittica ed equatore si intersecano in due punti: uno di questi si chiama "punto zero" o "punto gamma" o "punto vernale" o "primo punto dell'Ariete". Questo punto serve agli astronomi per il calcolo della longitudine celeste. Questa è intesa come la distanza angolare, misurata sull'eclittica, tra il piano ove si trova l'oggetto celeste ed il *primo punto dell'Ariete*. La cintura dello zodiaco è divisa in dodici parti uguali di 30° cadauna che rappresentano i dodici segni zodiacali. La posizione degli astri in questa cintura si calcola a partire dal punto vernale ed è espressa in gradi di

longitudine celeste. *L'inizio dello zodiaco tropico è sempre identico al punto dell'equinozio vernale* e cioè il punto dove si trova il Sole nel primo giorno di primavera. Trascura quindi il gruppo di stelle (costellazione) visibile alla levata del Sole nel giorno dell'equinozio stesso.

Lo zodiaco tropico non si basa sulle stelle fisse (o costellazioni), bensì su come è orientata la Terra rispetto al Sole sicché gli equinozi ed i solstizi segnano l'inizio delle stagioni. Al tempo d'Ipparco (130 a.C.), il Sole compariva all'equinozio di primavera all'inizio di un gruppo di stelle che formavano la *costellazione* dell'Ariete, con un accavallarsi del segno e della costellazione dell'Ariete. Oggi tuttavia, a causa dello spostamento di 50" l'anno (1° ogni 72 anni), il punto equinoziale è retrocesso in 20 secoli di circa 27°. Di modo che l'equinozio di primavera (punto vernale) si presenta all'inizio della costellazione dei Pesci (Pisces) e tende a passare alle prime stelle della fine di quella (costellazione) dell'Aquario (Aquarius). (A. Barbault, *La precessione degli equinozi e l'Astrologia*, Ricerca '90 n. 14) Lo zodiaco tropico resta pertanto legato ai punti degli equinozi e dei solstizi, ed è insensibile al moto precessionale.

Due parole sulla precessione degli equinozi.

Se prolunghiamo l'asse di rotazione terrestre fino alla volta celeste, notiamo che il Polo Nord celeste va a cadere vicino ad una stella appartenente all'Ursa Minor, chiamata Stella Polare. Poiché il movimento di rotazione della terra attorno al proprio asse non mantiene un parallelismo assoluto (ciò è dovuto all'attrazione combinata che Sole e Luna esercitano sul rigonfiamento equatoriale) ma bensì si sposta lentamente descrivendo un cono di 47° di apertura, il polo celeste si sposta a sua volta tra le stelle. Intorno all'anno 7000, Alderamin (Alpha Cephei) diventerà la stella polare, e intorno al 14000 lo diventerà Vega (Alpha Lyrae). La durata di questo moto di precessione è di circa 26.000 anni. L'astrologia indù considera la precessione nei calcoli relativi alle longitudini planetarie. Essa usa uno zodiaco suddiviso in dodici settori di 30° cadauno tendenzialmente coincidenti con le costellazioni delle stelle fisse, malgrado che le stesse si estendano fra i 19° (Libra) ed i 41° (Pisces).

Il punto di partenza dello zodiaco siderale corrisponde al punto gamma dell'epoca in cui si sono sovrapposti il segno e la costellazione dell'Ariete. Non si conosce in quale data precisa ciò sia avvenuto e le opinioni in proposito differiscono considerevolmente. Si va infatti dal 76 a.C. (P.E.A. Gillet) al 397 d.C. (B. V. Raman), passando per il 285 d. C. (Cyril Fagan). A complicare ulteriormente le cose, non c'è accordo tra i sideralisti su quale sia il punto della costellazione dell'Ariete da prendere a riferimento. Infatti, mentre è facilmente accertabile in quale parte del cielo cade oggi l'esatto punto equinoziale, è difficile da accertare quale sia il primo punto della costellazione dell'Ariete. È controversa l'attribuzione alla stella fissa che gli Indù chiamano "Revati"; conseguentemente, varia il momento storico in cui il primo punto della costellazione ha coinciso con il punto vernale. L'*Ayanamsha* (e cioè la differenza tra i due zodiaci, misurata dalla differenza tra l'odierno punto dell'equinozio di primavera - attualmente all'inizio della costellazione dei Pesci - e l'inizio della costellazione dell'Ariete) varia pertanto, per l'anno 1950, dai 21°42' calcolata da B. V. Raman ai 24°02' di Fagan-Bradley. La maggior parte degli astrologi vedici sono però attestati sui 23°10' calcolati per incarico del governo indiano (N. C. Lahiri Ayanamsha). Per passare dall'oroscopo occidentale a quello indù è pertanto sufficiente sottrarre l'*ayanamsha*; si ottengono le nuove posizioni planetarie e il nuovo ascendente del soggetto. Parlerò di questo più avanti. Al momento è sufficiente notare che molti si troveranno con il segno zodiacale cambiato: ad esempio un Cancro si ritroverà Gemelli, un Acquario si scoprirà Capricorno. Ciò potrà risultare gradito o sgradito, ma è bene ricordare che l'astrologia vedica non attribuisce grande importanza ai segni solari e soprattutto l'ottica interpretativa è completamente diversa, essendo gli indù più interessati a delineare eventi e fare previsioni piuttosto che a tracciare profili psicologici.

Non bisogna inoltre dimenticare che non si deve mai mescolare i due sistemi né giudicare un sistema usando i principi dell'altro: si farebbe solo confusione.

DIFFERENZE INTERPRETATIVE

Lo zodiaco indù è suddiviso in dodici segni (Rasi) esattamente uguali a quelli occidentali. I signori dei segni sono i sette pianeti classici poiché non vengono considerati Urano, Nettuno e Plutone. Gli indù attribuiscono inoltre grande importanza ai nodi lunari, Rahu (nodo nord) e Ketu (nodo sud), che però non governano alcun segno.

Nello zodiaco si trovano anche 27 costellazioni (Nakshatra) che si estendono per 13°20' dell'arco zodiacale. Ciascuna costellazione è divisa in quattro parti (Pada) di 3°20': dunque in ogni segno zodiacale si trovano mediamente due costellazioni e un quarto. Ne consegue che alcune costellazioni si trovano interamente in un segno mentre altre lo occupano solo con alcuni quarti.

Le costellazioni sono governate dai 7 pianeti classici e da Rahu e Ketu.

L'inizio della prima costellazione, Aswini, coincide col primo punto dell'Ariete.

Tavola delle costellazioni e del relativo governatore

1. Aswini - Ketu
2. Bharani - Venere
3. Krittika - Sole
4. Rohini- Luna
5. Mrigasira - Marte
6. Aridra - Rahu
7. Punarvasu - Giove
8. Pushyami - Saturno
9. Aslesha – Mercurio
10. Makha - Ketu
11. Purva Falguni - Venere
12. Uttara Falguni - Sole
13. Hasta - Luna
14. Chitta - Marte
15. Swati - Rahu
16. Visakha - Giove
17. Anuradha - Saturno
18. Jyesta - Mercurio
19. Mula - Ketu
20. Purvashada - Venere
21. Uttarashada - Sole
22. Sravana - Luna
23. Dhanishta - Marte
24. Satabhisha - Rahu
25. Purvabhadra - Giove
26. Uttarabhadra - Saturno

27. Revati - Mercurio

Le Nakshatra vengono utilizzate soprattutto per determinare i periodi planetari secondo il sistema Vimshottari che considera un ciclo di 120 anni, ritenuto dagli antichi la durata naturale della vita umana. A ciascuno dei sette pianeti più i nodi vengono assegnati periodi che vanno da un minimo di 6 ad un massimo di 20 anni. Non sono noti i motivi che stanno alla base di questa suddivisione temporale, mentre l'ordine dei pianeti coincide con quello della signoria delle costellazioni come sopra indicato.

Tavola dei Dasha

Sole - 6 anni
Luna - 10 anni
Marte - 7 anni
Rahu - 18 anni
Giove - 16 anni
Saturno - 19 anni
Mercurio - 17 anni
Ketu - 7 anni
Venere - 20 anni

Gli astrologi indiani affermano che il sistema dei periodi planetari è in sé e per sé molto efficace per formulare attendibili previsioni e non necessita quindi di ulteriori ausili come ad esempio transiti o rivoluzioni. Ciascun periodo principale (Mahadasha) è suddivisibile in nove sottoperiodi (Bhukti) che a loro volta vengono suddivisi in nove periodi minori (Pratyantardasha), uno per ciascun pianeta incluso i nodi. Il primo sottoperiodo è governato dallo stesso pianeta che governa il Dasha, gli altri seguono nel solito ordine. Il Dasha è quindi un lasso di tempo durante il quale la vita di un soggetto "risente" o è "governata" da un particolare pianeta. Il Dasha alla nascita si determina considerando la costellazione (Nakshatra) occupata dalla luna radicale; questa costellazione viene chiamata Janma Nakshatra o costellazione di nascita. Per calcolare il residuo periodo della Dasha di nascita ci si serve di apposite tabelle. I periodi successivi seguono l'ordine già descritto, per cui se, ad esempio, la Luna alla nascita si trova nella Nakshatra Poorvashada, sappiamo che il Dasha alla nascita è governato da Venere, al termine del quale inizia il Dasha del Sole che durerà 6 anni, seguito poi da quello della Luna per 10 anni e così via di seguito.

Prima di procedere oltre nell'esame del sistema previsionale denominato Vimshottari, è opportuno occuparci dei concetti base dell'astrologia vedica.

Innanzitutto occorre notare la forma grafica dell'oroscopo indù: essa è quadrata ed i segni zodiacali si trovano sempre nello stesso posto. Ciò che varia è la casella occupata dall'ascendente, contraddistinta da una linea trasversale. Inoltre, le case sono disposte in senso orario, contrariamente a quanto accade nello schema occidentale. Il sistema delle case, poi, è molto semplice. La casa che ospita l'ascendente è ovviamente considerata la prima casa mentre le successive seguono in senso orario l'ordine dei segni. Per esempio, se l'ascendente è 10° Toro, la seconda casa coinciderà con l'intero segno dei Gemelli, la terza con l'intero segno del Cancro e così via. Un pianeta situato a 1° in Cancro si troverà dunque in terza casa, come pure il pianeta posto a 29°.

Gli indù non si limitano a tracciare il solo tema di natalità. Secondo il padre dell'astrologia vedica, il mitico Parasara, occorre considerare sedici carte divisionali o Shodasavargas. Alcuni astrologi occidentali hanno preso a tracciare le cosiddette armoniche, ma queste si ottengono semplicemente moltiplicando la longitudine planetaria per il numero dell'armonica ricercato; l'astrologia vedica trascura il grado longitudinale del pianeta per limitarsi alla sola presenza nel segno. Per esempio, se si vuole ottenere la nona armonica vedica (Navamsha), ciascun segno viene suddiviso in nove parti di 3°20' cadauna secondo la seguente tabella:

0°00' - 3°20'	= I	Navamsha
3°20' - 6°40'	= II	"
6°40' - 10°00'	= III	"
10°00' - 13°20'	= IV	"
13°20' - 16°40'	=V	"
16°40' - 20°00'	=VI	"
20°00' - 23°20'	=VII	"
23°20' - 26°40'	=VIII	"
26°40' - 30°00'	=IX	"

Sicché se ad esempio Saturno nel Rasi è a 19°57' nei Gemelli, si trova nella sesta Navamsha. Poiché i Gemelli sono un segno d'aria, dobbiamo contare sei segni in segno orario a partire dalla Bilancia, ottenendo così un nuovo piazzamento nei Pesci. Si seguirà lo stesso procedimento per tutti gli altri pianeti e l'ascendente, avendo cura di far partire il conteggio dei segni, sempre in senso orario, iniziando dal segno cardinale. Se un pianeta si trova in esaltazione o nel proprio domicilio in molte carte divisionali, lo si considera particolarmente potente e significativo, mentre perderà forza se è ricorrente nei segni di caduta o in segni nemici.

Secondo il Prof. Bangalore Venkata Raman (*Hindu astrology and the West*, pag. 300) «la Rasi Kundali è la carta fondamentale su cui si basano tutte le altre. In essa si trovano tutti i fattori che verranno a maturazione nel corso della vita di un individuo. Essa però deve essere sezionata in altre carte in modo da potere ottenere una chiara visione di ciascuno di tali fattori. Spesso succede che gli indizi giudicati importanti nella Rasi (o oroscopo di base) siano modificati dagli elementi riscontrati nelle carte divisionali. Talvolta accadono eventi non rintracciabili nell'oroscopo di base ma i cui indizi sono potenzialmente presenti nelle carte divisionali.»

Tutti gli autori sono però concordi nell'affermare che non è possibile stravolgere le indicazioni presenti nel Rasi. Ciò che vi si trova può essere accresciuto o diminuito dalle carte divisionali ma mai cambiato radicalmente. Esaminiamole brevemente.

1. Rasi. È la carta di base.
2. Hora. Indica la ricchezza.
3. Drekkana. Indica fratelli, sorelle, legami familiari.
4. Chaturthamsa. Indica le proprietà immobiliari.
5. Panchamsa. Indica le inclinazioni e l'evoluzione spirituale
6. Shashtamsa. Indica la salute e le malattie ereditarie.
7. Saptamsa. Indica i figli.
8. Ashtamsa. Indica la longevità.
9. Navamsha. È la più importante e può essere utilizzata, insieme alla Rasi per indagare su tutti gli aspetti della vita del soggetto. La funzione principale sarebbe quella di valutare la vita matrimoniale del nato e di fornire indicazioni sul coniuge. Se un pianeta è forte sia nella carta natale che nella Navamsha, sicuramente darà buoni risultati. Se è forte nel Rasi e debole nella Navamsha, i risultati

saranno meno positivi. Un pianeta che si trovi nello stesso segno zodiacale sia nel Rasi che nella Navamsha si trova nella condizione di Vargottama ed è considerato particolarmente significativo, nel bene o nel male.

10. Dasamsa. Indica la professione o vocazione.

11. Ekadamsa. Indica legati, eredità ed entrate improvvise derivanti da speculazioni e giochi d'azzardo.

12. Dwadasamsa. Indica i genitori ma non solamente. Dal suo esame gli Indù traggono informazioni sull'incarnazione precedente.

Le rimanenti carte divisionali numero 13, 14, 15 e 16 sono generalmente trascurate dagli astrologi.

È necessario sottolineare che le Varga sono estremamente influenzate da scarti - anche molto piccoli - nell'esatta ora di nascita. Per ovviare a questo inconveniente James Braha, dà il seguente suggerimento.

Trovare un evento indicato nella carta divisionale che non sia direttamente indicato nel tema natale e notare se il fenomeno in questione sia accaduto sotto una Dasa o Bhukti collegata all'appropriato significatore della varga in esame. Ad esempio, si supponga che Giove in Cancro (segno della sua esaltazione) sia il governatore della decima casa della dasamsa (carta della professione). Se il soggetto ha avuto notevoli avanzamenti di carriera durante i periodi planetari - maggiori o minori - di Giove e lo stesso non è legato in alcun modo alla casa decima della Rasi, si deve convenire che l'ora di nascita utilizzata sia molto accurata. (*Transits of the West, Dasas of the East*, pag. 438) Normalmente le varga vengono interpretate senza tener conto degli aspetti che i pianeti formano tra loro, limitandosi all'esame della loro posizione nei segni e della loro signoria.

I PIANETI

L'astrologia vedica ha un modo del tutto particolare per classificare i pianeti fra i "benefici" o i "malefici". In primo luogo occorre considerare la loro "natura".

Giove, Venere, Luna e Mercurio hanno una naturale predisposizione ad agire beneficamente, mentre Saturno, Rahu, Marte, Ketu ed il

Sole sono considerati naturalmente nocivi. La Luna, però, se è calante o vicina al Sole è considerata a sua volta malefica.

I pianeti però vanno valutati anche in base al loro "stato terrestre". Ciò significa che un pianeta naturalmente benefico come Giove può diventare malefico in relazione alla casa che governa e viceversa un pianeta naturalmente malefico come Saturno può a sua volta diventare benefico. Ovviamente questo è in relazione al segno ascendente della carta Rasi e alla natura delle case su cui mi soffermerò in seguito.

Un esempio. Marte diventa molto benefico quando l'ascendente è il Leone, poiché governa simultaneamente la quarta (Scorpione) e la nona casa (Ariete), e cioè una casa angolare ed un trino (trikona). D'altro canto Giove diventa malefico quando l'ascendente è il Toro, perché governa simultaneamente l'ottava (Sagittario) e l'undicesima casa (Pesci) e cioè una casa malefica (dusthana) e una casa crescente (upachaya). Ritornerò sull'argomento quando illustrerò il significato delle case.

Quindi, per stabilire se un pianeta è benefico o malefico, occorre considerare sia la sua "natura" che lo "stato terrestre". Non bisogna poi trascurare la potenza dei pianeti (shad bala), l'amicizia tra pianeti e gli aspetti planetari (drishtis).

Vediamo ora lo schema dei domicili, esaltazione, caduta e Moolatrikona. Quest'ultimo termine denota una particolare posizione dei pianeti in cui essi si trovano particolarmente a proprio agio, e coincide con alcuni gradi di un domicilio, eccezion fatta per la Luna. L'astrologia indù non conosce il segno di esilio.

Pianeta	Domicilio	Esaltazione		Caduta	Moolatrikona
Sole	Leone	Ariete		Bilancia	00°-20° Leo
Luna	Cancro	Toro		Scorpione	04°-20° Tor
Marte	Ariete	Capricorno		Cancro	00°-12° Ari
		Scorpione			
Mercurio	Gemelli	Vergine		Pesci	16°-20° Ver
		Vergine			
Giove	Sagittario	Cancro		Capricorno	00°-10° Sag
		Pesci			
Venere	Toro	Pesci		Vergine	00°-15° Bil
		Bilancia			
Saturno	Capricorno	Bilancia		Ariete	00°-20° Acq
		Acquario			
Rahu			Toro		
			(Gemelli/Vergine) * secondo alcuni		
Ketu			Scorpione		
			(Gemelli/Vergine) * secondo alcuni		

L'astrologia vedica conosce inoltre un punto specifico di esaltazione, punto in cui i pianeti sono particolarmente potenti.

Essi sono: Sole - 10° Ariete, Luna - 3° Toro, Marte 28° Capricorno, Mercurio - 15° Vergine, Giove - 5° Cancro, Venere - 27° Pesci, Saturno - 20° Bilancia. Non c'è unanimità di vedute per Rahu e Ketu.

Rapporti tra pianeti

Altra peculiarità dell'astrologia indù è data dai rapporti di amicizia od inimicizia tra pianeti.

Tali rapporti possono essere "permanenti" e "temporanei"

Rapporti permanenti

Sole: amico di Luna, Marte, Giove.
 nemico di Venere, Saturno.
Luna: amica di Sole, Mercurio.
 nemica di nessuno.
Marte: amico di Sole, Luna, Giove.
 nemico di Mercurio.
Mercurio: amico di Sole, Venere.
 nemico di Luna
Giove: amico di Sole, Luna, Marte.
 nemico di Mercurio, Venere.
Venere: amico di Mercurio, Saturno.
 nemico di Sole, Luna.
Saturno: amico di Mercurio, Venere.
 nemico di Sole, Luna, Marte.
Rahu & Ketu: amici di Mercurio, Venere, Saturno
 nemici di Sole, Luna, Giove.

I pianeti che non sono né amici né nemici tra di loro si considerano neutrali.

Rapporti Temporanei

Si prende in esame la posizione dei pianeti nelle case. Quelli che si trovano nella seconda, terza, quarta, decima, undicesima e dodicesima casa da quella ove è situato un pianeta, (contandola come la prima) sono considerati amici temporanei di quel pianeta. I pianeti nella stessa casa e nella quinta, sesta, settima, ottava e nona sono considerati nemici temporanei. Combinando insieme ambedue le situazioni, si avranno sei tipi di rapporto come segue:

Amico permanente + amico temporaneo = migliore amico
Amico permanente + nemico temporaneo = neutrale
Neutrale permanente + amico temporaneo = amico
Neutrale permanente + nemico temporaneo = nemico
Nemico permanente + amico temporaneo = neutrale
Nemico permanente + nemico temporaneo = peggior nemico

I rapporti di amicizia od inimicizia planetaria sono utili per determinare l'effetto degli aspetti e dei periodi planetari (Dasa e Bhukti). Sono inoltre indispensabili per valutare l'efficacia dei pianeti nelle case. Parliamo ora degli aspetti.

L'astrologia indù tratta gli aspetti in modo assai diverso da quella occidentale. Innanzitutto essa considera che l'influsso di un pianeta si esercita sempre in senso orario; i pianeti, poi, lanciano aspetti oltre che su altri pianeti, anche sulle case, non importa se vuote. Ovviamente i pianeti malefici danneggiano case e pianeti che ricevono i loro raggi. Gli aspetti vengono considerati da un segno all'altro e non sono reciproci. Gli aspetti sono pieni o parziali. Tutti pianeti (compreso i nodi lunari) lanciano aspetti pieni verso il settimo segno a partire dal proprio. Marte lancia il suo aspetto anche verso il 4° e l'8° segno, Giove anche verso il 5° e il 9° e Saturno anche verso il 3° ed il 10° segno a partire dal proprio.

Supponiamo che, in un Rasi, Giove sia in Leone e la Luna in Sagittario: si dirà che la Luna riceve un aspetto da Giove, mentre Giove non riceve nessun aspetto dalla Luna. Se in quello stesso Rasi Saturno si trova in Gemelli, avremo anche che la Luna riceve un aspetto da Saturno e Saturno lo riceve dalla Luna. Essi formano un aspetto reciproco perché si trovano nel settimo segno l'uno dall'altra, però la Luna viene danneggiata dall'aspetto di Saturno, mentre Saturno viene beneficato dall'aspetto lunare. Sempre proseguendo nell'esempio, Giove riceve un aspetto da Saturno. Nel caso di Luna e Saturno, essi si dicono in Sambandha e cioè sono in particolare rapporto. Vi sono altre possibilità per cui i pianeti possono trovarsi in Sambandha. Non esistono orbite nel calcolo degli aspetti, poiché, come si è già detto, essi si considerano da segno a segno. Per la congiunzione è sufficiente che due o più pianeti si trovino nello stesso segno.

Vi sono poi altre peculiarità. Se un pianeta si trova troppo vicino al Sole, esso si dice combusto e perde di potenza. Non c'è accordo nella determinazione delle orbite di combustione, che variano da pianeta a pianeta. Se due pianeti si trovano a meno di 1° di distanza l'uno dall'altro, si dice che essi combattono una guerra. Vince il pianeta che si trova nel grado longitudinale più basso. Ad es., se Mercurio è in Pesci a 8°17' e Saturno a 9°01', Mercurio vince. Questa regola non si applica al Sole (l'altro pianeta sarebbe combusto) alla Luna, a Rahu e Ketu. Il vincitore viene molto rinforzato, il perdente molto indebolito. Un pianeta che si trova entro 1° dell'inizio o della fine di un segno non si esprime pienamente ed è considerato debole. Un discorso a parte meritano i pianeti retrogradi, che sono considerati potenti. Marte e Saturno retrogradi perdono della loro nocività e normalmente beneficiano la casa che occupano. Venere, Giove e Mercurio retrogradi si indeboliscono ma rimangono positivi. Un argomento assai importante è costituito dai significatori (Karaka). Ciascun pianeta infatti è considerato il naturale significatore delle questioni riguardanti le singole case, sicché un astrologo darà un giudizio definitivo su una casa solo dopo avere esaminato lo stato del suo karaka. Riprenderò l'argomento più avanti.

Occorre ora occuparsi brevemente della simbologia planetaria, che differisce alquanto da quella occidentale.

Il Sole (Surya)

"Gli occhi del Sole hanno il colore del miele. Ha un corpo squadrato. È puro di costumi, bilioso, intelligente e ha pochi capelli." (Parashara, 3.23) È considerato un malefico; non è importante come nell'astrologia occidentale, ma assume però particolari caratteristiche spirituali.

La Luna (Chandra)

"La Luna ha una costituzione aerea e flemmatica. È dotta ed ha un corpo rotondo. È di bell'aspetto e ha un linguaggio mielato, è mutevole e molto sensuale." (Parashara. 3.24) È l'elemento più importante dell'oroscopo indù insieme all'ascendente. Governa l'equilibrio e la pace mentale, il benessere generale. La casa in cui si trova acquista fondamentale importanza; è bene che non sia isolata, e cioè che il segno zodiacale che la precede o la segue sia occupato. La

Luna crescente o piena è considerata benefica, calante o nuova è malefica. Gli astrologi usano tracciare oltre la Rasi e la Navamsha, anche una terza carta ove il segno in cui si trova la Luna è considerato la prima casa.

Marte (Kuja)

"Marte ha gli occhi iniettati di sangue, è volubile, generoso, bilioso, irascibile ed ha la vita ed il corpo sottile." (Parashara, 3.25) È' considerato assai malefico. La differenza con l'astrologia occidentale sta nel suo essere significatore dei fratelli e sorelle nonché delle proprietà immobiliari.

Mercurio (Budha)

"Mercurio è dotato di un fisico attraente e la capacità di usare parole con molti significati. Gli piace scherzare. I tre umori sono in lui ben mescolati." (Parashara, 3.26) Mercurio assume la qualità dei pianeti con cui è associato. Se è congiunto con un malefico, la casa in esame dovrà essere valutata come contenente due malefici. I suoi significati di base coincidono con quelli dell'astrologia occidentale.

Giove (Guru)

"Giove ha un grande corpo, i capelli e gli occhi color giallo; è flemmatico, intelligente e versato nelle sacre scritture." (Parashara, 3.27) È benefico e soccorrevole, proprio come in Occidente. In India però è considerato il significatore dei figli e dal suo esame se ne può accertare il numero, sesso nonché i loro rapporti con i genitori. Significa anche il marito nell'oroscopo della donna. Rappresenta il buon karma.

Venere (Sukra)

"Venere è affascinante, ha un fisico splendido, un temperamento eccellente, occhi belli; è poeta, di costituzione flemmatica ed aerea ed ha capelli riccioluti." (Parashara, 3.28) È' il significatore degli affari di cuore e matrimoniali. Per il resto le sue attribuzioni di base non differiscono da quelle occidentali.

Saturno (Sani)

"Saturno è alto e sottile, ha occhi gialli, è di costituzione aerea, ha grandi denti, è indolente, zoppo ed ha capelli grossi e ruvidi." (Parashara, 3.29) È il più temuto dei pianeti, distrugge o danneggia gli altri pianeti con cui entra in aspetto. Gli indiani gli attribuiscono il cattivo Karma e il destino duro. Il suo lato positivo è rappresentato dalle qualità ascetiche. È il significatore della longevità.

Rahu & Ketu

"Rahu ha l'aspetto del fumo con il fisico di colore bluastro. Risiede nelle foreste ed è orribile. È di costituzione aerea ed intelligente. Ketu è simile a Rahu." (Parashara, 3.30) Gli antichi Rishi li hanno battezzati "pianeti ombra" perché i nodi lunari non hanno una consistenza fisica. Sono considerati molto malefici. Astronomicamente, indicano la posizione in cui l'orbita lunare interseca l'eclittica. Quando c'è luna nuova vicino a un nodo e i due astri sono in parallelo di declinazione, si verifica un'eclisse di sole; quando c'è luna piena alle stesse condizioni, si verifica un'eclisse di luna. Gli indù li considerano molto potenti in quanto i nodi possono sovrastare i due luminari: Rahu ha il potere di vincere la Luna e Ketu il Sole. D'altro canto, Rahu può elargire potere e successo, l'esaudimento di desideri terreni, ma non pace ed equilibrio interiore. Ketu può donare poteri psichici, saggezza ed illuminazione.

Maturità dei pianeti

Una caratteristica dell'astrologia vedica è di considerare l'anno in cui ogni pianeta giunge a maturità, ovvero esplica in pieno i propri effetti. Ciò si verifica non solo nelle questioni indicate dalla natura del pianeta, ma anche per quanto attiene le questioni regolate dalla casa in cui si trova o che governa.

Giove raggiunge la piena maturità nel 16° anno, il Sole nel 22°, la Luna nel 24°, Venere nel 25°, Marte nel 28°, Mercurio nel 32°, Saturno nel 36°, Rahu nel 42° e Ketu nel 48°.

LE CASE (BHAVA) NELL'ASTROLOGIA VEDICA

Le case rivestono grande rilievo nell'astrologia vedica. Basti pensare che gli elementi più importanti dell'oroscopo sono l'Ascendente e il segno lunare. Al segno solare viene attribuita scarsa importanza. Vi sono alcune classificazioni delle case che in parte collimano con il sistema occidentale, in parte sono proprie di Jyotish.

Kendra: sono le case angolari 1, 4, 7 & 10.
Panapara: sono le case succedenti 2, 5, 8 & 11.
Apoklima: sono le case cadenti 3, 6, 9 & 12.
Particolari case sono le Trikona (trini) e le Upachaya (case crescenti) e le Dusthana (case malefiche).
Trikona: sono la 1, 5 & 9 casa. Vengono considerate estremamente benefiche. I signori dei trini ed i pianeti che vi si trovano acquistano

un significato assai positivo. Giove ama i trini in modo particolare. La casa 9 è considerata la più forte.

Upachaya: sono la 3, 6, 10 & 11 casa. Vengono dette case "crescenti" perché i pianeti che vi si trovano acquistano forza col decorrere del tempo. I malefici sono benvenuti in queste case particolari e danno ottimi risultati, mentre i loro governatori assumono una colorazione negativa. La 10 è considerata upachaya ma anche kendra. La più forte e l'11.

Dusthana: sono la 6, 8 & 12 casa. Vengono dette case malefiche ed i pianeti che vi si trovano si indeboliscono e possono causare problemi. La meno problematica è la 6 in quanto anche casa crescente.

Parlando dei pianeti ho accennato al fatto che l'astrologia vedica considera anche lo "stato terrestre" dei pianeti oltre alle loro naturali caratteristiche. I pianeti, quindi, devono essere valutati da un punto di vista della loro natura (benefici o malefici naturali) e dal punto di vista della funzione esercitata in relazione alle case governate (benefici o malefici funzionali). Le case governate dipendono dall'ascendente - ed ecco perché questo è così importante; in effetti, esso attribuisce ai pianeti il loro significato funzionale. Se ne deduce una importante regola astrologica: il significato dei pianeti dipende sia dalla loro natura che dall'ascendente. Normalmente i pianeti che governano case malefiche diventano essi stessi malefici, l'inverso vale per i governatori di case benefiche. Se ricordate ciò che ho detto poco fa riguardo alle case trikona, upachaya e dusthana, si possono dedurre alcune regole. I signori dei trini sono sempre considerati favorevoli; i signori dei kendra (ad esclusione della prima casa) sono favorevoli se sono anche pianeti malefici come il Sole, Marte e Saturno ma diventano sfavorevoli se benefici come Giove, Mercurio, Venere e Luna. In sostanza, si rovescia la natura dei pianeti. I signori delle case crescenti (upachaya) 3, 6 & 11 sono comunque negativi; i signori della 2, 8 & 12 sono neutrali funzionali e danno buoni risultati se congiunti con un benefico.

David Frawley afferma (*The astrology of the seers*, pag.157): *L'arte dell'astrologia vedica si impernia soprattutto sulla capacità di combinare lo stato dei pianeti - naturale e terrestre - allo scopo di ottenere una interpretazione completa.*

Frawley propone il seguente esempio. Si sa che la combinazione (Yoga) dei signori della 2 e dell'11 casa è molto favorevole all'arricchimento in quanto ambedue le case sono legate al guadagno. È di secondaria importanza se i pianeti coinvolti siano Giove, naturalmente collegato alla ricchezza, o Saturno, che porta per sua natura restrizioni e povertà. La natura di Giove però accresce e rafforza lo Yoga in questione, mentre Saturno ne renderebbe più lenta o difficoltosa la manifestazione, oppure la limiterebbe alle proprietà immobiliari. In ogni caso, il fattore predominante è dato dalla signoria sulle case. Bisogna a questo proposito ricordare che moltissimi Yoga sono espressi in termini di signoria delle case. Nel valutare il significato dei pianeti, occorre però non dimenticare che la natura essenziale degli stessi non cambia in virtù della signoria sulle case; si deve pertanto concludere che i benefici naturali, se diventano malefici funzionali, non perdono mai del tutto la capacità di fare del bene. L'inverso avviene per malefici naturali. Sappiamo già che il sistema vedico fa uso dei sette pianeti classici e dei nodi lunari, trascurando quindi Urano, Nettuno e Plutone. Ciò comporta che ciascun pianeta - ad eccezione dei luminari e dei nodi lunari - sia il governatore di due case. Poiché accade frequentemente che una di queste sia considerata malefica, quale sarà il giudizio sullo "stato terrestre" del pianeta in questione? In linea di massima si può affermare che l'effetto planetario complessivo sia determinato da quale delle due case sia più forte o preponderante. Si può quindi delineare una tabella che indichi quali siano i benefici e i malefici funzionali per ciascun ascendente. Ci sono, naturalmente, differenze d'opinione tra i vari autori; da parte mia, riporto la classificazione operata da B. V. Raman (*How to judge an horoscope*, Vol. 1, pag. 7, 8). I pianeti né benefici né malefici sono considerati neutrali.

Ascendente	Benefico	Molto benefico	Malefico	Molto malefico
Ariete (Mesha)	Sole Marte	Giove	Saturno Venere	Mercurio
Toro (Vrishabha)	Mercurio Marte Sole	Saturno	Giove Luna	
Gemelli (Mithuna)		Venere	Giove Sole	Marte
Cancro (Kataka)	Giove	Marte	Venere Mercurio	
Leone (Simha)	Sole	Marte	Mercurio Venere	
Vergine (Kanya)		Venere	Luna Marte Giove	
Bilancia (Thula)	Mercurio Venere Marte (*)	Saturno	Luna Sole Giove	
Scorpione (Vrischika)	Giove Sole	Luna	Mercurio Venere	
Sagittario (Dhanus)	Marte Sole		Venere Saturno Mercurio	
Capricorno (Makara)	Mercurio Venere Saturno		Giove Luna	Marte
Acquario (Kumbha)	Sole Venere Marte		Giove Luna	
Pesci (Meena)	Luna Marte		Saturno Sole Mercurio Venere	

(*) è considerato debolmente benefico

Dall'esame della tabella si noterà che alcuni pianeti come Marte, Saturno e Venere governano contemporaneamente un kendra e un trikona. Ed infatti quando il Cancro è all'ascendente, Marte governa contemporaneamente la 5 e la 10 casa; quando l'ascendente è il Leone, Marte governa la 4 e la 9. Saturno invece governa la 4 e la 5 quando la Bilancia sorge all'orizzonte, governa la 9 e la 10 con il Toro. Venere domina la 5 e la 10 nel caso del Capricorno e la 4 e 9 nel caso dell'Acquario. Questa condizione è considerata altamente benefica; il pianeta in questione viene chiamato "Yogakaraka" e conferisce prestigio, stato sociale, prosperità economica. Se invece si associano i signori di una casa angolare e di un trino, avremo un Rajayoga. Il migliore dei due pianeti sarà quello che non è macchiato dalla signoria di case malefiche o dall'associazione con il governatore di una casa malefica. Vi sono moltissimi Yoga descritti negli antichi testi di astrologia come il Brihat Parashara Hora Sastra, considerata un po' come la "Bibbia" degli astrologi vedici. Queste combinazioni riguardano i più svariati settori della vita umana: una prima grande bipartizione li suddivide in Yoga e Arishta. I primi riguardano la buona sorte e la riuscita, ad esempio in società, nel lavoro, in famiglia. I secondi si riferiscono alle disgrazie di ogni specie, problemi, preoccupazioni, disturbi come cattiva salute, perdite finanziarie, una moglie litigiosa, una prole degenere e così via. Gli Yoga funzionano per così dire "a lato" delle indicazioni dell'oroscopo di base e in certo senso si sovrappongono ad esso. È interessante notare che esistono cinque yoga, chiamati Mahapurushayoga, collegati alla posizione dei pianeti (eccetto i luminari) in casa angolare coincidente col segno di domicilio od esaltazione. Se una persona ha uno di questi yoga, egli sarà fortunato; se due, sarà pari ad un re; se tre, sarà egli stesso un re; se quattro, sarà un imperatore; se tutti e cinque, egli sarà più di un imperatore. Ad esempio, il Ruchakayoga, relativo a Marte, provoca questi effetti: il soggetto acquisirà grandi ricchezze grazie al suo coraggio, sarà eroico, forte, distruggerà i suoi nemici, sarà arrogante, famoso per le sue virtù, vittorioso e comandante di eserciti. (*Fundamentals of Astrology*, pag. 161)

Altro importante argomento collegato all'esame delle case è il concetto di Karaka. I Karaka sono i significatori delle questioni relative alle singole case. L'accurato esame di un oroscopo non può prescindere dalla considerazione dei vari karaka e della loro forza. Ad esempio, se si vuole conoscere il numero dei figli, se saranno maschi o femmine, e molte altre notizie che li riguardano, occorrerà esaminare - oltre la 5 casa - anche Giove, che è il loro significatore.

Raman suggerisce questa regola. Per giudicare gli eventi relativi ad una casa occorre considerarne il signore, i pianeti occupanti, il karaka, gli yoga.Vediamoli uno per uno, come vengono tramandati in Phala Deepika, Sarvartha Chintamani, Jataka, Parijata.

1 casa (Thanu Bhava): Sole
2 casa (Dhana Bhava): Giove
3 casa (Sahaja Bhava): Marte
4 casa (Sukha Bhava): Luna e Mercurio
5 casa (Putra Bhava): Giove
6 casa (Satru Bhava): Marte e Saturno
7 casa (Jaya Bhava): Venere
8 casa (Mrityu Bhava): Saturno
9 casa (Bhagya Bhava): Sole e Giove
10 casa (Karma Bhava): Sole, Mercurio, Giove e Saturno
11 casa (Ayaya Bhava): Giove
12 casa (Vyaya Bhava): Saturno

Parashara, padre dell'astrologia vedica, riconosce però solo un karaka per ciascuna casa, ed assegna Luna alla 4, Marte alla 6, Giove alla 9, Mercurio alla 10.
Se i significatori sono in aspetto con la casa significata, ciò è considerato positivo, mentre è negativa la sua presenza nella casa.
Ed ora passiamo alla descrizione delle case (secondo James Braha, *Ancient Hindu Astrology for the modern western astrologer*).

    1 casa (casa del corpo)
Dharma (il dovere o scopo della vita), la nascita, aspetto esteriore, benessere, fama, temperamento, disposizioni, tendenze, prosperità, forza, longevità, salute, forza di volontà, condotta, dignità, autoconsapevolezza, faccia, testa, felicità, prima infanzia, gli inizi della vita.
    2 casa (casa delle finanze)
Ricchezza, denaro, vita familiare, felicità domestica, conoscenza, parola, poeti, oratori, immaginazione, faccia, timidezza, fiducia, bocca, lingua, vista, gioielli, vestiario, istruzione, insegnanti, cibo bugie, verità, linguaggio sboccato, carità, occhio destro, collo, gola.
    3 casa (casa dei fratelli)

Fratelli, coraggio, avventure, sforzi, vita, energia, entusiasmo, iniziative, motivazioni, desideri, voce. Musica, danza, teatro. Attori, cantanti, ballerini, registi, produttori, organizzatori. L'udito, stabilità mentale, la personalità ferma, i vicini, lettere, comunicazioni, scritti, servitù, brevi viaggi, mani, braccia, spalle, orecchio destro, seni, la vita.

4 casa (casa della felicità e del benessere)

La madre, passioni del cuore, felicità, terra, attività fisse, fabbricati, proprietà immobiliari, proprietà ancestrali, benessere, mezzi di trasporto, titoli accademici, cose che finiscono, fine della vita, questioni private, fattorie, tombe.

5 casa (casa dei figli)

Figli, intelligenza, la mente, poorvapunya (meriti derivanti dalle vite passate), speculazioni, gioco d'azzardo, sport, disegno e pittura, senso morale, meriti, carità, religiosità, idilli, affari di cuore, piacere, mantra, tecniche spirituali, saggezza, istruzione superiore, dignità regale, buone azioni.

6 casa (casa dei nemici)

Nemici, concorrenti, persone gelose, malessere, malattia, lavoro, cibo, appetito, lavoratori subordinati, inquilini, debiti, miseria, zio materno, cugini, la professione d'infermiere, la professione medica, somministrazione di alimenti e bevande, lavoro di servizio.

7 casa (casa della moglie)

Vita matrimoniale, la sposa, passioni sessuali, soci di tutte le specie, vene e lombi, residenza in paesi stranieri, corti di giustizia.

8 casa (casa della morte)

Vita, longevità, morte, testamenti e legati, incassi da assicurazioni,le finanze del partner, denaro dal partner, (inclusi gli alimenti), incidenti, le lunghe malattie, malattie croniche, disgrazia, sfortuna, intuizione, scienze occulte, cose segrete, forza sessuale, malattie veneree.

9 casa (casa della fortuna)

Fortuna, sorte, il padre, religione, filosofia, fede, saggezza, devozione, guru, nipoti, lunghi viaggi, viaggi, legge, conoscenze superiori di tutti i tipi, le ginocchia.

10 casa (casa delle attività)

Carriera, professione, fama, onori, condizione sociale, governo, pellegrinaggi, buone azioni, attività a beneficio della società, autorità, funzionari governativi.

11 casa (casa dei guadagni e dei profitti)
Brame, ambizioni, desideri, opportunità, amici, fratello maggiore, profitti, ricchezza, zio paterno, gambe e caviglie.
12 casa (casa delle spese e delle perdite)
Spese, sprechi, sfortuna, salvezza dell'anima, liberazione finale, lo stato in cui ci trova dopo la morte, piaceri dell'alcova (vita sessuale), biancheria da letto, restrizioni, ospedali, prigioni, nemici segreti, "posti sconosciuti" (terre lontane), vita all'estero, l'udito (orecchio sinistro), vista (occhio sinistro), piedi.

Per quanto riguarda la vita matrimoniale, gli indù conoscono una condizione astrologica che esercita un malefico influsso: si chiama Kujadosha (da Kuja, Marte e Dosha, afflizione). Si tratta della presenza di Marte nella 1, 4, 7, 8 & 12 casa. Se però la prima cade in Ariete, la quarta in Scorpione, la settima in Capricorno o Pesci, l'ottava in Cancro, la dodicesima in Sagittario, non si ha Kujadosha. L'effetto è quello di danneggiare la vita matrimoniale in svariati modi, come conflitti, vedovanza, tradimenti. Il rimedio al Kujadosha di una persona, uomo o donna che sia, è quello di unirsi ad altra che abbia anch'essa Kujadosha. In tal modo i malefici influssi vengono reciprocamente annullati. Ho già detto che l'astrologia indù attribuisce grande importanza alle case. Ci sono alcuni principi riguardanti le case da tenere presente nella valutazione dell'oroscopo. Senza entrare in dettagli defatiganti, ricorderò i seguenti.
1) Se un benefico lancia un aspetto ad una casa, questa fiorisce; se si tratta di un malefico, questa ne soffre.
2) Se il signore di una casa la occupa o è in aspetto con essa, ciò rafforza la casa e non la danneggia, anche se è un malefico.
3) Se un benefico occupa una casa e riceve un aspetto da un altro benefico, la casa ne gode; l'inverso per un malefico.
4) Un pianeta che si trovi in domicilio o in esaltazione accresce l'efficacia della casa che governa, come pure l'efficacia della casa in cui si trova.
5) È bene avere i benefici nelle case angolari e nei trini, i malefici nella 3, 6 & 11.
6) È meglio non avere pianeti nella 8 & 12; fra benefici e malefici, è meglio che vi si trovino i benefici.
7) I signori delle case dusthana (6, 8, 12) danneggiano le case in cui si trovano.

8) Le case vanno giudicate anche considerando come ascendente la casa in cui si trova la Luna (Chandra Lagna).

Ed ora un'ultima osservazione prima di passare ai sistemi previsionali. Esistono pianeti che vengono denominati Maraka, e cioè assassini o significatori di morte. Essi sono i governatori o gli occupanti della 2 e 7 casa; vengono considerati maraka anche i pianeti che si trovano in congiunzione con essi. Perché la seconda e la settima casa? Gli indù fanno il seguente ragionamento. Le case della vita sono l'8 nonché l'8 da quest'ultima, e cioè la 3. Occorre poi considerare la 12 (o casa delle perdite); se contiamo la dodicesima casa a partire dall'ottava otterremo la 7. Se poi contiamo la dodicesima a partire dalla terza, otterremo la 2. B. V. Raman afferma che la morte generalmente avviene durante i periodi e sottoperiodi di questi pianeti e detta minuziose regole in materia.

Gli indù hanno diversi modi assai complessi per determinare la lunghezza della vita, che viene così classificata: Balarishta (morte in tenera età) la vita non oltrepassa gli otto anni; Alpayu (vita breve) dagli 8 ai 32 anni; Madhyayu (vita media) dai 32 ai 75 anni; Purnayu (vita piena) dai 75 ai 120 anni.

Ricorderete che all'inizio di questa conferenza mi sono soffermato sui fondamenti del sistema previsionale denominato Vimshottari. Ci sono molti fattori che devono essere esaminati per determinare se un periodo planetario sarà positivo o negativo e in quali settori della vita se ne manifesteranno gli effetti. Preliminarmente occorre valutare la condizione generale del pianeta in questione. Se ne esaminerà la natura (se è un benefico o malefico naturale o funzionale), la casa o le case che governa, quella in cui si trova, gli aspetti che riceve dagli altri pianeti.

Ciò servirà a stabilire se il Dasha avrà, in generale, effetti positivi o negativi. La casa occupata dal pianeta o quella di cui è il signore delimiteranno il settore in cui si manifesteranno tali effetti. Il Pandit Gopesh Kumar Ojha riassume così questo concetto basilare: «Se si dice, secondo i canoni dell'astrologia, che un pianeta avrà certi effetti [nell'oroscopo di base], egli darà tali effetti durante il suo Mahadasha. Se i suoi effetti nella carta natale sono stati considerati benefici, durante il suo Mahadasha egli darà quei buoni risultati; se gli effetti, come descritti nei precedenti capitoli, sono malefici, egli genererà cattivi risultati con riguardo alle questioni che sono state trattate prima. Se per alcuni versi è buono e per altri cattivo, darà risultati misti.»

Chiudo queste brevi note con un accenno ai transiti. Questi sono considerati di secondaria importanza dall'astrologia indù ed acquistano significato solo se inquadrati nell'ambito del sistema dei dasha e bhukti. Gli effetti di un pianeta transitante si fanno sentire nella "cornice" del periodo e sottoperiodo planetario in corso con riguardo alle questioni della casa transitata e delle case verso cui il pianeta transitante lancia i suoi aspetti. Inoltre, le case vengono contate a partire dalla Luna e non dall'ascendente, anche se molti astrologi ora considerano le case in ambedue i modi. Un esempio servirà a chiarire quanto detto.

Supponiamo che l'ascendente sia il Leone e che Saturno si trovi nell'undicesima casa a partire dall'ascendente. Supponiamo ancora che la Luna sia in quinta. Attualmente, nello zodiaco siderale, Saturno si trova in Acquario. Nel sistema indù, Saturno transita quindi nella casa settima di questo ipotetico oroscopo ed interessa tutti i 30 gradi della casa in questione; per di più, sono coinvolti anche gli affari attinenti le case prima, nona e quarta (sappiano già che Saturno lancia i suoi aspetti alla terza, settima e decima casa a partire da quella ove si trova). Considerando ora la Luna come ascendente, Saturno si trova nella casa terza e lancia i suoi aspetti alla quinta, nona e dodicesima casa. Raman ci dà le seguenti indicazioni: «Quando Saturno passa attraverso la terza casa a partire dalla Luna, il soggetto otterrà ricchezze, servitù, beni voluttuari, cammelli, bufali, elefanti, asini e cavalli. Diventerà influente, felice, libero da malattie e diverrà enormemente potente e sbaraglierà i suoi nemici in battaglia.» I transiti più importanti si riferiscono a Giove, Saturno, Rahu e Ketu.

CONCLUSIONI

Giunto alla fine dell'esposizione, non posso non affrontare, sia pure in modo estremamente sintetico e per accenni, il problema del destino e del libero arbitrio, della libertà insomma, che l'astrologia vedica porta così prepotentemente alla nostra attenzione. Mi limito quindi a sottoporre alcune riflessioni, senza alcuna pretesa. Molti grandi pensatori si sono cimentati con la questione. Limitandomi a citarne solo alcuni tra i più noti in Occidente, risparmiandoVi tediosi excursus storici, ricordo: Socrate, Platone e Aristotele fra i Greci; Sant'Agostino e San Tommaso d'Aquino, fra i padri della chiesa; Erasmo da Rotterdam; Martin Lutero e Giovanni Calvino tra i protestanti; Baruch Spinosa e Gottfried Wilhelm von Leibniz tra i razionalisti; Georg Wilhelm Friedrich Hegel; Immanuel Kant; Soren Kierkegaard; Jean Paul Sartre; Albert Camus. Il nostro interrogativo potrebbe, secondo Paolo Valori, enunciarsi nel modo seguente: "Non c'è dubbio che io, ogni singolo io, sono inserito in una trama quasi infinita di condizioni già date che, in parte almeno, mi determinano in tutto il mio essere, nella mia vita e nella mia morte. Innanzitutto sono nato, non so perché, da certi genitori - quindi in una certa ereditarietà - in un certo luogo, tempo, nazione, con una certa dose di forza fisica, salute, intelligenza, sensibilità ecc.; sono stato educato in una certa cultura (lingua costumi, valori morali, religiosi, estetici...); appartengo ad un determinato periodo storico legato a svariate vicende sociali, politiche, economiche...; sono spinto da istinti e pulsioni psichiche consce ed inconsce germinate da tutto questo ambiente che mi ha circondato. Esso non è dipeso da me, come non dipenderanno da me le malattie, la vecchiaia, la morte. *Io, il mio io sono dunque inserito in un quadro di dati molteplici che indubbiamente per larga parte mi determinano e che non posso mutare. Nonostante questa mia finitudine e limitatezza, posso però almeno porre alcuni atti che non siano il risultato finale di quei fatti e di quei dati ma siano, almeno parzialmente, derivati dalla mia libera scelta, dal mio «libero arbitrio»?(Il libero arbitrio*, pag. 7)

Ad una prima intuitiva risposta che la libertà deve esistere se non altro come conseguenza dell'angoscia insita nella scelta, nell'atto di scegliere (Kierkegaard), si oppone l'argomentazione che quella stessa libertà viene a contraddire un ordine concatenato di cause ed effetti che si manifesta nel mondo fenomenico della natura. Afferma l'astronomo, fisico e matematico Pierre-Simon Laplace: «Dobbiamo dunque raffigurarci lo stato presente dell'universo come l'effetto del suo stato anteriore e come causa di quello che seguirà. Un'intelligenza che per un dato istante conoscesse tutte le forze da cui la natura è animata e la situazione rispettiva degli esseri che la compongono, se d'altra parte fosse così vasta da sottoporre questi dati all'analisi, abbraccerebbe in un'unica e medesima formula i movimenti dei più grandi corpi dell'universo e quelli del più lieve atomo: niente sarebbe incerto per essa, e l'avvenire, come il passato, sarebbe presente ai suoi occhi».

Il genio di Shakespeare ci fa intravedere nel Macbeth i due corni del dilemma. Macbeth incontra "casualmente" le streghe nella radura, in realtà esseri androgini, né uomini né donne. «Voi, donne, dovreste essere: e tuttavia le vostre barbe mi vietano di credervi tali.» (Atto I, scena III) Esse lì simboleggiano il passato, presente e futuro. Macbeth viene infatti salutato col suo titolo di Tane di Glamis (passato) e Tane di Cawdor (presente) e di futuro re. Subito dopo egli viene informato che il re Duncano, per ricompensarlo del suo valore in battaglia lo ha investito della signoria di Cawdor. Mentre Banquo (che sarà capostipite di re pur senza esserlo lui stesso), assume subito un atteggiamento prudente ed equilibrato, Macbeth capisce immediatamente che l'adempimento della predizione comporta azioni scellerate e ne prova istintivamente orrore. Poi fra sé e sé mormora: «E se la sorte mi vuole re, bene, può incoronarmi, la sorte, senza che io muova un dito.» Sappiamo però che egli si macchierà di orribili delitti che provocheranno fra l'altro la perdita dell'anima (lady Macbeth impazzisce e muore) e la conseguente polarizzazione della personalità. Era quindi indispensabile che il protagonista agisse affinché la predizione si realizzasse. Sorge la domanda: se le streghe sono una proiezione (dice Banquo: «Ma erano qui davvero quelle cose di cui parliamo; o abbiamo morso a quella radice velenosa che prende prigioniera la ragione?»), se Macbeth ha dato corpo alla sua smisurata ambizione cercando in un certo qual modo una legittimazione al suo agire sciagurato, come si spiega la veritiera profezia circa la signoria di Cawdor? In realtà è lecito supporre che egli fosse consapevole di quanto il suo intervento fosse stato risolutivo nella battaglia contro i norvegesi a cui si era alleato il vecchio Tane di Cawdor; ed era ragionevole pensare che da ciò si aspettasse una qualche ricompensa. Prima di proseguire, vorrei soffermarmi su alcuni concetti. Che cosa si deve intendere per "destino"? Certamente qualche cosa di diverso e distinto dal fato degli antichi. Questo ci richiama alla mente una forza cieca e misteriosa alla quale non ci si può sottrarre. Il Fato domina anche Zeus (Ovidio, Metamorfosi, IX, 435. Dice Giove: *me quoque fata regunt.*) Gradualmente però la divinità assume prima la forma di cooperatrice del fato e poi di diretta responsabile dello stesso. Il concetto di destino, per contro, non esclude l'intervento dell'azione umana.

«Questa distinzione fa anche il Leibniz (*Teodicea*, I, § 55) quando contrappone al fato maomettano la nozione di destino, che vuol essere insieme Provvidenza; nel destino il futuro è una risultante di cui anche l'iniziativa dell'uomo è una componente. Il destino è dunque una nozione che si riferisce al "singolo" come tale. Perciò si può dire: "segui il tuo destino", cioè: porta a compimento ciò che devi e puoi fare" (e solo in questo caso l'imperativo può avere un significato), ma non: "segui il tuo fato" perché il fato non è di questa o di quella persona, ma è causalità impersonale.» (*Enciclopedia Filosofica*, Destino, col. 393) Potremmo adesso affermare che, nello stesso senso in cui Schopenhauer chiama il mondo l'oggettivazione della volontà, il destino di un uomo è l'oggettivazione della propria psiche.

Mi richiamo a questo punto alla definizione (di psiche) datane da Jung nel 1927/1931 secondo il quale essa è formata da «tre strati: 1) la coscienza; 2) l'inconscio personale, che consiste di tutti quei contenuti che sono divenuti inconsci o perché hanno perduto la loro intensità e quindi sono caduti in dimenticanza, o perché la coscienza si è ritirata da loro (rimozione), e di quei contenuti, in parte percezioni sensoriali, che per la loro troppo scarsa intensità non hanno mai raggiunto la coscienza eppure sono penetrati in qualche maniera nella psiche; 3) l'inconscio collettivo, che è un patrimonio ereditario di possibilità rappresentative non individuale, ma comune a tutti gli uomini e forse a tutti gli animali, e costituisce la vera e propria base della psiche individuale.» (*La Struttura della Psiche*, Vol. 8 pag. 170). Vediamo dunque che la coscienza costituisce solo parte della psiche; ma è solo attraverso di essa che siamo in grado di acquistare consapevolezza mettendo a frutto il patrimonio dell'esperienza e quindi dirigerci verso la totalità del Sé. Tale oggettivazione può essere più o meno consapevole, più o meno voluta o ricercata. Se si accetta questo, il destino perde allora il carattere di paurosa fatalità e di estraneità per acquistare - paradossalmente - il colore della libertà. E cioè: l'esperienza della realtà sta alla psiche come l'effetto sta alla causa. Hans Künkel affermava: «È certo che nelle leggi, secondo le quali i pianeti si muovono, sono scritte le leggi della nostra vita; non sono però leggi che imperano su di noi come su schiavi, bensì noi stessi siamo quelle leggi. Obbedendo ad esse, obbediamo a noi stessi. Nelle costellazioni noi possiamo decifrare qualcosa delle leggi della nostra vita, ma in esse non operano forze estranee, bensì la nostra stessa forza. Nelle stelle noi vediamo dall'esterno quelle leggi, che potremmo avvertire nel nostro interno, se sapessimo ascoltare. Il saggio non impera alle stelle, e le stelle non imperano a nessuno, neppure agli stolti. Dobbiamo dunque modificare il detto così: "il saggio è la stella".» (*L'interpretazione Astrologica*, pag. 44)

Solo così diviene comprensibile la meditazione che Jung ci offre, già ultraottantenne, nei suoi *Ricordi, Sogni, Riflessioni*: «Fu solo dopo la malattia che capii quanto sia importante dir di sì al proprio destino. In tal modo forgiamo un io che non si spezza quando accadono cose incomprensibili; un io che regge, che sopporta la verità e che è capace di far fronte al mondo e al destino. Allora, fare esperienza della disfatta è anche fare esperienza della vittoria. Nulla è turbato - sia dentro che fuori - perché la propria continuità ha resistito alla corrente della vita e del tempo. Ma ciò può avvenire solo quando si rinuncia a intromettersi con aria inquisitiva nell'opera del destino.» (pag. 353)

Torniamo ora al grande Shakespeare. Macbeth si trova dunque di fronte al suo destino e decide liberamente di andare incontro ad esso. Sa che la sorte non lo incoronerà se non sarà lui stesso ad incoronarsi. Le streghe non l'ingannano, non lo ingganneranno neppure quando le interpellerà nuovamente. Giunto all'epilogo della sua avventura prometeica, Macbeth decide di morire battendosi coraggiosamente piuttosto che subire l'umiliazione della resa. «Io non mi arrenderò» grida. «E se anche il bosco di Birnam è arrivato a Dunsinane, e ho di fronte, non nato di donna, tento l'ultima carta: mi copro col mio scudo di battaglia. Dài, Macduff! E sia dannato chi primo griderà "basta".» Più complicata la figura di Banquo che apparentemente subisce, innocente, i dettami di una sorte avversa, quasi che egli fosse un passaggio obbligato sulla strada di Macbeth, un pedone innocente da sacrificare sulla scacchiera della sua spietata ambizione. A Banquo le streghe predicono che sarà "genitore di re, non re tu stesso", quindi molto di più di Macbeth che, rendendosene subito conto, decide di farlo uccidere. In realtà Banquo sa benissimo che Macbeth, per diventare re, dovrà prima uccidere il sovrano ed i suoi figli ma non solo non contrasta il progetto bensì resta a corte dopo l'usurpazione del trono da parte dello stesso Macbeth. Ed è assolutamente chiaro che Banquo decide di sacrificare consapevolmente la propria vita pur di generare una nuova dinastia. Ne offre prova il suo monologo al principio dell'atto III. «Ora, Macbeth hai ottenuto tutto quello che desideravi: sei re, Glamis, Cawdor - tutto... come ti avevano promesso le sorelle profetiche: e ci sei arrivato, io temo, con un gioco molto traverso. Fu anche detto, peraltro, che tutto questo non resterebbe poi nella tua stirpe ma che sarei stato io radice e padre di molti re. Se può uscire, da quelle fonti, la verità - e chiaramente vere risultarono le loro parole a tuo riguardo - perché mai le loro promesse, confermate per te, non potrebbero poi essere anche per me validi oracoli a sollevarmi alla speranza?»

Ancora una volta il destino ci viene presentato come frutto di una libera scelta. A questo punto è naturale obbiettare che le "costellazioni" astrologiche sono un dato di partenza immutabile; il cielo stellato lo troviamo già predisposto al momento della nascita... e tali costellazioni sono esse stesse i nunzi del nostro destino.

Citerò ora liberamente dal pionieristico lavoro di Künkel.

"Il firmamento è .... il volto dell'uomo, del microcosmo, e contemporaneamente quello del macrocosmo in un istante determinato. Se la vita di un uomo è fissata nel suo firmamento, vi sono ugualmente fissati i suoi sentimenti, i moti del suo animo, il suo destino. Se nel firmamento di un uomo si vede l'espressione sia della sua psiche che del suo destino, dalla possibilità di tale comune espressione consegue la concordanza di psiche e destino."

Siamo ora in pieno nel campo dell'astrologia. Posto che, al di là di ogni ragionevole dubbio, è stata ampiamente dimostrata la concordanza tra moto degli astri e corso del destino e posto che la psiche è stata ritenuta artefice della concreta manifestazione del destino, l'anello mancante risiede allora nella difficoltà di stabilire una biunivoca concordanza tra astri e psiche. La difficoltà di risolvere il problema sta soprattutto nella diversità delle sfere in cui pare si trovino i due termini dell'equazione: da una parte la psiche immateriale, dall'altra i corpi celesti interamente condizionati al tempo e allo spazio. La fisica e la psicologia del profondo hanno avanzato possibili soluzioni all'apparentemente insolubile aporìa; la prima con l'idea di una "indivisibilità del tutto" avanzata da Niels Bohr secondo il quale "particelle dapprima unite e poi separate si comportano come se conoscessero l'una lo stato dell'altra, persino a grandi distanze". (M.-L. Von Franz, *Psiche e materia*, pag. 179) La seconda ipotizza a sua volta la sostanziale tra psiche e materia, considerati come poli di una unica realtà. Scrive M.-L. Von Franz: «In entrambi i poli dominano l'assenza di libertà e un certo automatismo. Quanto più i processi psichici trapassano in modelli di comportamento e in processi fisiologici, tanto minore libertà sussiste. Le reazioni divengono automatiche e necessarie. La stessa cosa accade anche nel polo ultravioletto dello spirito. [...] Solo al centro dello spettro psichico, nell'ambito dell' Io cosciente, esiste una certa libertà. [...]Dov'è dunque il rapporto tra psiche e materia? È, o sembra essere, al polo «infrarosso», dove le funzioni psichiche trapassano nei processi fisiologici. La materia appare talvolta anche all'altro polo, come fenomeno parapsicologico. Bisogna dunque supporre che la nostra separazione tra materiale e psichico, tra un esterno osservabile e un interno percepibile, sia solo una contrapposizione artificiale, una polarizzazione fittizia, elaborata dalla nostra struttura cosciente, che non corrisponde alla reale essenza transpsichica. Dobbiamo supporre che questi due poli formino addirittura una vera e propria realtà unitaria...» (*Psiche e materia* pag. 12) In questa visione, che porta a giustificare il pensiero cinese che vede la natura come un'unità psicofisica dotata di senso, o il pensiero di Marsilio Ficino secondo cui l'universo è *Unus Mundus* composto da cosmo, anima cosmica e divino spirito, viene superata la difficoltà di cui si discorreva sopra circa la separatezza delle sfere di appartenenza della psiche e dei corpi celesti. La teoria dell'unità di cui abbiamo appena parlato ci spiegherebbe allora come l'astrologia "funziona" senza però rispondere al quesito che ci eravamo posti all'inizio circa la nostra libertà. Ma a ben vedere, se la costellazione astrologica di nascita viene vista come uno nel quadro degli elementi predeterminati, come lo sono l'ereditarietà e l'ambiente, non si può non concludere a favore dell'esistenza della libertà di scelta o libero arbitrio. E ciò sulla base di due argomenti risolutivi: il primo poggia sull'esistenza della responsabilità morale; il secondo sulla considerazione che, senza la libertà, l'esistenza stessa della coscienza si ridurrebbe ad un lusso gratuito, ad un inutile ed afinalistico epifenomeno dell'inconscio. E concludo con le ispirate parole di Ernst Bernhard, nella speranza che le vogliate condividere: «Nel corso della vita, attraverso un crescente atteggiamento individuale di fronte al destino consapevolmente accettato, la nostra reazione plasma le costellazioni. Così, non altro desiderando se non quanto gli è stato assegnato, entro la costellazione che sempre si ripete ed è in se stessa immutabile, l'uomo giunge a plasmare liberamente quel destino unico che è il suo, nella sicurezza del cuore che trova in sé la propria conferma.» (*Mitobiografia*, pag. 102,103)

BIBLIOGRAFIA

Frawley, D., *The astrology of the seers,* Passage Press, Salt Lake City, 1990

Braha, J. T., *Astro-logos,* Hermetician Press, Hollywood (Florida), 1989

Braha, J. T., *Transits of the west, dasas of the east,* Hermetician Press, Hollywood (Florida), 1994

Braha, J. T., *Ancient hindu astrology for the modern western astrologer,* Hermetician Press, Hollywood (Florida), 1986

Raman, B. V., *Planetary influences on human affairs,* UBS, New Delhi, 1993

Raman, B. V., *Hindu astrology and the west,* Raman, Bangalore, India, 1991

Raman, B. V., *How to judge a horoscope,* Motilal Banarsidass, New Delhi, 1991

Bhat M., *Fundamentals of astrology,* Motilal Banarsidass, New Delhi, 1992

Kumar Ojha, P. G., *Predictive astrology of the hindus,* Taraporevala, Bombay, 1972

Valori, P., *Il libero arbitrio,* Rizzoli, Milano, 1987

Jung C. G., *La struttura della psiche,* in *Opere,* Vol. VIII, Boringhieri, Torino, 1976

Jung, C. G., *Ricordi, sogni, riflessioni,* Rizzoli, Milano, 1978

Künkel H., *Schicksal und Willensfreiheit,* Jena, 1924

von Franz, M.-L., *Psiche e materia,* Bollati Boringhieri, Torino, 1992

Bernhard, E., *Mitobiografia,* Bompiani, Milano, 1977

Varahamihira, *Brhat Samhita,* Motilal Banarsidass, New Delhi, 1992

Ricerca '90, n. 14, 1993

III PARTE
GALLERIA DI RITRATTI

TIPOLOGIA PSICOLOGICA E TIPOLOGIA ASTROLOGICA

ENZO BARILLÀ

PAUL FEYERABEND E IL MANIFESTO ANTI-ASTROLOGICO DEL 1975

Forse qualcuno conserva memoria del fatto che quasi un quarto di secolo fa un folto gruppo di scienziati - ben 186, di cui 18 premi Nobel - firmò un "manifesto anti-astrologico" che ebbe molta risonanza sulla stampa di tutto il mondo occidentale. Il testo fu pubblicato sul numero di settembre/ottobre 1975 della rivista americana *Humanist* come "Dichiarazione di 186 eminenti Scienziati", suddiviso in quattro parti: la prima consiste nel "manifesto" vero e proprio, segue poi l'elenco delle firme e chiudono il "manifesto" due articoli assai critici verso l'astrologia.
Ne riporto qui di seguito la mia traduzione, che riproduce con leggere modifiche quella già apparsa su *Astrologia: Sì e No* (co-autore Ciro Discepolo).

«Scienziati di diverse discipline si sono preoccupati per l'accresciuta accettazione dell'astrologia in molte parti del mondo. Noi sottoscritti - astronomi, astrofisici, e scienziati in altri campi - desideriamo mettere in guardia il pubblico verso la cieca accettazione delle predizioni e dei consigli forniti, in pubblico ed in privato, dagli astrologi. Coloro che desiderano credere nell'astrologia dovrebbero rendersi conto che non esiste alcun fondamento scientifico nei suoi princìpi.

Nei tempi antichi la gente credeva nelle predizioni e nei consigli degli astrologi perché l'astrologia era parte integrante della loro magica visione del mondo. Essi consideravano i corpi celesti come dimore o presagi degli dèi e pertanto strettamente collegati con avvenimenti qui sulla terra; essi non avevano alcuna idea delle enormi distanze intercorrenti fra terra, stelle e pianeti. Ora che queste distanze possono essere, e sono state, calcolate, comprendiamo quanto siano infinitesimamente piccoli gli effetti gravitazionali ed altri effetti prodotti dai lontani pianeti e le ancora più lontane stelle. E' semplicemente un errore immaginare che le forze esercitate da stelle e pianeti all'atto della nascita possano in alcun modo foggiare il nostro futuro. Non è neppure vero che la posizione di lontani corpi celesti renda certi giorni o periodi più favorevoli a particolari specie di azioni, o che il segno sotto cui si nasce determina compatibilità od incompatibilità con altre persone.

Perché si crede nell'astrologia? In questi tempi incerti, molti anelano al conforto di avere una guida nel prendere decisioni. Ad essi piacerebbe credere in un destino predeterminato da forze astrali al di là di ogni controllo. Comunque, tutti noi dobbiamo confrontarci col mondo e dobbiamo renderci conto che il futuro sta in noi stessi e non nelle stelle.

Uno vorrebbe supporre, in questi tempi di assai diffuso miglioramento dei livelli intellettuali ed educativi, che non dovrebbe esser necessario smascherare credenze basate sulla magia e sulla superstizione. Tuttavia, nella società moderna dilaga l'accettazione dell'astrologia. Noi siamo particolarmente disturbati dalla continua ed acritica diffusione di grafici astrologici, previsioni, oroscopi, tramite mezzi di comunicazione di massa e tramite altrimenti rispettabili giornali, riviste ed editori. Ciò può solo contribuire alla crescita dell'irrazionalismo e dell'oscurantismo. Crediamo che sia giunto il momento di contestare direttamente e con forza le pretenziose rivendicazioni dei ciarlatani astrologici.

Dovrebbe essere evidente che quegli individui che continuano ad avere fede nell'astrologia, si comportano così in spregio del fatto che non esiste alcuna base scientifica del loro credo ed anzi che esistono prove ben fondate in senso contrario.»

Credo che pochi in Italia sappiano che tale "manifesto" abbia suscitato l'attenzione del filosofo Paul K. Feyerabend il quale si prese la briga di commentarlo - con piglio alquanto scanzonato - nel suo *Science in a free society* (NLB, Londra, 1978).

Così scrive Feyerabend:

«Ora, ciò che sorprende il lettore - la cui immagine della scienza sia stata formata dai consueti panegirici che ne sottolineano la razionalità, obbiettività, imparzialità, e via di seguito - è il tono religioso del documento, l'analfabetismo delle ragioni addotte ed il modo autoritario utilizzato per presentarle. I dotti gentiluomini nutrono forti convincimenti, e utilizzano la loro autorità per diffondere tali convincimenti (ma perché 186 firme se si hanno buone ragioni?), conoscono qualche frase che assomiglia ad una argomentazione, ma sicuramente non sanno niente di ciò che dicono (1).
Prendete la prima frase del "manifesto". Essa recita: "Scienziati di diverse discipline si sono preoccupati per l'accresciuta accettazione dell'astrologia in molte parti del mondo."
Nel 1484 la chiesa cattolica pubblicò il *Malleus Maleficarum*, il testo classico sulla stregoneria. Il *Malleus* è un libro assai interessante, che consta di quattro parti: i fenomeni, l'eziologia, gli aspetti legali, gli aspetti teologici della stregoneria. La descrizione dei fenomeni è sufficientemente dettagliata per consentirci di riconoscere i disturbi mentali che accompagnavano alcuni casi. L'eziologia è pluralistica in quanto non c'è solo la spiegazione ufficiale, ci sono anche altre spiegazioni, ivi incluse spiegazioni puramente materialistiche. Ovviamente, alla fine solo una delle spiegazioni offerte viene accettata, ma le alternative sono discusse in modo che si possa giudicare le ragioni che portano alla loro eliminazione. Questa caratteristica rende il *Malleus* superiore a quasi tutti gli odierni libri di fisica, biologia e chimica. Anche la teologia è pluralistica, in quanto le concezioni eretiche non sono passate sotto silenzio né vengono ridicolizzate: esse vengono descritte, esaminate ed eliminate con argomentazioni. Gli autori conoscono la materia,

conoscono i propri oppositori; forniscono un equo resoconto delle posizioni degli oppositori, argomentano contro queste posizioni ed usano la miglior conoscenza possibile di quel tempo nelle loro argomentazioni.

Il libro contiene un'introduzione, una bolla del Papa Innocenzo VIII, emessa nel 1484. La bolla così recita: "E' in verità pervenuto alle nostre orecchie, non senza affliggerci con amaro dispiacere, che in ..." - ed ora segue una lunga lista di paesi e contrade - "molte persone di ambedue i sessi, dimentiche della loro stessa salvezza, si sono allontanate dalla Fede Cattolica e si sono abbandonate ai demoni..." e così via. Le parole sono quasi le stesse di quelle all'inizio del "manifesto", come pure i sentimenti colà espressi. Sia il Papa che i "186 eminenti scienziati" deplorano la crescente popolarità di ciò che essi ritengono disdicevoli punti di vista. Ma quale differenza in cultura ed erudizione!

Se si raffronta il *Malleus* con i resoconti del sapere contemporaneo, il lettore può facilmente verificare che il Papa ed i suoi dotti autori conoscevano ciò di cui stavano parlando. Il che non può essere affermato riguardo i nostri scienziati. Essi non solo sconoscono la disciplina che stanno attaccando, l'astrologia, ma anche quelle parti della propria scienza che costituiscono le basi del loro attacco. [...] Il "manifesto" si appiglia molto al fatto che "l'astrologia era parte integrante della loro magica visione del mondo" ed il secondo articolo offre "una definitiva smentita" rivelando che "l'astrologia nacque dalla magia". Ma questo dotto signore dove ha ottenuto *questa* informazione? Per quanto è dato di sapere, non c'è nemmeno un antropologo tra i firmatari ed io dubito alquanto che ce ne sia qualcuno al corrente dei più recenti studi di questa disciplina. Ciò che essi conoscono sono alcuni dei *più antiquati* concetti di quello che si potrebbe definire il periodo "Tolemaico" dell'antropologia, quando si riteneva che l'uomo occidentale post XVII secolo fosse l'unico possessore della vera conoscenza, quando gli studi sul campo, l'archeologia ed un più accurato esame del mito non avevano ancora portato alla scoperta del sorprendente patrimonio di conoscenze posseduto tanto dagli antichi quanto dai moderni "Primitivi", e quando si supponeva che la storia consistesse di un semplice avanzamento, partendo da concezioni più primitive per giungere a quelle meno primitive. Così osserviamo: il giudizio dei "186 eminenti scienziati" riposa su una antropologia antidiluviana, sull'ignoranza dei più recenti risultati nei loro stessi campi (astronomia, biologia, ed i rapporti fra le due) come pure sull'incapacità di percepire i risvolti di risultati già ad essi noti. Dimostra fino a che punto gli scienziati sono pronti ad imporre la loro autorità anche in campi in cui mancano di qualsiasi conoscenza. Ci sono molti errori di minor conto. Si dice che "all'astrologia fu arrecato un grave colpo mortale" quando Copernico rimpiazzò il sistema tolemaico. Notate il meraviglioso linguaggio: il dotto scrittore crede forse nell'esistenza di "colpi mortali" che non siano "gravi". Per quanto attiene al contenuto, possiamo solo dire che è stato vero il contrario. Keplero, uno dei maggiori copernicani, utilizzò le nuove scoperte per migliorare l'astrologia, trovò nuove prove a suo favore, e la difese contro i suoi oppositori (2). C'è una critica del detto *astra inclinant, non determinant.* Questa critica trascura il fatto che la moderna teoria dell'ereditarietà, ad esempio, lavora interamente con le inclinazioni. Alcune specifiche asserzioni che fanno parte dell'astrologia sono criticate adducendo prove che le contraddicono; ma ciascuna teoria che rivesta un moderato interesse si trova sempre in conflitto con numerosi risultati sperimentali. In questo, l'astrologia è simile a programmi di ricerca scientifica altamente rispettati. C'è una citazione, un po' lunghetta, presa da una dichiarazione di psicologi, che così recita: "Gli psicologi non hanno trovato alcuna prova che l'astrologia abbia un qualsiasi valore nell'indicare tendenze della vita di una persona, siano esse passate, presenti o future...". Se si considera che gli astronomi e i biologi non hanno trovato *prove già pubblicate, e prodotte da ricercatori delle loro stesse materie,* questo non può davvero contare come argomentazione valida. "Gli astrologi, offrendo al pubblico l'oroscopo quale sostituto di un pensiero onesto e convalidato, si sono resi colpevoli di far leva sull'umana tendenza a percorrere facili anziché difficili strade " - ma che cosa si deve dire della psicoanalisi, della fiducia sui test psicologici che, da lungo tempo, sono diventati un sostituto di "un pensiero onesto e convalidato" nella valutazione dei persone di qualsiasi età? (3) E per quanto riguarda l'origine magica dell'astrologia, si può solo far notare che la scienza, un tempo, era molto strettamente collegata con il magico e che essa deve essere rifiutata, se l'astrologia deve essere respinta per questi motivi.

Questi commenti non dovrebbero essere interpretati come un tentativo di difendere l'astrologia *quale oggi viene praticata* dalla grande maggioranza degli astrologi. La moderna astrologia è, per molti aspetti, simile all'antica astronomia medievale: ha ereditato idee profonde ed interessanti, ma le ha distorte e le ha rimpiazzate con caricature più consone alla limitata comprensione dei suoi praticanti. Tali caricature non sono utilizzate per la ricerca; non c'è alcun tentativo di addentrarsi in nuovi territori e di allargare le nostre conoscenze degli influssi extra-terrestri; esse servono semplicemente come una riserva di regole e frasi ingenue adatte a fare impressione sugli ignoranti. Eppure queste non sono le obbiezioni sollevate dai nostri scienziati. Essi non criticano l'aria stagnante alla quale si è consentito di oscurare gli assunti di base dell'astrologia: essi criticano gli assunti di base in sé e per sé e, così facendo, trasformano in caricatura le loro stesse materie. E' interessante rilevare quanto strettamente le due parti si avvicinino l'una all'altra in ignoranza, presunzione e nel desiderio di facile dominio sulle menti.»

Fin qui la severa critica di Feyerabend che, come avete visto, neppure risparmia l'astrologia come egli ritiene che oggi venga praticata dalla maggioranza degli astrologi.
Ma quale è stata la replica degli scienziati (o - per meglio dire - scientisti), al di là del consueto mal di testa che veniva loro provocato dalla lettura degli scritti di questo *enfant terrible* della filosofia della scienza?
Girovagando per internet, ci si può imbattere in un sito, denominato "Becoming a Critical Thinker", curato dal prof. Robert Todd Carroll, docente di filosofia presso l'Università della California nella città di Davis. Bisogna dare atto a questo signore di essersi notevolmente impegnato nel respingere in blocco l'astrologia utilizzando anche altri argomenti oltre quelli, scontati, della precessione degli equinozi (a questa non ha saputo però rinunciare!) e via discorrendo. Inoltre, vista la sua materia d'insegnamento, non poteva ignorare Feyerabend che si accontenta di citare - in nota n. 4) - come segue:

«Vedi Paul Feyerabend, *The strange case of Astrology*, ristampato in *Philosophy of Science and the Occult* a cura di Patrick Grim, p. 19, tratto da *Science in a Free Society* (London: NLB, 1978).

Feyerabend si duole inoltre che la scienza sia anti-democratica in quanto non lascia alla gente libertà di voto su ciò che sia da ritenere vero o falso riguardo il mondo empirico. Più importante ancora, egli nota che "l'astrologia è simile a programmi di ricerca scientifica altamente rispettati." Ciò è verissimo ed indica non tanto che c'è qualcosa di sbagliato nel modo in cui trattiamo l'astrologia, ma che c'è qualcosa di molto sbagliato nel rispetto che viene attribuito a certe discipline, specialmente quelle discipline che hanno a che fare con il comportamento umano: la psicologia, la psichiatria e la psicoanalisi. Se mai c'è stata una delusione di massa in merito al valore ed alla verità di qualcosa, è proprio questa. Queste discipline combinate insieme sono un buco nero di ignoranza che risucchia fino al centro dell'oscurità uno stupido sì e uno no di questo pianeta. Ci sono più ciarlatani che praticano queste discipline sotto la maschera di scienza, verità, rispettabilità e sapienza che tutti i venditori di pozioni miracolose che siano mai esistiti.» (wheel.dcn.davis.ca.us/~btcarrol/skeptic/astrolgy.html - (Questo testo non è più consultabile alla data del 28/2/2015 perché rimosso dal sito internet dell'Università della California)

Questo è tutto ciò che il Prof. Carroll ha da dirci in merito alle numerose e circostanziate critiche che Paul Feyerabend ha mosso al "manifesto" firmato da 186 "eminenti" scienziati, di cui 18 premi Nobel! Chiudo queste brevi note con qualche considerazione finale.
Feyerabend ha ancora una volta dimostrato (e lo farà molto spesso in seguito, con altri suoi scritti) tutta l'ignoranza degli scienziati (*rectius*: scientists) nell'affrontare materie in cui non sono versati, ed anche nelle proprie. Le loro critiche non solo non inficiano l'astrologia, ma neppure contribuiscono a farla progredire, come invece è stato nel caso delle monumentali ricerche dei coniugi Gauquelin. Dall'accenno che egli fa agli "influssi extra-terrestri", ci è poi dato dedurre che il filosofo fosse ancora legato all'idea di un rapporto causale tra astri e uomo, che si concretizza nel "concetto dell'influsso astrale considerato come un fenomeno naturale in cui entrano in giuoco energie capaci di un'azione materiale sul mondo fisico" (André Barbault, *Dalla psicoanalisi all'astrologia*). Ma sappiamo invece che le più accreditate concezioni dell'astrologia si rifanno oggi al concetto delle "corrispondenze cosmiche", che trova una sorprendente conferma nella teoria degli archetipi della

psicologia junghiana. Ciò detto, e per concludere, non ci si può però non associare allo sdegno del filosofo nei confronti di quella forma caricaturale dell'astrologia che può provocare - come detto anche da C. G. Jung - "decisamente un danno." («E' uno strumento appropriato solo se usato con intelligenza. Non è per nulla di semplice funzionamento e, quando usato da una mente razionalistica e ristretta, rappresenta decisamente un danno.»)

Note di Paul K. Feyerabend

1) Questo è assolutamente e letteralmente vero. Quando un rappresentante della BBC volle intervistare alcuni dei vincitori di premio Nobel, questi declinarono la richiesta commentando che essi non avevano mai studiato l'astrologia e non avevano la benché minima idea dei suoi canoni. Il che non impedì loro di maledirla in pubblico. Nel caso di Velikowski la situazione fu esattamente la stessa. Molti degli scienziati che cercarono di impedire la pubblicazione del primo libro di Velikowski, o che lo stroncarono una volta pubblicato, non ne lessero mai una pagina ma si fondarono su pettegolezzi o su resoconti giornalistici. Questo è quanto risulta agli atti. Cfr. de Grazia, *The Velikowski Affair*, New York 1966, come pure i saggi in *Velikowski Reconsidered*, New York 1976. Come al solito, le massime certezze vanno di concerto con la massima ignoranza.

2) Cfr. Norbert Herz, *Keplers Astrologie*, Vienna 1895, come pure i relativi passaggi dell'opera completa kepleriana. Keplero contesta l'astrologia tropica e conserva l'astrologia siderale, ma solo per fenomeni di massa come le guerre, pestilenze, etc.

3) L'obbiezione del libero arbitrio non è nuova, fu sollevata dai padri della Chiesa. Come pure l'obbiezione dei gemelli.

BIBLIOGRAFIA

FEYERABEND, Paul, *Science in a free society*, NLB, Londra, 1978
BARBAULT, André, *Dalla psicoanalisi all'astrologia*, Società Editrice Morin, Siena, 1971
JUNG, C. G., *Letters*, Routledge, Londra, 1990

La segnalazione del sito internet dell'Università della California wheel.dcn.davis.ca.us/~btcarrol/skeptic/astrolgy.html fu a suo tempo merito di Lorenzo Vancheri.

Al momento in cui scrivo, è trascorso un anno dalla morte di Oriana Fallaci. La città di Milano (a differenza di Firenze che le diede i natali e che lei amò, non corrisposta) le rende omaggio con una mostra che prende a prestito il titolo di un suo libro di successo, utilizzato anche da chi scrive: *Intervista con la storia*.

Il supplemento culturale de *Il Sole 24 Ore* del 16/9/2007, nel recensire la rassegna milanese, la colloca tra le "eroine del Novecento". Il *Corriere della Sera* del 16/9/2006 apriva dando eccezionale rilievo alla sua scomparsa, dedicandole 8 pagine intere di servizi, firmati dai suoi più prestigiosi giornalisti. Il titolo di prima pagina, azzeccato nella sua scarna ma essenziale concisione, recitava: "Un'italiana coraggiosa". Forse l'avrebbe gradito.

E coraggiosa lo era davvero, questo scricciolo alto un metro e 56 scarsi, del peso di 42 chili. A 14 anni era staffetta partigiana. «Portavo armi, giornali clandestini ... Bisognava passare attraverso i posti di blocco tedeschi ...» (L'Europeo n. 4/2007)

Venne al mondo alle 23:00 del 29/6/1929, l'anno della grande crisi economica mondiale. Diamo un primo sguardo alle sue astralità. In primo luogo notiamo due pianeti fortemente angolari: Mercurio nel suo domicilio in Gemelli al FC, Saturno culminante in Sagittario. Indi tre congiunzioni, due delle quali implicanti i luminari: Luna-Urano in Ariete, Sole-Plutone in Cancro e Marte-Nettuno in Leone. Nove pianeti su dieci si trovano in segni primaverili-estivi, di cui cinque in segni di fuoco. Quest'ultima caratteristica evidenzia una genitura "calda", caratterizzata dall'elemento Fuoco; tuttavia si nota si nota anche una rilevante presenza di Terra (Mercurio e Saturno, entrambi secchi e freddi, valorizzati dalla loro angolarità).

Secondo l'antica dottrina degli elementi, mirabilmente rivisitata da André Barbault, Oriana Fallaci aveva un temperamento bilio-nervoso, che vedremo confermato dalla dominante uraniana. Nel quadro del temperamento nervoso dobbiamo tuttavia differenziare il carattere iperstenico (prevalenza del secco sul freddo) da quello iphostenico (prevalenza del freddo sul secco).

Questa classificazione elementare basterebbe in sé e per sé a dar conto dei fondamentali tratti caratteriali di questo personaggio, già entrato nel mito? Sarà il lettore a stabilirlo, dopo aver letto gli stralci tratti da Univers astrologique des quatre éléments che riportiamo di seguito.

Il bilioso «è un realizzatore, caratterizzato dal bisogno d'attività fisica o intellettuale ... La propensione del ribelle portato alle avventure e alla smisuratezza è compensata dal desiderio di operare con uno scopo davanti a sé. Dopo la foga sanguigna si attiva l'impulso imbrigliato che aspira a diventare potenza nobile e saggia. Impeto, esuberanza, combattività, ardore si trasformano in coraggio, zelo, passione controllata: la durezza diventa pretesa, il rissoso si fa cavaliere, la sete di dominio si mette al servizio di una grande causa. Con un carattere retto, tutto d'un pezzo, e sentimenti rivolti all'onore sia nella fiducia che nel disprezzo ... La forza dei concetti, chiarezza d'idee, sicurezza di giudizio e impegno possente inducono questo tipo ad azioni di grande portata ... Si trova in affinità col cavalleresco, l'eroico ... la sua filosofia si atteggia a fede combattiva, da missionario.»

Il nervoso iperstenico ha un «temperamento iperteso dispendioso di energie, brusco, agitato, instabile, dedito ai disordini nella sua sensibilità e nella sua mente. La volontà oscilla tra l'instabilità velleitaria e l'ostinata perseveranza; l'umore, tra la spasmodica effervescenza e la fredda melanconia; la socievolezza tra un'avidità frenetica e un rifiuto sprezzante ; la sensibilità tra una gelosa esigenza e un'indifferenza di ghiaccio. È un essere indipendente, selettivo, originale, ma anche un complicato, un tormentato. Un percorso spirituale può aiutarlo a comprendersi.»

Avviciniamoci ora al soggetto da un altro punto di vista, quello caratterologico, pur consapevoli che questi schemi (ciò vale anche per i temperamenti) rappresentano un aiuto per orientarsi nel labirinto della personalità che, come la vita, nasconde sempre un fondo inaccessibile. Ogni carattere, si sa, è per forza di cose assolutamente individuale.

L'esame della genitura consente di collocare la Fallaci tra gli Emotivi-Attivi-Secondari (il "Passionale" di Le Senne). Spigolando il *Trattato di Caratterologia* del citato Autore, si può leggere le seguenti caratteristiche del Passionale:

> ➢ ambizione realizzatrice
> ➢ capacità di lavoro. La manifestazione quotidiana dell'ambizione è il lavoro; il Passionale lavora per lavorare; il lavoro soddisfa il bisogno d'attività e di lotta contro le difficoltà; soddisfa le necessità di un'immaginazione ambiziosa.
> ➢ gusto per la *storia*
> ➢ attaccamento al passato. La *melanconia* è presente nella vita di tutti gli emotivo-secondari; ma, mentre il Sentimentale (E-nA-S) si vota ad essa e ne fa l'oggetto di una degustazione amara, il Passionale la domina con la forza dell'azione. Egli è un pessimista, ma il suo pessimismo è vinto dall'energia di agire.

➢ *ascetismo*. La concentrazione dei Passionali nel perseguimento della grandezza sociale comporta la diminuzione dei piaceri organici. L'autorità unita all'ascetismo genera una predisposizione alla *severità* sia verso sé stesso che verso gli altri.

➢ gusto della grandezza. Orgoglio.

A quale della numerosa famiglia dei Passionali appartenga la Fallaci, è difficile dire. Tendo a considerarla una "Passionale imperiosa", ma siamo qui nell'ambito delle sfumature.

Cercherò ora di dar conto dell'inquadramento caratterologico alla luce dell'insegnamento astrologico.

L'Emotività (E) deriva dall'Asc. In Pesci, dalla Luna in Ariete in casa I e dal Sole in Cancro.

L'Attività (A) da Urano prominente (un Urano dominante, come in questo caso, "produce" di per sé il carattere E-A-S, il Passionale).

La Secondarietà da Saturno culminante e Urano prominente (vedi sopra).

Prima di aprire la galleria delle testimonianze di chi la conobbe, desidero ribadire che Urano, astro di fuoco in segno di fuoco, per la sua collocazione in casa I e per gli aspetti forti che forma con Sole e Luna, è da considerarsi la dominante planetaria di questa genitura.

Secondo André Barbault, il predominio di Urano è indicativo di un temperamento bilio-nervoso e di un carattere Passionale (E-A-S).

«Questo tipo è quindi un volitivo monocorde che conduce un'azione sistematica con totale adesione al suo impegno. Di qui, un'affermazione del carattere, una condotta unitaria e un'azione potente. Si raccolgono tutti gli strumenti atti a perseguire un'impresa privilegiata; tutto ciò che non è ad essa conforme viene screditato e inibito. Compare un ascetismo che s'impone come disciplina per raggiungere un fine principale e addirittura unico. Insomma, l'uraniano sostituisce alle passioni un'*unica passione* che è la ragione della sua vita. È quindi la persona dalla più alta tensione, che spinge più a fondo la mobilitazione delle sue forze interiori. Corrisponde al Passionale (Emotivo-Attivo-Secondario) della caratterologia ... La volontà di potenza che l'anima è una molla che lo spinge avanti, lo incita a una vita frenetica da agitato, sempre pressato, che, al di fuori dell'interesse centrale che l'assorbe, non ha mai tempo. Dietro tutto questo si può immaginare l'eccesso, in particolare sotto forma di autoritarismo, tirannia, intolleranza, fanatismo, stravaganza, enormità, assurdità ...» (*Uranus Neptune Pluton*)

Dal *Corriere della Sera* del 16/9/2006:

«Se ne è andata come era vissuta negli ultimi vent'anni ... in solitudine. Rigorosa fino all'ossessione ... Infine, dopo l'11 settembre, da polemista, si era gettata in quello che riteneva un insanabile "conflitto di civiltà", ma anche la sua ultima battaglia, con *radicale passionalità.*» (Piero Ostellino)

«Oriana Fallaci *studiava* e *studiava* ... Oriana Fallaci *non conosceva limiti*. Si era gettata con tutta sé stessa nell'avventura di giovane staffetta partigiana e nei suoi primi passi di giornalista a Firenze. E si spese tutta intera nella stesura della sua ultima *Apocalisse*, ben sessant'anni dopo. Era *totalizzante, intransigente*, incapace di mediazioni e sfumature: *viveva di assoluti* ... Oriana Fallaci era una donna. Una donna molto difficile ...Oriana Fallaci era **pugnace**, ostinata, puntigliosa, litigiosa ... Fumando senza tregua, anche quando il cancro sembrava mangiarsela rendendola sempre più sottile, era capace di scuotere chi gli stava di fronte con una corrente di emozione travolgente.» (Pierluigi Battista)

«Mi colpì la sua tremenda *solitudine*, che contrastava in modo flagrante con la sua straordinaria fama e crescente popolarità.» (Magdi Allam, *Corriere della Sera Magazine* 21/9/2006)

E ora la Fallaci raccontata da Oriana.

«Io sono laureata alla Sorbona della *solitudine*. Io amo la solitudine. Io da sola non mi annoio mai.» (*Corriere della Sera* 16/9/2006).

«Molto spesso si ama una persona perché ci imponiamo di amarla. Altre volte si ama una persona per paura della solitudine. Non parlo della solitudine corporale perché quella la risolvi col sesso. Parlo della solitudine psicologica: la solitudine dell'anima.» (*Corriere della Sera Magazine* 21/9/2006)

«Il sesso senza sentimenti è noioso, diventa una ginnastica faticosissima e basta. Ricordo un collega che diceva "Fare l'amore è da facchini. Perché sposta il sangue dal cervello e lo trasmette al basso ventre. Non pensi più." Questo non è il mio caso perché *io penso anche in quel momento.»* (*op. cit.*)

«A scuola fui sempre brava nelle materie umanistiche. Particolarmente brava in italiano e filosofia, in latino e in greco. *Adoravo la storia.»* (*L'Europeo* n. 4/2007)

«A 16 anni e mezzo m'ero presentata senza raccomandazioni al capocronista del *Mattino dell'Italia Centrale*, a Firenze, e gli avevo chiesto di farmi lavorare.» (*op. cit.*)

«Ero una bambina bella, con la faccia rotonda e *pensosa*. Ero molto *introversa*, credo, noiosa. E molto ubbidiente, molto disciplinata. I miei ricordi sono quasi sempre ricordi di *malinconia,* o di stupore deluso, di scontentezza insomma. E voglia repressa di *ribellarmi*. Ma a chi, a che? Tutte le mie ribellioni erano interne e si traducevano in sogni. E i sogni si condensavano in una immagine: *libri*. Io lo sapevo, oh, lo sapevo che avrei scritto libri e scritto sui giornali. Al giornalismo invece pensavo come a una meravigliosa avventura. Grazie ai giornali volevo andare in Malesia. In India e in Malesia.» (*Corriere della Sera Magazine* 21/9/2006)

Cerebralità, malinconia, solitudine. Ecco Saturno che fa sentire tutta la sua pesantezza. Viaggi, mobilità, giornalismo: quel Mercurio gemellino a cui forse piacerebbe un po' di leggerezza, ma non può, perché il greve Saturno non glielo concede.

«L'amavano [gli americani, N.d.A.] perché, con la sua aria dolce da tigre bionda con la sigaretta in bocca, aveva divorato il segretario di Stato Henry Kissinger, il più astuto, machiavellico, bismarckiano, diplomatico del XX secolo. Che cosa aveva negli occhi quell'italiana, che fluido trasmetteva, per avere persuaso il segretario di stato di Richard Nixon a dichiarare che sì, lui si sentiva come un cow boy che va in avanscoperta con la carovana, il cavaliere che va da solo in città? Quell'intervista è da allora di testo nelle scuola di giornalismo. Kissinger provò a smentirla ... Con Mao Kissinger se l'era cavata, con Zhou En Lai non aveva avuto problemi, con Breznev, il vietnamita Le Duc Tho e alla Casa Bianca col cinico Nixon aveva regnato. Oriana l'aveva smontato e ce l'ha fatto vedere come forse è, come nessuno saprà mai più. "Fu l'incontro più disastroso con un giornalista della mia vita" scrisse Kissinger nelle sue memorie ...» (Gianni Riotta, *Corriere della Sera* del 16/9/2006)

Heinz Kissinger, detto Henry, nato in Germania a Fürth il 27/5/1923 alle ore 5:30 (anagrafe, archivio Rodden). Una vita costellata di successi mondani, un elenco troppo lungo per essere riportato in questa sede, a cui corrisponde una genitura tutto sommato mediocre, se non fosse per l'angolarità ravvicinata di Marte all'Asc. L'astrologa Vivian Jayne (*Aspects to horoscope angles*) afferma peraltro che lo stesso Kissinger dichiara di aver visto la luce alle 6:00, il che sposterebbe l'Asc. Dai Gemelli nel Cancro, avvicinandolo a tal punto a Plutone da rendere quest'ultimo un pianeta angolare, insieme a Marte. Dico subito che, a mio sommesso avviso, di primo acchito la genitura di Kissinger "non quadra" come ci si aspetterebbe con quanto è dato sapere della sua vita e, soprattutto, con la descrizione del personaggio lasciataci dalla giornalista nella celebre intervista del 4/11/1972.

Attingiamo ora dal libro *Intervista con la Storia*, Rizzoli, Milano, 1974.

L'A. descrive l'atmosfera del loro primo incontro preliminare, durante il quale Kissinger si riservò di studiare la scrittrice per decidere se concederle o meno l'intervista: «Assomigliava, ricordo, al mio insegnante di matematica e fisica presso il liceo Galilei di Firenze: individuo che odiavo perché si divertiva a farmi paura, fissandomi con *ironia* dietro gli occhiali ... L'incubo dei miei giorni di scuola mi aggredì al punto che, a ogni sua domanda, pensavo: "Oddio, saprò rispondere? Perché, se non so, lui mi boccia".» (pag. 13)
«... delle sue *avventure galanti* ha fatto un mito che alimenta con cura ... attrici, attricette, cantanti, modelle, produttrici, giornaliste, ballerine, miliardarie. Gli piacciono tutte, si dice. Ma gli scettici affermano che non gliene piace nessuna: si comporta così per *gioco*, cosciente del fatto che ciò aumenta il suo glamour...» (pag. 12)
«... non è seducente, così basso e tarchiato e oppresso da quel *testone di ariete*» (pag. 13)
«Sa adulare con finezza diabolica, ipocrita. O dovrei dir *diplomatica*?» (pag. 14)

«Di un altro capo di Stato, su cui avevo detto che non m'era sembrato intelligentissimo ma mi era piaciuto moltissimo, disse: "L'intelligenza non serve per fare i capi di Stato. La dote che conta, nei capi di Stato, è la forza. Il coraggio, l'astuzia, e la forza." Considero la frase fra le più interessanti che m'abbia detto ... Illustra il suo tipo, la sua personalità. L'uomo ama la forza, anzitutto. Il coraggio, l'astuzia, e la forza. L'intelligenza lo interessa assai meno, sebbene ne possegga in grande misura come tutti affermano.(Ma si tratta di intelligenza o di erudizione e furbizia? L'intelligenza che conta, secondo me, è quella umana. È quella che nasce dalla comprensione degli uomini, per esempio. E non direi che tale intelligenza egli l'abbia. Così, su quest'argomento si dovrebbe fare uno studio un po' più approfondito. Ammesso che ne valga la pena.)» (pag. 15)

«... ogniqualvolta gli rivolgevo una domanda precisa, si irrigidiva e sfuggiva come un'anguilla. *Un'anguilla più ghiaccia del ghiaccio*. Dio, che uomo di ghiaccio. Per tutta l'intervista non mutò mai quell'espressione senza espressione, quello sguardo *ironico* o duro...» (pag. 17)

«Tutto è calcolato in lui, controllato come nel volo di un aereo guidato dal pilota automatico ... Kissinger ha i nervi e il cervello di un giocatore di scacchi.» (pag. 17)

E queste sono invece alcune dichiarazioni rese da Kissinger nel corso dell'intervista.

«Del resto io non sono un tipo che si lascia trascinare dalle emozioni. *Le emozioni non servono a niente.*» (pag. 22)

«Sicché è curioso che lei scelga di associarmi a Machiavelli. La gente mi associa piuttosto al nome di *Metternich*. Il che è addirittura infantile. Su Metternich io ho scritto soltanto un libro...» (pag. 28)

«Per me le donne sono soltanto un divertimento, un hobby.» (pag. 31)

Ecco la domanda conclusiva dell'intervistatrice, con relativa la risposta.

«Domanda: Non ho mai intervistato qualcuno che sfuggisse come lei alle domande e alle definizioni precise, nessuno che si difendesse come lei dall'altrui tentativo di penetrare la sua personalità. È timido, lei, dottor Kissinger? Risposta: Sì. Abbastanza. Però in compenso credo d'essere assai equilibrato. Vede, c'è chi mi dipinge come un personaggio tormentato, misterioso, e chi mi dipinge come un tipo quasi allegro che sorride sempre, ride sempre. Entrambe le immagini sono inesatte. Io non sono né l'uno né l'altro. Sono... Non le dirò cosa sono. Non lo dirò mai a nessuno.» (pag. 31)

Cercherò ora di dipanare la matassa e avanzare un'ipotesi attendibile sulla reale natura di questa "entità" sconosciuta rispondente al nome di Heinz "Henry" Kissinger. Infine mi adopererò anche di fornire una spiegazione sull'inimicizia che contrappose il politico alla scrittrice. Non tutti sanno, ad esempio, che tre anni dopo la famosa intervista, la Fallaci scrisse un nuovo articolo su Kissinger in cui, in pratica, gli dava dell'avventuriero, del vigliacco, dell'incompetente, del presuntuoso arrogante, dell'approfittatore, definendolo anche "superkraut" e così via (*L'Europeo1975 n. 14*). Dal canto suo, il politico si rammaricò perennemente dell'incontro con la Fallaci, tanto da lasciarlo scritto nelle sue memorie.

Tutti conoscono il nome di Michel Gauquelin e le sue prodigiose statistiche. Nel suo libro *La Cosmopsychologie* del 1974 il grande ricercatore elencava 100 tratti caratteriali indicativi del temperamento Marte (lo chiamava così, pur di non riconoscere il debito verso la dottrina ippocratica dei temperamenti e pur di sottolineare la distanza fra le sue ricerche e l'astrologia, senza rendersi conto che in realtà era approdato ai medesimi risultati già teorizzati da Tolomeo). Nelle sue statistiche, l'angolarità la fa da padrona. Lo studioso ebbe tuttavia cura di specificare quanto segue: «D'altronde, come regola generale, il pianeta in zone di forte intensità gioca un ruolo determinante nella formula temperamentale dell'individuo. *Ma tale formula è talvolta la risultante di un insieme complesso di posizioni planetarie.*» (pag. 74, sottolineatura mia)

Ecco la lista (in ordine alfabetico nella versione originale francese, che ovviamente non si è potuto rispettare qui).

«Colpisce l'attenzione, accanito, attivo, agitato, aggressivo, vivace, brioso, aspro, ardente, audace, avventuroso, attaccabrighe, battagliero, bollente, ardimentoso, brutale, testardo, ha del carattere, scavezzacollo, collerico, combattivo, coriaceo, coraggioso, ha del fegato, deciso, determinato, ama le difficoltà, diretto, retto, duro, dinamico, efficace, violento, resistente, energico, entusiasta, tutto d'un pezzo, intraprendente, esplosivo, fermo, feroce, di fuoco, grintoso, focoso, frenetico, vincente, ardito, impaziente, spietato, implacabile, impulsivo, incisivo, indomabile, incrollabile, infaticabile, instancabile, irascibile, lottatore, padrone di sé, morale, mordace, ha nerbo, nitido, ostinato, offensivo, tenace, che si contrappone, penetrante, convincente, perseverante, tutto d'un pezzo, pioniere, potente, rabbioso, realizzatore, temibile, resistente, corre dei rischi, robusto, rude, ruvido, secco, solido, temerario, ha del temperamento, tenace, terribile, cocciuto, lavoratore, turbolento, coraggioso, valoroso, brusco, vendicativo, violento, virile, vitale, volitivo.»

Dubito che Kissinger possa essere classificato tra chi è dotato di una dominante Marte, malgrado l'angolarità ravvicinata. O meglio, dubito che Kissinger – pur con il suo Marte angolare – abbia avuto modo di manifestare in modo evidente il suo carattere innato. Non dobbiamo infatti dimenticare «che il determinismo astrale rappresenta solo ciò che è innato, l'essere nella sua nudità primordiale. Noi non possiamo conoscere altro che la costellazione interiore dell'individuo, senza sapere quale sia stato l'ambiente esterno vissuto con cui si forma il carattere acquisito, che neutralizza o amplifica il carattere innato. La tendenza originaria di quest'ultimo si esprime nella sua piena misura *solo nella perfetta giustapposizione con l'ambiente* (sottolineatura mia), con il mondo esterno che diventa una cassa di risonanza del cosmo interiore...» (André Barbault, *L'astrologie certifiée*, pag. 217).
«Nel quadro di valutazione astrologico si trova ... unicamente la predisposizione di base. Essa contiene atteggiamenti fondamentali verso cose in un "possibile" ambiente. L'ambiente effettivo non viene indicato ... Con ciò viene in pari tempo fissato un limite alla diagnosi astrologica. Quanto viene apportato alla predisposizione di base dagli effetti dell'ambiente, dalle relazioni ambientali, dall'educazione ricevuta, dai destini collettivi, su tutto ciò non è possibile esprimere opinioni.» (Thomas Ring, *Astrologische Menschenkunde*, vol. I, pag. 8. Mi sia consentito, *en passant*,

raccomandare caldamente lo studio di quest'opera colossale, la migliore che sia mai stata pubblicata in lingua tedesca.)

Heinz Kissinger è ebreo tedesco, figlio di un insegnante e di una massaia. Nel 1938 fugge a Londra insieme ai genitori e a un fratello, poi si trasferiscono a New York. Quattordici dei suoi parenti morirono in campi di sterminio. Questo immigrato che non conosceva una parola d'inglese avrebbe potuto diventare un campione sportivo, un poliziotto, un militare, un capitano d'industria? Nel 1939 scoppia la guerra, «a ventun anni fu soldato in Germania dove era con un gruppo di GI selezionati da un test e giudicati così-intelligenti-da-sfiorare-il-genio, che gli affidarono per questo l'incarico di organizzare il governo di Krefeld ... Infatti a Krefeld fiorì la sua passione per la politica.» (*Intervista con la Storia*, pag. 11,12)

La genitura del Nostro (per l'ora di nascita delle 5:30) ci pone di fronte un Gemelli con Ascendente nel medesimo segno; Mercurio è congiunto al Sole e in trigono a Saturno. Prende il sopravvento il lato Polluce, la polarità non emotiva del segno. Siamo di fronte al "non Emotivo-Attivo-Primario", il Sanguigno di Le Senne (assolutamente da non confondere con il temperamento sanguigno della medicina ippocratica). «L'intellettualità domina la sua vita ... Al limite, è una mente senz'anima ... Tutta la sua personalità è orientata verso un comportamento efficace riguardo i suoi interessi personali. Quest'egoista è mondano, politico, diplomatico, sempre abile nei suoi rapporti con la gente, perché sempre interessato. C'è del cinismo in lui, talvolta un'assenza di scrupoli, c'è versatilità e perfidia. È poco sincero, ma allorquando il "nervoso" è incline alla menzogna per accecamento passionale, il "sanguigno" lo è per doppiezza di calcolo. In una parola, è un realista molto duttile con una capacità d'adattamento pressoché immediata.» (André Barbault, *Gémeaux*, pag. 51)

Leo Talamonti, riferendosi a questa tipologia caratterologica (da lui ribattezzata "Abile"), parla di arrampicatore nato, capacità di intrigo, spregiudicatezza, intelletto acuto e penetrante, vuoto spirituale, opportunismo; «difatti vive bene, lui, e gusta con larghezza i piaceri della tavola, intesse con abilità le trame di amori freddi e instabili, da cui esula ogni complicazione sentimentale... Prestiamo attenzione allo sguardo: alle occhiate rapide, acute, *fredde* (sottolineatura dell'A.) che il tipo nE-A-P non saprebbe controllare quand'anche lo volesse...» (*Guida al carattere*, pag. 179,180)

Le Senne redige un elenco di personaggi storici contrassegnati da nE-A-P e vi include, tra gli altri, i grandi diplomatici Machiavelli, Mazarino, Talleyrand, Metternich. E proprio a quest'ultimo il prof. Heinz Kissinger dedica un intero libro: una strana coincidenza...

Il formidabile intuito di Oriana Fallaci, la sua straordinaria capacità d'osservazione, avevano stanato e correttamente inquadrato il suo interlocutore; ciò che intuì e vide non poteva piacere a questa passionale iper emotiva. I caratterologi lo sanno bene, alcune tipologie semplicemente non possono legare tra loro. «Sarebbe interessante seguire in tutta la vita sociale il conflitto tra gli spiriti freddi, chiari, pratici ed i più violenti fra gli emotivi, la lotta latente, per esempio, fra un *Talleyrand* e un *Bonaparte*.» (Le Senne, *Trattato di caratterologia*, pag. 380)

Abbiamo dedicato sin troppo spazio a questo discutibile personaggio, seppure unicamente ai fini di studio e in funzione del reale oggetto di questa ricerca, che è e resta la grande, ineguagliabile Oriana.

A lei rivolgo un commosso ricordo, piccola stilla che si riversa nel grande fiume di chi le fu idealmente vicino e ne condivise le idee, per le quali era disposta a sacrificare anche la vita. A lei quindi l'ultima parola.

«La guerra insomma la vissi e la soffrii in pieno, malgrado la mia giovane età ... Ma in quegli anni imparai a odiare la guerra, le bombe, i fucili, tutto ciò che spara. Imparai a comprenderne la illogicità, la imbecillità, la follia. Anch'io, a mio modo, sì, facevo la guerra: ma non per attaccare. Per difendermi. ... Ma non ho mai sparato. Non ho mai ammazzato nessuno. Non ho mai partecipato a una azione che provocasse sangue. E oggi, a maggior ragione, farei lo stesso. Sono pronta a farmi
uccidere, se indispensabile; mai ad uccidere.»

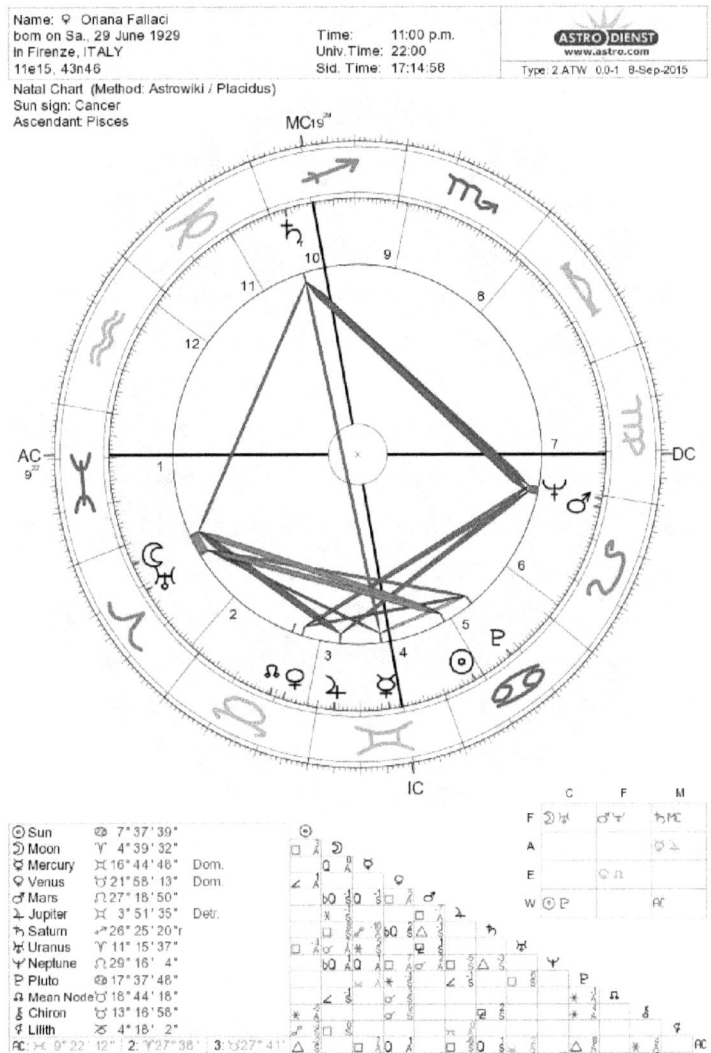

Name: ♀ Oriana Fallaci
born on Sa., 29 June 1929
in Firenze, ITALY
11e15, 43n46

Time: 11:00 p.m.
Univ.Time: 22:00
Sid. Time: 17:14:58

ASTRO DIENST
www.astro.com
Type: 2 ATW 0.0-1 8-Sep-2015

Natal Chart (Method: Astrowiki / Placidus)
Sun sign: Cancer
Ascendant: Pisces

☉ Sun	♋ 7° 37' 39"		
☽ Moon	♈ 4° 39' 32"		
☿ Mercury	♓ 16° 44' 46"	Dom.
♀ Venus	♉ 21° 58' 13"	Dom.
♂ Mars	♌ 27° 18' 50"	
♃ Jupiter	♓ 3° 51' 35"	Detr.
♄ Saturn	♐ 26° 25' 20" r
♅ Uranus	♈ 11° 15' 37"	
♆ Neptune	♌ 29° 16' 4"	
♇ Pluto	♋ 17° 37' 46"	
☊ Mean Node	♉ 18° 44' 16"	
⚷ Chiron	♉ 13° 16' 58"	
⚸ Lilith	♉ 4° 18' 2"	
AC: ♓ 9° 22' 12"	2: ♈ 27° 38'	3: ♉ 27° 41'
MC: ♐ 19° 39' 2"	11: ♑ 9° 51'	12: ♒ 3° 16'

CAMILLE CLAUDEL
Appunti astrologici

Lo scopo di questi appunti è quello di tracciare uno schizzo astro-psicologico di Camille Claudel, nata a Fère-en-Tardenois l'8 dicembre 1864 alle ore 5:00. Desidero precisare che non ho studiato la biografia del soggetto, limitandomi a consultare i pochi dati della voce di Wikipedia francese a lei dedicata, nonché la pagina web "Voci di artiste" a lei dedicata[5].

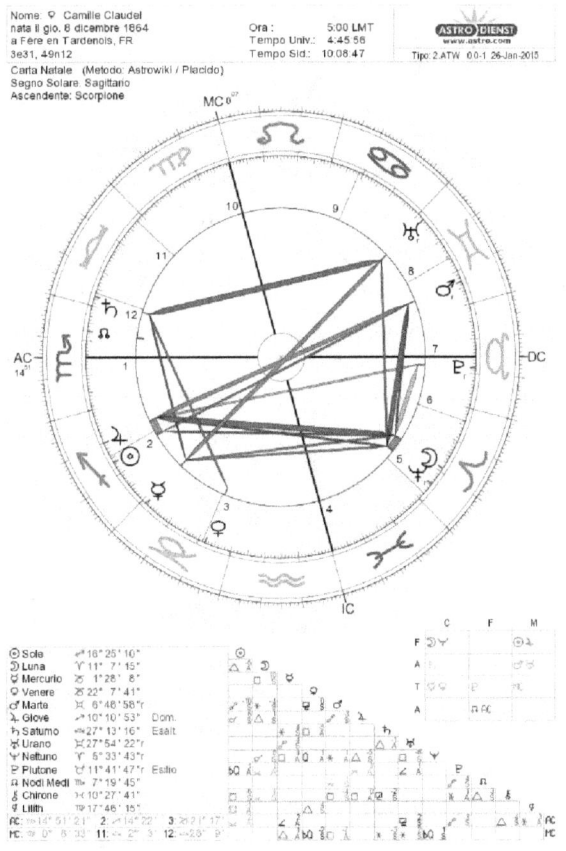

È evidente che quando si studiano le astralità di un personaggio storico, l'interprete ha il compito precipuo di verificare se i dati

---

[5] women.it (consultato il 26/1/2015)

raccolti dai biografi (che siano ovviamente digiuni di astrologia) collimino con le annotazioni della migliore letteratura astrologica.

Ciò premesso, il primo elemento che salta all'occhio è la forte prevalenza dell'elemento Fuoco nella carta del cielo di Camille. Quest'ultima è Sagittario (segno di Fuoco) con Ascendente Scorpione (segno d'Acqua, ma – come scriveva C. G. Jung in *Aion* – è un'acqua di Fuoco: «L'acqua è spesso associata al fuoco o addirittura combinata a esso come acqua-fuoco (acquavite, vino, alcool).[6]» Plutone è il pianeta che governa il segno zodiacale dello Scorpione, un simbolismo tenebroso che ci richiama agli inferi e, trasposto sul piano psicoanalitico, alle profondità dell'inconscio, riferito per lo più alla sua parte più arcaica e istintuale. Plutone è anche considerato da molti astrologi l'"ottava superiore di Marte", quindi collegato per violenza e potenza al pianeta rosso. Prima della scoperta di Plutone, era Marte l'unico signore dello Scorpione, ma ora entrambi i pianeti condividono il dominio su questo segno. Plutone è angolare al Discendente, quindi va letto come elemento particolarmente significativo in questo tema di natalità.

Proseguendo nella disamina, osserviamo che anche Marte – pianeta caldo e secco, quindi appartenente all'elemento Fuoco – è particolarmente importante. Infatti si trova in aspetto con Sole, Luna, Giove e Nettuno. Particolarmente importanti sono gli aspetti formati da entrambi i luminari, per opposizione e per sestile.

Osservo altresì che la congiunzione Sole-Giove in Sagittario si trova in trigono alla congiunzione Luna-Nettuno in Ariete (segno di Fuoco, ardente e selvaggio).

Tutto, in questa genitura, richiama il Fuoco, quindi il calore, l'energia, l'impulso creativo, l'eccitazione, l'ardore, la passione, lo slancio vitale. Quando in una genitura prevale questo elemento, il soggetto manifesterà un temperamento bilioso. Per una sommaria descrizione del temperamento in questione, mi permetto di rimandare al capitolo *I quattro elementi, qualità, temperamenti* del mio testo *Il punto dell'astrologia*.[7]

L'insigne caratterologo francese Emmanuel Mounier, nella sua descrizione del temperamento bilioso, cita un aneddoto relativo a Michelangelo: «Un testimone vide Michelangelo, a 60 anni, rompere

---

[6] *Opere*, Vol. IX/2, Boringhieri, Torino, 1982, p. 214
[7] Alpes Italia, Roma, 2014.

più marmo in un quarto d'ora che tre giovani scalpellini in tre o quattro ore.[8]» Orbene, il grande artista evidenziava nella sua genitura una congiunzione Sole-Marte in opposizione a Plutone!

Nella genitura di una donna la posizione della Luna riveste particolare importanza. L'astro notturno si trova in Ariete e nella V casa di Camille. L'astrologo francese André Barbault ci consegna alcune considerazioni degne di nota:

«La Luna in Ariete crea il tipo stesso della donna virile, che psicologicamente non ha madre ed è simile a Pallade-Atena, uscita dalla testa del padre. ... Questa "componente di virilità" non basta perché la donna sia effettivamente virile, ma se la Luna in Ariete è altrimenti influenzata da Marte o se gli elementi maschili del tema sono forti, allora si può veramente parlare di virilità. Una virilità che potrà esprimersi in vari modi: si avrà la donna forte e volitiva, la donna dominatrice, non sottomessa o ribelle, che non sopporta alcuna ingerenza maschile...[9]»

È da notare che in effetti Camille subì un rapporto molto difficile con la madre, che cercò di contrastare la sua predisposizione alla scultura e che giocò una parte di rilievo nel predisporre l'internamento dell'artista in un ospedale psichiatrico, dove rimase reclusa e abbandonata per 30 anni di seguito, fino alla morte. Abbiamo già visto che la Luna di Camille si trova collegata per sestile a Marte, che a sua volta governa il segno dell'Ariete; le succinte notizie biografiche da me consultate confermano la sua forza d'animo e forza di volontà. Un essere indomito, che è vissuta in un'epoca poco disposta a tollerare forti personalità femminili. Due esempi calzanti di donna forte, indipendente e controcorrente con Luna in Ariete sono George Sand e Oriana Fallaci.

Ho scritto che la Luna di Camille si trovava nella V casa dell'oroscopo. È un settore tradizionalmente legato ai figli e, più in generale, alla creatività, anche nella sua espressione artistica. Un

---

[8] Emmanuel Mounier, *Trattato del carattere*, Edizioni Paoline, Cinisello Balsamo, 1990, p. 242

[9] André Barbault, *La Luna nei miti e nello zodiaco*, Nuovi Orizzonti, Milano, 1989, p. 91, 92.

primo abbozzo interpretativo della combinazione Luna-Ariete-V casa porta quindi a ipotizzare che il grande serbatoio di forze creative di Camille avrebbe potuto esprimersi in un'attività colorata da una notevole carica aggressiva. La scultura, e non la scrittura o la pittura o la danza, era la vera e profonda vocazione di Camille Claudel. Una vocazione che s'è fatta strada superando qualsiasi ostacolo incontrato sul suo cammino.

Come s'è visto, il segno zodiacale di questa artista è il Sagittario. Il Sole in congiunzione a Giove, nel suo domicilio, governatore di questo segno zodiacale, ne fanno un tipo pressoché puro. Un libricino di André Barbault traccia uno schizzo del Sagittario ribelle, che a mio avviso corrisponde alle principali caratteristiche caratteriali di Camille.

«Il *ribelle* insorge istintivamente contro l'ambiente; vuole emanciparsi, afferma le sue tendenze, reclama i suoi diritti e s'impone in modo tanto rude quanto generoso. In lotta contro i luoghi comuni, le abitudini correnti e, soprattutto, i pregiudizi e le idee preconcette. Poiché lo muove la fiamma di un'esaltazione morale, cerca la sua verità con foga e passione. In questo essere non c'è nulla di equivoco; audaci slanci, franchezza quasi brutale, passione per uno scopo a lunga scadenza.

Agisce a sbalzi, per infatuazioni, con colpi d'audacia; ma conosce lo scoraggiamento, l'abbattimento. C'è da temere i calci di questo purosangue, le sue collere fiammeggianti, anche se di breve durata: ha bisogno di scatenarsi periodicamente per manifestare tutta la sua foga e il suo ardore. S'interessa a molte cose, fino a quando trova la sua strada per dedicarsi solo ad essa. Nessuno più di lui necessita di una direzione precisa: è come un arco teso che mira a un bersaglio. Quando è afferrato da un obbiettivo, focalizza tutte le sue energie, mobilita tutto il suo capitale di forze in funzione di uno slancio senza limiti.[10]»

Mi domando se Rodin avesse pensato alla sua allieva e amante Camille quando creò la scultura intitolata "la centauressa".

---

[10] André Barbault, *Sagittaire*, Seuil, Paris, 1989, p. 43, 44

Noto anche una straordinaria rassomiglianza, sotto il profilo astrologico, tra la genitura di Camille e quella di Henri de Toulouse-Lautrec, che evidenzia nella sua carta del cielo una triplice congiunzione Sole-Mercurio-Giove in opposizione a Marte, che governa l'Ascendente Scorpione.

Prima di chiudere questi appunti, desidero attirare l'attenzione sulla congiunzione Luna-Nettuno di Camille. «Una marea di sensibilità, fantasticheria acquatica e notturna... i sortilegi della notte interiore che fanno perdere la ragione a Goya e a Camille Claudel (la sua *Vague*)[11].»

L'enorme onda minacciosa minaccia di travolgere le bagnanti, realizzata in onice nel 1893-1895 (l'età del ritorno di Saturno sulla sua posizione di nascita!) anticipa l'angoscia dell'artista si fronte alle incontenibili forze emergenti dall'inconscio.

L'acqua delle fonti, dei laghi e delle paludi, l'acqua del mare profondo e dell'oceano, è una metafora che l'inconscio impiega assai di frequente per descrivere se stesso nel simbolismo alchimistico e

---

[11] André Barbault, *Uranus-Neptune Pluton*, Éditons Traditionnelles, Paris, 2002, p. 121

più ancora nei sogni, in cui il tema dell'acqua torna di continuo, e in cui qualità positive di fecondità, d'inesauribile ricchezza creatrice, di matrice originaria gravida di divenire si associano a qualità negative come la forza schiacciante delle onde e della tempesta, che minacciano di sommergere, quasi in un maremoto, l'isola fragile dell'Io.[12]

Si sa che il 10 marzo 1913 l'artista fu prelevata a forza e chiusa in un ospedale psichiatrico. Il cielo era fortemente dissonante rispetto agli astri natali di Camille: Urano celeste si accoppiava con Marte radix e Plutone celeste a sua volta transitava su Urano radix. La Luna era ritornata in Ariete sulla sua posizione di nascita, quasi a significare la fine di un ciclo, la fine della sua femminilità e della sua creatività.

[12] Marie Laure Colonna, introduzione a Emma Jung, *Animus e Anima*, Bollati Boringhieri, Torino, 2003, p. 25.

HENRI ROUSSEAU DETTO "IL DOGANIERE"

> Il mistero della creatività è, come quello del libero arbitrio,
> un problema trascendentale che la psicologia non può risolvere,
> ma soltanto descrivere. Anche la personalità creativa è un enigma
> la cui soluzione si cercherà in molti modi, ma sempre invano.
> (C. G. Jung, *Psicologia e poesia*)

Non è agevole tracciare un contorno ben definito della pittura naïf e ancor meno della psicologia dell'artista che la produce. Naïf è diventato nel tempo sinonimo di "ingenuità", "candore" e "semplicità". Questi sono i termini che s'incontravano più frequentemente leggendo la critica riferita al capostipite riconosciuto di questo genere pittorico, Henri Rousseau il "doganiere".

Prima di dedicarci a Rousseau – che a mio avviso si è voluto incasellare sotto la comoda denominazione di naïf – occorre procedere per approssimazioni successive, nel tentativo di dipanare una matassa che tende a sfuggire dalle mani di chi vorrebbe sistematizzarla per ottenere un tessuto dalla trama regolare e bene ordinata.

Un'enciclopedia tematica ci propone la seguente definizione, che tende a prendere le distanze da una classificazione di carattere formale, per focalizzarsi piuttosto su un atteggiamento, una disposizione d'animo dell'artista:

«*naïf* termine francese (equivalente in italiano a "ingenuo") usato per designare, nel campo della produzione artistica, un *atteggiamento espressivo-esistenziale* assai più che una corrente o una maniera. Sono state proposte molteplici definizioni degli artisti naïf: autodidatti, pittori dell'istinto, maestri popolari della realtà, neoprimitivi. Si è proposta anche la formula di "arte insita", nel senso di innata, originale, non colta. In effetti, un carattere di estraneità alla storia e agli stili e una certa reattività istintuale sono i dati costanti di quest'arte, che non va confusa né con l'arte popolare, né col folclore, né con l'arte infantile, né con l'arte degli alienati.[13]»

---

[13] *L'UNIVERSALE – ARTE*, Vol. II, Garzanti, Milano, 2003, p. 841. Sottolineatura mia.

Torniamo al nostro Rousseau, nato a Laval il 21 maggio 1844 alle ore 1:00, figlio di un lattoniere oberato di debiti. Lui riferisce di avere cominciato a dipingere in età non proprio verde, aveva 40 anni e lavorava 14 ore al giorno come piccolo addetto al dazio parigino. Nel maggio 1885 sottopone due opere al Salon des Artistes Français che vengono respinte, ma accettate al Salon des Refusés. I critici ne prendono nota e lo deridono. Partecipa successivamente con quattro opere al Salon des Indépendents del 1886, un appuntamento annuale a cui mancherà solo due volte in tutta la sua carriera. Viene subito notato da grandi artisti come Camille Pissarro, Pierre Puvis de Chavannes, Paul Gauguin. Nel 1891, dopo avere esposto per la prima volta soggetti esotici, il pittore svizzero Félix Vallotton lo recensisce con parole di grandissimo apprezzamento: "È l'alfa e l'omega della pittura.[14]" Sono le prime voci di colleghi che avevano compreso, prima di altri, la grandezza del Doganiere: ne seguiranno altre, appartenenti all'avanguardia letteraria e artistica del tempo. Picasso non esita ad acquistargli più di una tela. La critica ufficiale tuttavia lo sbeffeggia. «I suoi quadri … sono soprattutto oggetto di sarcasmi, sia per gli errori prospettici e anatomici, sia per lo stile non verista e la stesura non pittoricistica.[15]»

Ma Rousseau non demorde, anzi, raccoglie scrupolosamente tutti i ritagli di giornale che lo riguardano, anche quelli più malevoli, e nel 1893 dà addirittura le dimissioni dal lavoro al dazio per dedicarsi esclusivamente alla pittura. Si adatta a tirare avanti con una modestissima rendita di poco più di mille franchi all'anno, e vivrà arrabattandosi sempre per guadagnare qualche soldo con lezioni private di pittura e di violino.

Non vive una vita facile, il mite Doganiere. Rimane per due volte vedovo, e vede morire sei figli su sette, avuti dalla prima moglie. All'età di 63 anni si lascia invischiare da un conoscente in una truffa ai danni di una banca e conosce per un paio di mesi la carcerazione preventiva. Nel gennaio 1909 viene condannato a due anni di carcere, pena sospesa; «si chiude così – grazie all'usuale candore,

---

[14] *La Gazette de Lausanne*, 25 marzo 1891.
[15] *Henri Rousseau. Lettere e scritti,* Elena Pontiggia, Abscondita, Milano, 2009, p. 125.

imperturbabile di fronte ai continui sghignazzi suscitati in tribunale dalle sue sortite e dai suoi dipinti – una "tragicommedia" che avrebbe potuto condurlo al bagno penale.[16]» È sempre a corto di soldi, anche quando la sua arte comincia ad avere una certa risonanza per merito dell'amico poeta e scrittore Guillaume Apollinaire, al quale indirizza spesso lettere con richieste di danaro.

Non conosciamo molto della vita di Henri Rousseau, al di là della produzione e della sua partecipazione alle esposizioni. Era sempre stato convinto di essere un grande artista: forse incoraggiato da qualche bicchiere di buon vino, nel novembre 1908 si rivolge a Picasso – che aveva dato un ricevimento in suo onore – con queste parole: "Noi siamo i due più grandi pittori del nostro tempo: tu nel genere egizio, io nel genere moderno.[17]" Quando aveva davvero cominciato a dipingere? Chi gli aveva insegnato i primi rudimenti dell'arte? Non lo sappiamo.

Nel corso di oltre un secolo su di lui si sono stratificati i più disparati giudizi critici, per arrivare a definirlo, in occasione dell'esposizione presentata nel 2005-2006 (Londra – Parigi – Washington) "autodidatta, emarginato, misterioso e inafferrabile ... da riscoprire ancora all'alba del XXI secolo.[18]" Dette dopo quasi un secolo, le parole di Serge Lemoine non possono che confermare quanto aveva già intuito nel 1911 il mercante e critico d'arte tedesco Wilhelm Uhde, poi diventatogli amico, che affermava: "... dietro la facciata del povero, piccolo Doganiere c'era una personalità ricca, forte e misteriosa...[19]

I critici francesi più benevoli ne sottolineano fino al 1910 il candore, l'ingenuità, la buonafede, la primitività, la sincerità, l'entusiasmo, la genuinità e l'infantilismo. Sono tratti più riferiti alla personalità, che non riescono a cogliere gli elementi di novità e di rottura della sua

---

[16] *Rousseau il Doganiere*, Rizzoli, Milano, 1969, p. 86.
[17] *Henri Rousseau. Lettere e scritti*, cit., p. 134
[18] Serge Lemoine, *Le Douanier Rousseau, un explorateur*. Sta in *Le Douanier Rousseau, Jungles à Paris*, Éditions de la Réunion des musées nationaux, Paris, 2006.
[19] Wilhelm Uhde, *Henri Rousseau*, Rudolf Kaemmerer, Dresden, 1921, p. 20 (edizione originale francese del 1911).

arte rispetto all'impressionismo. Con l'italiano Ardengo Soffici inizia però un'indagine che vuole dirigersi sia alla forma che alla psicologia del Doganiere Rousseau.

«… i suoi colori, quantunque ottenuti bizzarramente … sono raffinati e magnifici. Le piante, i cieli, i fiori, le vesti, le carni hanno sfumature e tinte di una dolcezza e ricchezza inaudite. … Rammentando Paolo Uccello ho forse nominato senza volerlo, l'unico artista europeo al quale Henri Rousseau possa essere comparato. Come lui egli vive in un mondo strano, fantastico e reale ad un tempo, presente e lontano, a volte risibile a volte tragico: come lui, si compiace nella dovizia lussureggiante delle verdure, dei frutti e dei fiori, nella compagnia immaginaria d'animali, di belve e d'uccelli, come lui passa la vita nel lavoro ignorato, raccolto e paziente, salutato dalle risa e da scherni ogni volta che esce dalla sua solitudine per mostrare al mondo il frutto delle sue fatiche.[20]» (Ardengo Soffici, *La Voce*, 15 settembre 1910)

«… tutta l'opera di Rousseau sembra attinta al fondo della sua fantasia. Nulla che non derivi da una visione: se Rousseau dipinge dal vero l'albero e il muro e il sole e le case e tutto quanto il paesaggio, realmente *vede* queste cose in lui stesso, e partecipa alla loro esistenza. Del resto le *vede* con la stessa intensità anche quando le immagina; e si identificava a tal punto con la propria visione, da spaventarsi ogni volta che dipingeva un dramma inventato …[21]» (Christian Zervos, *Rousseau*, 1927)

«Aveva un senso talmente forte della realtà, che quando dipingeva un soggetto fantastico a volte si spaventava e, tremante, era costretto ad aprire la finestra.[22]» (Guillaume Apollinaire)

«Poiché in questa tomba giace il tuo cuore, che era così pieno d'amore, da non consentire ad altro di prendervi posto. Hai amato senza riserve, senza pretendere un grazie. … sapevo che il tuo cuore era pieno di quell'amore che non si ferma davanti ai confini e

---

[20] *Rousseau il Doganiere*, cit. p. 10.
[21] *Idem*, p. 11. Sottolineature dell'Autore.
[22] Guillaume Apollinaire, *Les soirées de Paris* n. XX, 15 gennaio 1914, p. 23, 24.

sentivo che qui batteva il cuore più ricco e più bello di Francia.[23]»
(Wilhelm Uhde, *Henri Rousseau*, 1911/1921)

«Il Doganiere ha saputo essere soltanto amore e comunicarci il proprio senso di forme altamente superiori ... Dai suoi tempi è stato quello che parla per tutti e non viene inteso. Accade spesso... Ciò che il doganiere fa in un certo stato medianico, dobbiamo farlo anche noi in piena coscienza ... anche Rousseau, con la sua arte, davvero inesplicabile, fatta di realismo magico e di inventiva monumentale, e che tutta popolata di fantasticherie vegetali, celebra il vecchio fondo dell'uomo...[24]» (Pierre Courthion, *Henri Rousseau le Douanier*, 1944)

«Nessuno è ancora riuscito, non dico a dissipare, ma nemmeno a definire il malinteso creatosi intorno all'opera di Henri Rousseau. Si è voluto fare – di questo gran pittore, di questo pioniere della pittura (a pari diritto di Van Gogh) – un primitivo, arrivando spesso a usare il termine nel senso di "limitato". ... Henri Rousseau è senza dubbio un grandissimo pittore: per il linguaggio espressivo, a un tempo fine e sapiente; per l'ispirazione, che non si allenta mai; per il modo stesso di concepire la pittura.[25]» (Philippe Soupault, *Henri Rousseau le Douanier*, 1948)

«Tutt'altro che un buffone o un depresso, Henri Rousseau è un grande artista: uno dei padri dell'arte moderna.[26]» (Maximilien Gauthier, *Henri Rousseau*, 1949)

«È una vera ingiustizia considerare Rousseau semplicemente come un neo-primitivo, per quanto originale. Rousseau era tutt'altro: un fenomeno, ma in nessun modo grottesco; e nulla vale di più che l'arte di Rousseau, appunto, a dimostrare la falsità del culto odierno per i pittori sedicenti naïf o "popolari" come Bombois o Vivin.[27]» (Lawrence D. Cooper, *Rousseau*, 1951)

---

[23] Wilhelm Uhde, *Henri Rousseau*, cit., p. 12, 13.
[24] *Rousseau il Doganiere*, cit. p. 11, 12. Sulla presunta medianità del Doganiere, vedi oltre.
[25] *Idem*, p. 12.
[26] *Ibidem*
[27] *Ibidem*

«Rousseau ci costringe ad accettare le *sue* tradizioni e a rompere con le nostre, tradizioni ch'egli ricerca in immagini al di là della realtà, in un ricamo misterioso e ossessionante. Tutta la sua purezza risiede nella sua pittura. Come uomo, gli piaceva mentire, anche a se stesso; la pittura fu per lui la verità. Così, non esita mai a credere in sé, nonostante le difficoltà che aveva di passare direttamente dal sogno alla tela.[28]» (Joseph-Marie Lo Duca, *Henri Rousseau dit le Douanier*, 1951)

« Rousseau è uno di quei casi limite piuttosto inquietanti, di fronte ai quali bisogna rassegnarsi a invocare l'inesplicabile come unico mezzo di spiegazione. Si pensi che in effetti l'umile Doganiere ha compiuto le sole opere in grado di sostenere il confronto con alcuni capolavori del Quattrocento italiano.[29]» (Hans Naef, *Henri Rousseau*, Graphis n. 43, 1952)

«Mentre negli impressionisti la forma pittorica si scioglieva in vibrazioni molecolari di luci e in una concezione dinamica di movimento, in Rousseau la realtà è colta in una fissità incantata, talvolta con una potenza poetica di trasfigurazione quasi allucinante.[30]» (Rodolfo Pallucchini, *Henri Rousseau*, s.d., ma circa 1952).

«Lui non è il soggetto, né il mondo il suo oggetto; ma assieme formano qualcosa di completo e indissolubile. Nella pittura di Rousseau si attua così uno sconfinamento oltre la coscienza individuale, verso le origini collettive, impersonali, della fantasia, là dove le contraddizioni e le incompatibilità si dissolvono per fare posto a un'espressione fortissima. Il senso delle forme si trova avviato verso l'archetipo … [31]» (Dora Vallier, *Henri Rousseau*, 1961)

Si potrebbe proseguire ancora a lungo con la rassegna critica, che – riconosciuta la grandezza dell'artista – in ogni caso approda a

---

[28] *Ibidem*
[29] *Ibidem*
[30] *Idem*, p. 13.
[31] *Ibidem*.

un'univoca conclusione: Rousseau non era un naïf, nel senso di un pittore sprovveduto e primitivo.[32]

Appoggiandosi ad alcune dichiarazioni e aneddoti riconducibili al Doganiere, si è recentemente anche messo in luce una certa credulità di questo artista, o forse piuttosto una grande permeabilità a quell'orientamento collettivo circolante a quel tempo, interpretato da Allan Kardec, il profeta francese dello spiritismo[33].

Il critico d'arte Arsène Alexandre intervistò il Nostro circa sei mesi prima della morte di quest'ultimo, avvenuta il 2 settembre 1910. Il resoconto apparve in *Comoedia* del 19/3/1910 con il titolo *La vie et l'oeuvre d'Henri Rousseau*. Verso il termine dell'incontro, il critico notò una tela raffigurante Rousseau insieme alla seconda moglie (erano entrambi vedovi): su di essi aleggiavano i volti dei rispettivi primi coniugi, incastonati in nuvolette. Il pittore aveva composto la seguente didascalia: "Strappati l'uno e l'altra / a chi avevano amato / si uniscono di nuovo / fedeli a quel passato." Il Doganiere, notando l'interesse di Arsène Alexandre, si rivolge a lui con queste parole: "È un quadro filosofico, è un po' spiritico, vero?"

Uhde, da parte sua, riferisce la seguente testimonianza, riferita a una delle sue consuete visite all'atelier dell'artista. Rousseau nella calura del meriggio si era preso una pausa dal lavoro e così si rivolge all'amico: "Hai visto come si è mossa la mia mano?" "È naturale, Rousseau – risponde Uhde –, stavi dipingendo." "No – replica Rousseau – la mia defunta moglie era qui e guidava la mia mano.

---

[32] Riporto a questo proposito il secco giudizio di un valido critico italiano: «In questi schizzi, d'un valore pittorico pari a quello di Corot, è forse la spiegazione dell'arte di Rousseau, quella che distrugge la sua leggenda di *peintre naïf*. Soltanto un autentico pittore può infatti sottrarre alla natura i suoi segreti, i suoi più reconditi misteri, attraverso il semplice accostamento di due colori: per rielaborarli poi in un'opera dominata dal proprio gusto e dalla propria concezione della vita.» (Sandro Viola, *Rousseau il "doganiere" non era né un pittore, né un uomo ingenuo.* "La Stampa", 11 marzo 1961.

[33] Cfr. Nancy Ireson, *Le Douanier as medium? Henri Rousseau and spiritualism*, Apollo, London, June 2004; Pascal Rousseau, *La magie des images. Hallucination et rêverie magnétique dans l'oeuvre d'Henri Rousseau*, in *Le Douanier Rousseau, Jungles à Paris*, cit.

Non l'hai vista né udita? Coraggio, Rousseau – ha detto; lo porterai a buon fine.[34]"

Un terzo aneddoto ci viene tramandato da Guillaume Apollinaire: "Chi ha conosciuto Rousseau si ricorda della sua predilezione per i fantasmi. Ne aveva incontrati ovunque e uno di questi l'aveva tormentato per più di un anno quando lavorava al dazio. Quando il brav'uomo era in servizio, il fantasma si teneva a distanza di dieci passi, gli faceva maramēo e produceva flatulenze che gli facevano venire la nausea. Più di una volta Rousseau tentò di abbatterlo a fucilate, ma un fantasma non può morire. E se cercava di afferrarlo, lo spettro s'inabissava in terra e riappariva da un'altra parte.[35]".

---

[34] Wilhelm Uhde, *Henri Rousseau*, cit., p. 43.
[35] Guillaume Apollinaire, *Les soirées de Paris*, cit. p. 8

Per inquadrare nella giusta luce gli episodi riportati e attribuiti a Rousseau, occorre ricordare che nella seconda parte del XIX secolo si era diffuso in diversi paesi europei, proveniente dall'America, un variegato movimento spiritico, portato avanti in Francia dal pedagogo Hippolyte-Léon-Denizard Rivail, noto in seguito con lo pseudonimo di Allan Kardec. Questo autore scrisse due libri che incontrarono un grande successo: *Il libro degli spiriti* (1857) e *Il libro dei medium* (1861). Henri Rousseau vive quindi in un paese e in un'epoca in cui si respirava un'aria popolata di anime di defunti disposti a comunicare con i viventi, disposti a manifestarsi in vario modo, anche con apparizioni, che si è addirittura preteso documentare con apparecchi fotografici. Ovviamente non è questa la sede per entrare nel merito dell'autenticità di questi fenomeni; ciò che preme dimostrare è la forza suggestiva che hanno potuto esercitare sul nostro artista.

FOTOGRAFIA MEDIANICA

Nella foto appaiono i volti di tre personalità medianiche nelle quali il soggetto fotografato riconobbe tre suoi parenti defunti. Fotografia medianica ottenuta nel Circolo "Fiat Lux" di Nizza. (Da R. Montandon: *Messages de l'Au-delà* e *Former matérialisées*.)

Una persona talvolta incapace di distinguere tra fantasia e realtà poteva dunque restarne immune? Frances Morris della Tate Modern di Londra non ha dubbi: "L'immaginazione di Rousseau è stata descritta come straordinariamente intensa, frutto di una sensibilità particolare e quasi visionaria.[36]"

André Breton dichiara di considerare Rousseau non un naïf, ma padre del "realismo magico"; la storica dell'arte Elena Pontiggia, pur aderendo in parte a questo tentativo di classificazione, preferisce mettere piuttosto in rilievo la "felicità fanciullesca" che emana dalle sue tele.[37] Pontiggia inoltre nota acutamente che la "condizione trasognata" del Doganiere è "legata strettamente alla magia dei suoni. Nessuno come Rousseau ha dipinto tanti incantatori e tanti incantesimi.[38]" In effetti, il pittore era anche musicista e compositore, suonava il violino e nel 1886 si era diplomato presso l'Accademia Musicale di Francia.

[36] Frances Morris, *Jungles à Paris*. Sta in *Le Douanier Rousseau, Jungles à Paris*, cit., p. 25
[37] Henri Rousseau, *Lettere e scritti*, a cura di Elena Pontiggia, Abscondita, Milano, 2009, p. 118.
[38] *Idem*, p. 115.

Per quanto si tenti di ingabbiarlo in una qualsivoglia scuola, orientamento o definizione, Rousseau resta inafferrabile, addirittura inspiegabile, al pari di alcune sue zone d'ombra. Circola ancora oggi l'affermazione di Georges Guilhermet, l'avvocato del Doganiere in quel triste processo penale del 1907 che lo vide coinvolto in una truffa ai danni di una banca, per cui soffrì la carcerazione preventiva e fu condannato a due anni di reclusione con la condizionale. "Per me, Rousseau è sempre rimasto un enigma. Fu semplicemente un raggirato o non prese anch'egli parte al raggiro?[39]"

Desidero ora formulare alcune sommarie considerazioni di carattere astrologico.

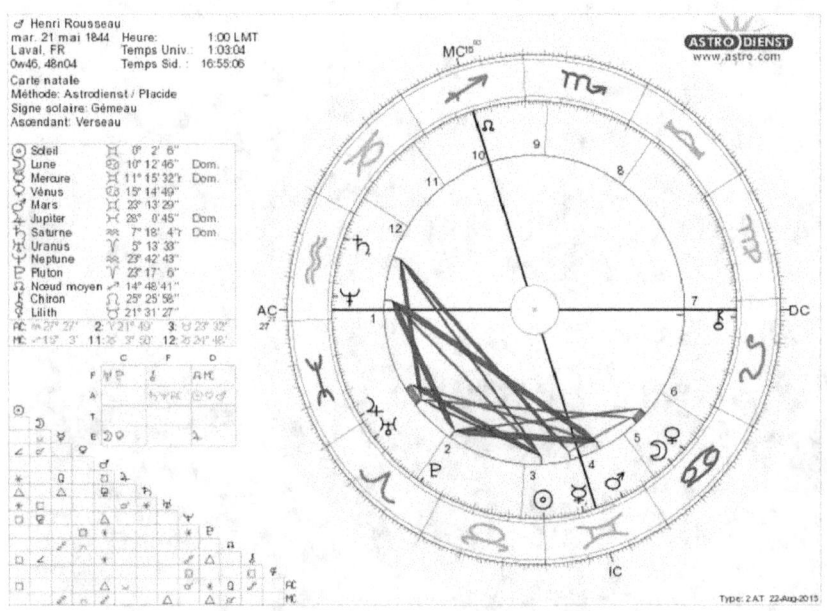

Colpisce subito l'occhio l'angolarità ravvicinata di Nettuno all'Ascendente e Mercurio al Fondo Cielo. In via di prima approssimazione, si potrebbe essere indotti ad assegnare la "dominante" a Mercurio, ma – se consideriamo che entrambi i luminari sono in aspetto con Nettuno (Sole in quadratura e Luna in sesquiquadratura) – è quest'ultimo che prevale e va considerato la dominante della genitura. Neppure è da trascurare che il segno

---

[39] Frances Morris, *Jungles à Paris*, cit., p. 27

zodiacale dell'Acquario, ospitante Nettuno, è particolarmente adatto a esprimerne le migliori caratteristiche. In effetti la biografia del Doganiere ce lo conferma senza ombra di dubbio. Nel mio libro *I mille volti di Nettuno*, di prossima pubblicazione, mi sono applicato ad approfondire il simbolismo astrologico di Nettuno e, a tal fine, ho provveduto a fare una ricognizione della letteratura astrologica sull'argomento. Riporto l'analisi a mio avviso più illuminante che, malgrado risalga all'anno 1922, mantiene intatta tutta la sua penetrante attualità. Non a caso l'Autore è a sua volta un nettuniano.[40] Scrive Schmitz:

«Nettuno ci conduce fuori dalle cose di questo mondo, e questa strada può essere percorsa, senza essere punito, solo da chi è in grado di mettere ordine e di controllare le cose terrene. Diversamente, è diserzione. Accanto all'autentico mistico, Nettuno è preposto a tutte le meschine modalità di fuga dalla realtà, soprattutto all'ebbrezza di ogni genere, tramite l'alcol, i narcotici, le visioni, le illusioni. Privilegia l'imbroglio e la frode. Gli imbroglioni nettuniani sono – al contrario del mercuriano astrologico, che fa i conti con la realtà – sempre visionari e suscitano anche negli accorti borghesi facili dubbi riguardo la loro capacità d'intendere e di volere, mentre riescono spesso a incantare e a irretire del tutto le persone dallo scarso senso critico. Hanno sempre paroloni in bocca, si dichiarano idealisti, discepoli del bello, persone elevate di nobile natura e simili. Sebbene in sé non siano violenti, credono nella rivoluzione, poiché sono incorreggibili utopisti che non vedono mai ciò che è, ma ciò che secondo loro dovrebbe essere. Perciò trascurano completamente l'evidenza, soprattutto la loro vita privata, che per lo più scorre in un incomprensibile disordine e insicurezza. Ma, nell'intimo, sono buoni e gentili. Li si trova molto frequentemente tra i riformatori e gli amanti dell'arte, come pure tra i meno innocui rivoluzionari in campo sociale. Le loro scorrettezze, addirittura i loro imbrogli nelle questioni riguardanti il denaro e la proprietà si spiegano con il fatto che in realtà manca loro il senso del mio e del tuo, facendolo passare per un generale senso di fratellanza. Ma i migliori tra loro non sono

---

[40] Oscar A. H. Schmitz, nato a Bad Homburg il 16 aprile 1873 alle ore 12:00. Perfetta congiunzione Sole-Nettuno altissima al Medio Cielo, Luna in sesquiquadratura a Nettuno.

in alcun modo avidi o maliziosi. Sono tanto disinvolti nel disporre dei beni degli altri, quanto dei propri. Spesso nei loro errori si riconosce lo sviamento dei loro pregi. Il loro distacco interiore rispetto al possesso è certamente uno stadio superiore di sviluppo, ma praticarlo all'esterno come se non esistesse la proprietà è un profondo malinteso del senso del mondo. Non c'è nulla che ostacola maggiormente lo sviluppo interiore come quello di distruggere continuamente per mezzo di pretese assolute le regole del gioco in vigore, libere pur se relative, di un mondo in cui abbiamo un ruolo da adempiere. Non si deve essere più papisti del papa o più spirituali di Dio. Dovunque esista la proprietà privata, il furto è un'offesa, o quanto meno un errore. Dove non esiste, accumulare nascostamente sarebbe un'appropriazione indebita, come fecero Anania e Saffira (negli Atti degli Apostoli) nell'ambito di una cerchia di persone in buona fede, che liberamente mettevano in comune ciò che avevano. Quanto sia attaccata alla proprietà l'anima di una singola persona è precisamente un'altra questione assai essenziale, come la cosiddetta equa suddivisione della proprietà in senso sociale. Una persona fortemente segnata da Nettuno, a cui Giove non comunichi ciò che è giusto e ciò che è ingiusto, o che un serio Saturno mantenga con i piedi per terra, può arrivare alla chiaroveggenza e altri giochetti, ma mai a un autentico ed elevato grado di sviluppo, che gli sfugge. Tutt'al più lancia uno sguardo nell'al di là attraverso il buco della serratura, ma è un guadagno solo se non avviene a spese della sua umanità. Ciò non deve essere fatto con un salto, ma deve essere "vissuto" liberamente e in altro senso, quale viene abitualmente attribuito a quella parola. Se ci si inoltra prematuramente nel regno del mistero, il prezzo da pagare sarà sempre l'isteria e la nevrosi, mentre la vera, graduale acquisizione della conoscenza lo rendono sano, mostrando alla persona il luogo interiore in cui essa può essere completamente se stessa, indipendentemente dalle circostanze esterne. Ma nella misura in cui si è capaci di inserirsi nell'armonia del cosmo – poiché Nettuno conferisce a ciascuno un suo posto appropriato – le conseguenze sono risanamento e fortuna. Tuttavia i nettuniani imputano a una iper sensibilità malsana la loro capacità di "vedere oltre", come ben volentieri la chiamano. Nell'ambito del quotidiano essi sono facilmente respinti e respingono, timorosi, elusivi, camaleontici. Nessun altro più di loro è soggetto all'autoinganno sia per quanto concerne le proprie caratteristiche che quelle altrui. Senza rendersene ben conto, sono soggetti a tutti i tipi di slogan devianti, di visioni di strane avventure, imboscate, segreti, complotti, logge massoniche, sregolatezze, scandali e crimini. Tutte queste cose appaiono loro sotto una luce "astrale". Queste visioni non sono semplicemente da considerare immaginazioni, come fa l'odierna psichiatria. Infatti vedono cose di cui parlano anche autentici mistici o alcuni artisti. Il guaio è che sono incapaci di distinguere i livelli della percezione interiore, e nemmeno le esperienze di piani diversi, come invece è capace l'artista che diventa padrone delle sue visioni, dando loro forma, oppure come il mistico che, dopo aver abbandonato la visione e rinforzato da una più profonda conoscenza, ritorna nella sua vita umana e continua a viverla in tutta umiltà. Ciò che i medici chiamano allucinazione è altrettanto reale di una percezione sensoriale, tuttavia in una cosa i medici avranno sempre ragione: un'allucinazione, di qualsiasi tipo essa sia, non è una percezione sensoriale e chi non è in grado di distinguere queste due situazioni è malato. La vita dei nettuniani sembra di fatto dominata da demoni: forti stati angosciosi in seguito a cause invisibili, molti cambiamenti, perdite e guadagni insperati, intrighi e maldicenze di natura incredibile che talvolta sono suscitate da loro o che talvolta devono invece subire, bigamia e doppia vita. ... A volte il loro destino è quello di una morte misteriosa, di una scomparsa, o essere dichiarati dispersi. Nell'oroscopo di una persona molto evoluta in cui il carattere e l'intelligenza costituiscono una protezione nei confronti dei pericoli di stampo nettuniano, il pianeta diventa la chiave delle conoscenze ultime, sebbene non sia tanto importante se i suoi aspetti siano favorevoli e sfavorevoli. Ogni aspetto dà delle possibilità: quello favorevole non protegge contro i pericoli dell'astro se l'oroscopo non ha da offrire altre protezioni; quello sfavorevole viene percepito molto fortemente, ma altrettanto valorizzato interiormente, semmai esista la possibilità di ricevere una benedizione da Nettuno. Questo strano fatto si spiega considerando che Nettuno può essere soltanto benefico a un livello di sviluppo in cui il tipo degli aspetti (anche con altri pianeti) diventa secondario rispetto alla sostanza della loro essenza vissuta più profondamente. ... Per ogni autentico artista e vero illuminato, Nettuno costituisce la guida che lo conduce fuori dall'umano. Dona la più profonda e più chiaroveggente ispirazione e intuizione; al musicista fa percepire suoni originari (come alcuni motivi che parlano il linguaggio degli dèi in Wagner: Walhalla, Le figlie del Reno, Erda, Loge). Al poeta e al mistico egli mostra gli archetipi delle cose (le idee platoniche). Significa l'apice della fantasia creativa quando viene capito, e una vertigine abissale quando non viene capito.[41]»

Sappiamo che la vita di Henri Rousseau non fu facile. La perdita di sei figli, la ripetuta vedovanza, le perenni ristrettezze economiche, il sarcasmo dei critici, la prigione, furono certamente durissime prove da affrontare. L'oroscopo del Doganiere evidenzia la presenza di Saturno in casa XII. Ho colto nel commento di André Barbault una singolare assonanza: "Affinità fra l'astro e il settore [XII] per quanto riguarda le prove della vita. C'è il rischio, soprattutto in caso di dissonanza, di grandi sacrifici, di penose rinunce, di mali dolorosi: lunghe malattie, persecuzione, carcerazione, esilio, prigionia.[42]" Una foto apparentemente risalente al 1902 lo mostra seduto in una stanza modestamente arredata con la testa sorretta dalla mano destra, appoggiata a un tavolino su cui compare il suo violino. Una posa nettamente melanconica, secondo un'iconografia consolidata nei secoli.

---

[41] Oscar A. H. Schmitz, *Der Geist der Astrologie*, Georg Müller, München, 1922, p. 277 e segg.

[42] André Barbault, *Traité pratique d'astrologie*, Seuil, Paris, 1961, p. 182. (trad. it.: *Trattato pratico di astrologia*)

Colpisce la somiglianza della postura con quella rappresentata in altre tele, come quella di Van Goch ed Edvard Munch, solo per citarne alcune. Secondo lo scrittore Pietro Citati "la melanconia si distingue per tre gesti: il mento sulla mano, il gomito sul ginocchio, l' occhio che non vede, perché guarda dentro sé stesso, nei paesaggi dell' anima.[43]"

[43] Pietro Citati, *La mostra sulla melanconia. Il vero carcere dell'anima*, La Repubblica, 15/10/2005.

Utilizzando la chiave di lettura astrologica è inoltre possibile comprendere meglio l'amicizia che legava il Doganiere al più giovane poeta e scrittore Guillaume Apollinaire, il quale scrisse l'epitaffio che tuttora orna la tomba di Rousseau: "Gentile Rousseau ascoltaci / Noi ti salutiamo / Delaunay sua moglie e il signor Quéval e io / Lascia passare i nostri bagagli in franchigia alla porta del cielo / Ti porteremo pennelli colori e tele / Perché i tuoi ozi sacri nella luce vera / li dedichi a dipingere come hai tracciato il mio ritratto / davanti alle stelle." Il cielo natale di Apollinaire evidenziava un forte Nettuno dominante al Medio Cielo.

E forse fu proprio per sotterranea affinità con Rousseau che il pittore Paul Signac, tra i padri fondatori del puntinismo, nel 1886 gli aprì le porte del Salon des Indépendents, e fu tra le pochissime persone (sette in tutto) che parteciparono al suo funerale. Alla nascita di Paul Signac Nettuno sorgeva a Oriente, affratellandolo sia al Doganiere che ad Apollinaire.

Nell'agosto 1910 Henri Rousseau viene ricoverato all'ospedale Necker di Parigi, dove muore il 2 settembre 1910. I testimoni riportano che aveva "accessi di delirio in cui parla di Dio e degli angeli.[44]»

---

[44] Henri Rousseau, *Lettere e scritti*, cit., p. 135.

ELISABETTA I D'INGHILTERRA, LA REGINA VERGINE

Con le note che seguono, mi sono proposto di studiare i tratti caratteriali della sovrana, come emergono dalla lettura di un libro di Stefan Zweig[45], per poi verificarne la corrispondenza con le osservazioni tratte da alcuni testi astrologici.

Il lettore benevolo mi perdonerà l'eccesso di acribia, tuttavia utile a evidenziare le costanti caratteriali della regina.

«Elisabetta, una natura del tutto realistica, conoscitrice geniale della realtà... Con i suoi occhi limpidi e acuti di uccello – come si vede nei suoi ritratti – guarda il mondo con diffidenza... Considererà sempre il potere come qualcosa di instabile e ogni sicurezza in pericolo; la corona e lo scettro li tiene con prudenza e paura ...

---

[45] *Maria Stuarda. La rivale di Elisabetta I d'Inghilterra*, Tascabili Bompiani, Milano, 2013. Questo Autore è particolarmente attento all'aspetto psicologico dei personaggi storici di cui si è occupato.

trascorre l'intera vita nella preoccupazione e nell'indecisione. Tutti i ritratti completano e confermano le descrizioni tramandate del personaggio: in nessuno il suo sguardo è libero, fiero e diretto, da vera sovrana, il suo viso nervoso ha sempre un'espressione tesa di timore e inquietudine ... mai sulla sua bocca risplende allegro il sorriso della soddisfazione. Timida e insieme vanitosa, il suo volto pallido emerge dal lusso sfarzoso dei vestiti ridondanti di gioielli, non senza una sensazione di gelo per questo lusso eccessivo. E avvertiamo che, appena sola, appena il vestito di rappresentanza è scivolato giù dalle spalle angolose, appena il trucco è stato lavato via dalle sue guance magre, anche la regalità l'abbandona e rimane soltanto una povera donna nevrotica, precocemente invecchiata, una donna sola che sa a malapena gestire se stessa, figuriamoci poi il mondo. Un tale atteggiamento incerto, questo suo continuo titubare, esitare non-potersi-decidere... La sua forza non si manifestava in piani e decisioni audaci, ma in un lavoro tenace e attento di accrescimento e accaparramento, di risparmio e accumulo, in virtù sostanzialmente economico-borghesi: i suoi difetti, appunto la sua paura, la sua prudenza, sono diventati produttivi da un punto di vista politico. Perché, se Maria Stuarda vive solo per se stessa, Elisabetta vive per il proprio paese, e da buona realista esercita il proprio potere come un dovere e una professione.» (Zweig, 2013, p. 83, 84)

«Non per sua scelta, come diede a intendere, rimase tutta la vita la *virgin Queen* ... è fuor di dubbio che una qualche malformazione fisica o psichica deve avere intaccato le sfere più profonde della sua femminilità. ... Da questa insicurezza interiore deriva infatti il comportamento mutevole, ondeggiante, volubile e cangiante dei suoi nervi, che immerge sempre la sua figura in una luce convulsa di isteria. Ne deriva lo squilibrio e l'imprevedibilità delle sue decisioni ... tutti quei momenti di ipocrisia, sottigliezza astuzia e anche di civetteria che compromisero gravemente la sua dignità politica. ... instabile di nervi, pericolosa per la sua intrigante astuzia. ... La sua natura ansiosa non era fatta per la violenza, preferiva rifugiarsi nell'arte meschina ma emozionante della diplomazia, del gioco irresponsabile dietro le quinte.» (Zweig, 2013, p. 86)

«Consapevole della sua insicurezza, aveva saputo rafforzare per tempo la sua posizione, circondandosi di persone lucide e calme; aveva intorno un intero stato maggiore che le insegnava la tattica e la prassi, e la proteggeva nelle grosse decisioni dall'incostanza e mutevolezza del suo temperamento. ... amministratrice della volontà del popolo inglese, l'interprete di una missione nazionale. ... Infinite volte sacrifica i propri desideri al bene collettivo e nazionale... ha veramente vissuto solo per questa futura grande Inghilterra. ... Elisabetta, l'economa, la lungimirante, ha dedicato tutte le sue forze al futuro della nazione.» (Zweig, 2013, p. 88, 89)

«Ma l'ambiguità è e resta per tutta la vita l'atteggiamento tipico di Elisabetta.» (Zweig, 2013, p. 107)

«Elisabetta di solito è una sovrana diplomatica, una maestra dell'autocontrollo, esperta nell'arte di nascondere i propri veri sentimenti.» (Zweig, 2013, p. 144, 145)

«... la sua ben nota tirchieria...» (Zweig, 2013, p. 158)

«Nessun pretesto e nessuna scusa valgono a perdonare l'immensa perfidia con cui Elisabetta non permise più a Maria Stuarda di lasciare l'Inghilterra, ma ve la trattenne con astuzie e menzogne, con perfide promesse e segrete violenze, e con questa astuta cattura, spinse più avanti di quanto volesse, sul cupo sentiero della disperazione e della colpa, una donna già umiliata e piegata.» (Zweig, 2013, p. 269, 270)

«La storia non potrà mai assolverla dalla colpa di avere assistito o persino contribuito alla perfida macchinazione per trascinare alla rovina la prigioniera a lei affidata. E tuttavia – dobbiamo sempre ripeterlo – Elisabetta non sarebbe Elisabetta se non agisse con ambivalenza. Pur capace di ogni menzogna, di ogni finzione, di ogni inganno, questa donna assolutamente singolare non è affatto priva di coscienza né mai coerentemente immorale o ingenerosa.» (Zweig, 2013, p. 327)

Leggendo lo scrittore austriaco, emergono alcune caratteristiche basilari che, tradotte in parole chiave, si possono così sintetizzare: instabilità, timidezza, insicurezza, mutevolezza, avarizia, indecisione, realismo, spirito di servizio, tenacia, senso del tempo, ipocrisia, ambiguità, autocontrollo.

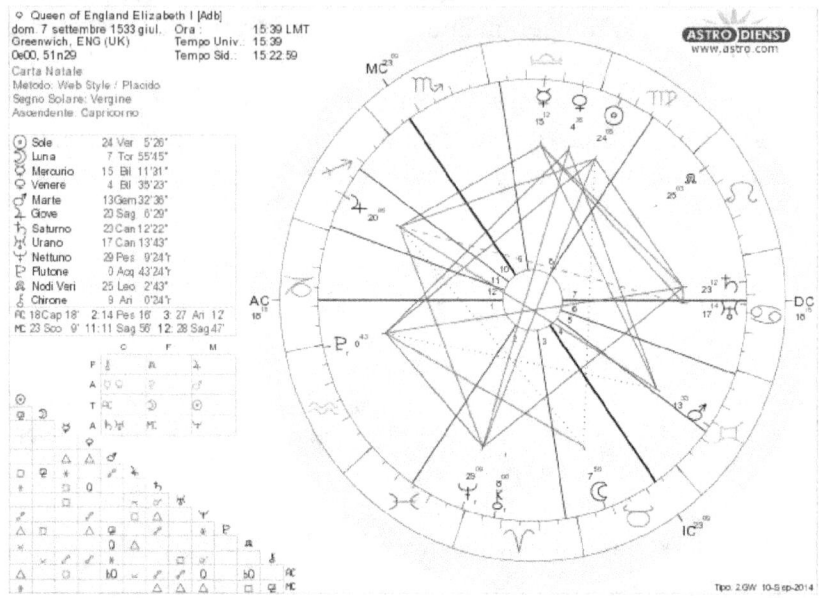

Il grafico rappresenta la genitura della regina, nata a Londra il 7 settembre 1533 alle 15:39 (secondo Giuntini). Prima di esprimermi in merito, desidero rifarmi a precedenti studi di un valente Autore come André Barbault. Col trascorrere del tempo, ho notato un progressivo cambiamento di prospettiva nei commenti di quest'ultimo.

In un primo momento, la dominante viene individuata nella qualità elementare del *secco*. Il temperamento è nervoso. La scelta viene motivata come segue:

«Ad eccezione della Luna in Toro, tutto il cielo di Elisabetta fa predominare il *secco*. È la caratteristica di base della Vergine, come pure un dato fondamentale del Capricorno e di Saturno; inoltre è anche la tendenza degli astri ammassati nella suddivisione zodiacale estiva[46] come pure nella parte dell'oroscopo compresa tra la culminazione e il tramonto, soprattutto al tramonto, dove si trova Saturno. E tutto il suo essere esprime la supremazia di questa qualità elementare. Per convincersene sul piano morfologico, è sufficiente

---

[46] In realtà Cancro, Leone e Vergine ospitano solo 3 pianeti.

140

esaminarne il ritratto ... Magra e longilinea ... viso secco e retratto, profilo scolpito, naso sottile e labbra pressoché assenti... Senza alcun dubbio, Elisabetta è la donna più *secca* della galleria delle celebrità. D'altronde, se si aggiunge a quel *secco* il *freddo* di Saturno e del Capricorno, abbiamo la tonalità del suo temperamento nervoso. ... Elisabetta è essenzialmente una cerebrale.[47]»

La troviamo successivamente classificata (insieme ad altri personaggi storici) con dominante Saturno nel libricino dedicato alla Vergine[48]:
«(Vergine, a dominante *Saturno*): un cerebrale inibito, secco e stretto[49]: ritrazione, ritenzione, riflessione, controllo, misura, senso del tempo; atteggiamento mentale rivolto verso la gravezza, il difficile, il laborioso, l'utile, il sicuro.»

Barbault dedica in altro suo testo alcune pennellate alla sovrana come segue:

«Un Saturno indurito da Urano che forma un triangolo insieme al Sole in Vergine. ... Queste dominanti ne fanno una natura essenzialmente secca e fredda: è una cerebrale dalla testa pensante, calcolatrice, prudente, col senso del tempo, parsimoniosa, astuta, scaltra, scettica, che merita di simbolizzare la civiltà dell'epoca elisabettiana.[50]»

Concludo questa essenziale rassegna barbaultiana segnalando che in questo Autore si affaccia anche un nuovo elemento di valutazione, l' "analità" studiata da Freud:

«Messa sulla difensiva da un'infanzia segnata da prove che la rende diffidente e insincera, Elisabetta ha il carattere «anale» di una cavillosa calcolatrice, di una reticente dubbiosa, tutta bloccata,

---

[47] André Barbault, *Les femmes illustres chez l'astrologue*, Éditions du Sud, Paris, 1965, p. 145, 146. Le sottolineature sono dell'A.
[48] André Barbault, *Vierge*, Éditions du Seuil, Paris, 1989, p. 52
[49] La "strettezza" è una proprietà della caratterologia, tale per cui il campo della coscienza di un soggetto si focalizza su un singolo oggetto per volta, piuttosto che disperdersi.
[50] *Astres Royaux*, Éditions du Rocher, Monaco, 1995, p. 249

sospettosa, prudente, timorosa, temporeggiatrice e parsimoniosa; tiene i libri contabili con una cura esigente, fa economie e impone meschine restrizioni.[51]»

Se allontaniamo per un momento lo sguardo da quel Saturno ingombrante, che attira imperiosamente l'attenzione, rileviamo anche i seguenti fattori, a mio avviso non ancora sufficientemente valorizzati per una più ampia comprensione della genitura della regina:

-   la casa VIII ospita ben tre pianeti, e potenzia così Plutone;
-   Plutone sta in casa I;
-   Plutone riceve aspetti da Sole, Luna, Mercurio e Venere.

«In termini psicoanalitici, diremmo che Plutone è un frustrato e che, come tutti i frustrati, cerca compensazione negli escrementi, nelle astrazioni, nelle compilazioni e nelle speculazioni intellettuali, facendone le spese di tutto ciò che è affettivo e vivente.[52]»

René Laforgue associa quindi Plutone all'analità, e anche Barbault da parte sua la proclama una caratteristica del segno zodiacale della Vergine. Scrive infatti Barbault:

«Il tratto fondamentale di questo carattere è la tendenza a *trattenere* e, di conseguenza, a *controllare*, indi a *dominarsi*. Associato all'istinto di ritenzione, si traduce in differenti atteggiamenti. Sul piano finanziario, si preoccupa di risparmiare, talvolta fino a essere avaro. Il soggetto ama accumulare ed è parsimonioso, conservatore e previdente. ... Sotto il profilo dell'agire, è un temporeggiatore, si riserva di decidere, rimanda a domani le cose da fare. ... Nella sfera intellettuale, è analitico, scettico, dubita, cerca di comprendere, di vederci chiaro; grande lucidità, cerca la sua strada nell'organizzazione, nel metodo, nella disciplina, nella sistematizzazione. Questa tipologia di Vergine è tanto più accentuata

---

[51] André et Anne Barbault, *Astralités des femmes illustres*, Éditions du Rocher, Monaco, 1998, p. 69

[52] René Laforgue, *Au-delà du scientisme*, citato da André Barbault, *Uranus Neptune Pluton*, Éditions Traditionnelles, Paris, 2002, p. 145.

nei pregi e nei difetti quanto più è forte alla nascita Saturno, l'astro dell'inibizione.[53]»

A mio avviso possiamo quindi concludere che la regina fu fortemente segnata non solo da Saturno, ma anche dal suo segno zodiacale che espresse principalmente, sotto il profilo psicoanalitico, nei tratti caratteriali corrispondenti al complesso anale ritenuto. Un insieme di valori che coerentemente tendevano tutti nella medesima direzione.

La grandezza di Elisabetta fu però quella di trasformare i suoi difetti in pregi, mettendoli al servizio dell'Inghilterra. L'indecisione e il senso del tempo si rivelarono una preziosa virtù, l'avarizia un beneficio per le casse dello Stato, e l'instabilità caratteriale la indusse ad attorniarsi di esperti e fidati consiglieri, i migliori che si potesse avere al fianco. Usò l'ipocrisia per minare alle fondamenta il regno di Scozia, governata da una sovrana troppo cattolica e troppo legata alla Francia, e la perfidia per sbarazzarsi, con molta calma, della sua eterna e pericolosa rivale, Maria Stuarda. Rese grande l'Inghilterra, e la orientò verso gli oceani, rendendola padrona dei mari e delle immense terre d'oltre Atlantico. Incarnò la volontà e le energie di un intero popolo, che la rispettò e la venerò. La sua vita privata non fu felice, ma il suo matrimonio con il regno lo fu. Ebbe un solo padrone, il popolo inglese, che servì con fedeltà e dedizione. "Una povera donna nevrotica" secondo Stefan Zweig, il cui nome resta tuttavia scolpito nei muri della storia come grande regina.

---

[53] *Vierge*, cit., p. 41, 43.

144

GIGANTI

Nel mese di luglio 2007, il prestigioso "Quotidiano Politico Economico Finanziario • Fondato nel 1865", *Il Sole 24 Ore*, pubblicò una serie di servizi settimanali dedicati ai Grandi del credito. Alcuni di questi nomi sono entrati a buon diritto nella storia della finanza mondiale: André Meyer ("il genio francese a Wall Street"), Amadeo P. Giannini, Felix Somary ("le profezie del «corvo» di Zurigo"), Siegmund George Warburg ("la mente creativa nel salotto buono della City"), Friedrich Wilhelm Raiffeisen ("un borgomastro icona dei microbanchieri"), John Pierpont Morgan ("il capitale al servizio dell'America").

Alla serie dei banchieri, fece seguito quella dedicata ai pionieri delle materie prime. Tra gli altri: Cecil Rhodes ("quando l'oro conquistò la City"), John D. Rockefeller ("con il greggio inventò i trust"), Hugo Stinnes ("il giovane Kaiser del carbone").

In un modo o nell'altro, furono personaggi titanici, smisurati: autentici giganti. Seppero osare, rischiare, lottare; non ebbero paura, inseguirono un sogno a cui si erano interamente consacrati. In alcuni casi, la loro azione incise profondamente sull'economia e la finanza dell'intero pianeta.

Della maggior parte di essi, mancano i dati che consentono la stesura di un tema di natività completo. A malincuore, ho dovuto limitare la mia indagine, peraltro sommaria e senza nessuna pretesa di completezza, unicamente a tre di essi: Morgan, Rockefeller, Rhodes. Soprattutto mi duole l'assenza di qualsiasi elemento (neppure la data di nascita!) relativo a Felix Somary, soprannominato "Il corvo di Zurigo", che pare fosse dotato di una preveggenza leggendaria. Cito dall'articolo di Sandro Gerbi a pag. 9 de *Il Sole 24 Ore* del 5/8/2007: «... diede continue dimostrazioni della propria preveggenza. Fu certo delle conseguenze catastrofiche – specie per la classe operaia – della grande inflazione e dell'eccesso di riparazioni imposte agli sconfitti (all'origine dell'avvento di Hitler). Percepì esattamente il crollo di Wall Street (onde il soprannome di "corvo di Zurigo"). Altrettanto esattamente percepì la ripresa dei corsi nel '32. Propiziò un'importante missione a Washington nel '39, per conto del

Governo elvetico, riuscendo a garantire al piccolo Paese un flusso di forniture di materie prime e provviste essenziali per la sua sopravvivenza nel conflitto mondiale. Ebbe la netta sensazione, già nel '40, di una prossima rottura del patto nazi-sovietico oltre che, nel '44, del probabile avvento della "guerra fredda"». Era evidentemente un autentico veggente.

John Pierpont Morgan

Credo sia stato il più grande fra i Grandi, e la sua genitura lo comprova senz'ombra di dubbio. Quando muore, a Roma il 31 marzo 1913, pochi giorni prima del suo 76.mo compleanno, gli elogi *in memoriam* si sprecano. Traggo dall'articolo di Marco Valsania a pag. 11 de *Il Sole 24 Ore* del 25/8/2007: «il *New York World* di Joseph Pulitzer vide Morgan come "un colosso a cavallo del mondo". Il *New York Tribune* lo disegnò in prima pagina come un Titano. E il *New York Times* scrisse forse l'epitaffio più efficace: "Fu lui ad aprire le porte alla partecipazione americana alla finanza mondiale". Altri ancora gli attribuirono il merito di aver guidato con mano ferrea lo sviluppo dell'industria americana. Gli onori attribuitigli lo confermarono come il più grande banchiere dell'Olimpo finanziario americano: un Bismarck o un Napoleone della finanza.»

Era nato a Hartford, Connecticut, il 17 aprile 1837 alle ore 3:00 (diario del nonno). Figlio d'arte, non un *self made man*, perché il padre era finanziere di successo e disponeva di una considerevole fortuna. Riceve un'istruzione cosmopolita: oltre a studiare in America, soggiorna in Svizzera e in Germania. Entra presto in affari: la sua carriera inizia a 20 anni, a Londra, nella banca del padre. Da quel momento in avanti, è una continua ascesa. Dapprima la finanza, poi le ferrovie, compagnie di navigazione, acciaierie, miniere, assicurazioni, senza dimenticare l'interesse per le nuove tecnologie: fu lui a finanziare Edison e a fare entrare, primo in assoluto, l'elettricità nella propria abitazione di New York. *Il Sole 24 Ore* così prosegue : «I più grandi exploit di Morgan, tuttavia, furono i salvataggi del Paese dal susseguirsi di crisi. Gli albori di questa vocazione si notarono già dopo la Guerra Civile americana, terminata nel 1865, quando svolse un ruolo chiave nel rifinanziamento del debito del Paese vendendo obbligazioni del Tesoro soprattutto in Europa. Tra il 1893 e il 1895 esplose una crisi che portò a una pericolosa erosione delle riserve aurifere americane: Morgan, su richiesta del presidente Grover Cleveland, riuscì a rifornire il governo di 65 milioni di dollari in oro, per la metà giunto dall'Europa. La successiva crisi che mise alla prova Morgan fu il Panico del 1907.» Il gigantismo economico del personaggio non deve tuttavia oscurare il suo filantropismo e il suo amore per l'arte; inoltre, a fine Ottocento, egli era diventato uno dei più importanti collezionisti di gemme in America.

Consapevole della scarsa affidabilità delle cosiddette "enciclopedie libere" consultabili su Internet, ho rinunciato ad avvalermi di alcune citazioni tratte da *Wikipedia* (versione inglese) che forse avrebbero potuto servire ad inquadrare meglio il carattere del Nostro.

Ci soccorrerà l'esame della genitura. Balza subito agli occhi lo stellium in Ariete: quattro pianeti stretti l'uno con l'altro nello spazio della seconda metà del segno, tutti in II casa. Potremmo trovare una migliore indicazione per il peso del denaro? Occorre però tener presente che Morgan non era un sordido ammassatore di ricchezze come, ad esempio, il suo contemporaneo John D. Rockefeller. Pare infatti che all'atto della morte, Morgan abbia lasciato di soli 68 milioni di dollari dell'epoca, «tanto che, tra lo scherzoso e lo stizzito, John Rockefeller, seduto invece su una fortuna da un miliardo di dollari, disse: "E pensare che non era neppure ricco"» (*Il Sole 24 Ore* del 25/8/2007, cit.). Osserviamo inoltre la congiunzione Marte-Giove in Leone, che lancia un trigono al Plutone arietino: fuoco che incendia altro fuoco! Detta congiunzione si trova in casa VI, e forma anche un'opposizione con Nettuno in casa XII; ciò potrebbe render conto di alcuni problemi di salute che l'afflissero, come febbri reumatiche, epilessia infantile e la rosacea che costituì un perenne tormento e che gli deformò il naso. Prova ne sia che, nella primavera del 1852, J. P. Morgan fu colpito da febbri reumatiche talmente dolorose da impedirgli di camminare, e che lo costrinsero a una lunga convalescenza di un anno. All'epoca, Plutone in Ariete stava transitando in congiunzione su Mercurio radix, Nettuno in Pesci si congiungeva a Urano radix, mentre Marte in Cancro usciva da un lungo anello di sosta, in quadratura con lo stellium radix. Osserviamo infine che il tema di natività evidenzia Urano, astro di fuoco, in casa I poco distante dall'Ascendente. Una potente genitura a dominante fuoco, smisurata, che il soggetto in questione seppe utilizzare pienamente, complice l'ambiente di nascita, traendone il massimo. Un temperamento bilioso pressoché puro[54].

---

[54] Cfr. il mio *I quattro elementi, qualità, temperamenti*, in *Il punto dell'astrologia*, Alpes Italia, Roma, 2014.

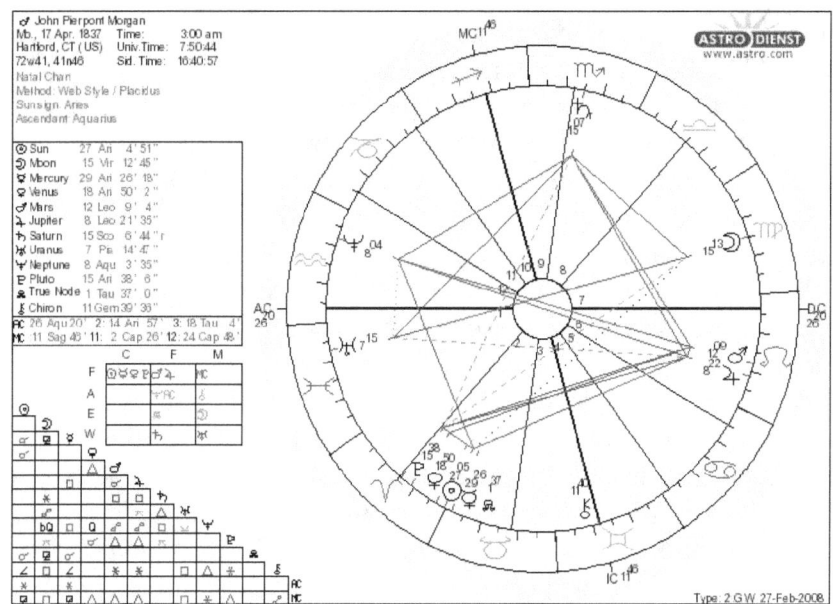

John D. Rockefeller

«Prima dei nuovi signori del petrolio in Russia o in Cina. Prima delle leggendarie sette sorelle o delle loro eredi, quali il colosso Exxon Mobil. Prima, a cavallo tra l'Ottocento e il Novecento, c'era lui: John D. Rockefeller. L'uomo che sull'oro nero, sulla scoperta della sua importanza industriale e strategica aveva costruito uno degli imperi aziendali più grandi mai esistiti. Che aveva concentrato nelle sue mani un potere e una ricchezza con pochi eguali. Anzi, che quando si tratta di ricchezza vanta record ineguagliati: passato alla storia come il primo miliardario, come l'archetipo del *tycoon*, del magnate, Rockefeller valeva immensamente di più, fatte le debite proporzioni con le dimensioni dell'economia, degli odierni super-ricchi, da Bill Gates a Carlos Slim.» (Marco Valsania, *Il Sole 24 Ore* del 5/1/2008). Rockefeller, «figlio di un venditore ambulante, poligamo, mezzo imprenditore e mezzo ciarlatano, *la cui memoria lo tormentò a lungo*» si fece da sé, diventò il signore del petrolio e l'uomo più ricco del mondo. Fu anche, come molti dei suoi colleghi *robber barons*, un grande filantropo e visse fino all'età di 97 anni: una leggenda, un'incarnazione del sogno americano. Ron Chernow - autore della «più completa biografia su Rockefeller» dal significativo titolo *Titan: The Life of John D. Rockefeller, Sr* - scrive: "Ciò che lo rende problematico – e il motivo per cui continua a ispirare reazioni ambivalenti – è che il suo lato positivo era completamente buono; come era totalmente cattivo il suo lato negativo. La storia ha raramente prodotto un personaggio così contraddittorio" (citato in Wikipedia, dunque da verificare).

Nacque a Richford, New York, l'8 luglio 1839 alle 23:55, secondogenito di William Avery Rockefeller, che campò fino a 95 anni. Una razza longeva.

In una conferenza tenuta l'8 marzo 1933, C. G. Jung affronta, tra l'altro, il complesso del denaro e afferma: «La gente che ha troppo pochi soldi può spiegare il proprio complesso del denaro con la mancanza di soldi di cui soffre ma, nel caso di un Rockefeller o di un altro tipo del genere, il complesso non può essere spiegato dal fatto che non ha denaro a sufficienza: ce ne ha più che a sufficienza; in tal caso è il fascino dell'oro, è qualcosa di simbolico, è un fattore religioso. Badate, Rockefeller è, a livello personale, un uomo estremamente religioso, *il suo dio è l'oro*, che brilla, è lucente e molto pesante, e lui serve quel dio per tre ore ogni mattina. La domenica, poi, passeggia con un libro di preghiere e serve un essere estremamente nebuloso che viene adorato dalla comunità battista, per rassicurare il mondo che si prende cura anche di quell'aspetto. Nel caso! Non si sa mai. *Ma il dio vero è l'oro giallo.*»[55]

Esaminiamo ora le astralità di questo titano. Il pezzo forte della genitura è indiscutibilmente l'angolarità ravvicinata di Plutone all'Ascendente, rinforzato dalla quadratura col Sole anch'esso angolare. Si potrebbe anche dire che la dominante è rappresentata dall'aspetto di quadratura, angolare, tra Sole e Plutone: l'uomo è comunque un plutoniano. Non è da trascurare la componente uraniana, data dal perfetto trigono tra Sole e Urano. A quest'ultimo proposito, occorre sottolineare che la genitura di un qualsiasi personaggio d'eccezione è sovente dotata di un Urano dominante o comunque ben rappresentato.

Lo psicoanalista francese René Laforgue, nel suo *Au-delà du scientisme* dedica una pagina illuminante al dio degli inferi, il cui mito corrisponde assai bene alle valenze astrologiche dell'astro. « È uno dei tre Cronidi, figlio di Crono e fratello di Zeus e Poseidone i quali, nascosti dalla madre, sfuggono al destino di essere divorati dal padre geloso. Ma Plutone non ebbe madre che lo salvasse e suo padre lo divorò. È solo in quanto sovrano di tutto ciò che è inghiottito, digerito e espulso – come *re degli escrementi* se così si può dire – che gli fu permesso di sopravvivere. A. Dührssen aggiunge: "Chiunque sia stato mangiato, in qualche modo *inghiottito* dal padre, senza protezione dal lato materno, rischia d'essere e restare per tutta la vita un individuo vorace, predatore, che non potrà fare altro che accumulare o distruggere, incapace di creare, di dare o di vivere". In termini psicoanalitici, diremmo che Plutone è un frustrato e che, come tutti i frustrati, cerca la sua compensazione negli escrementi, le astrazioni, le compilazioni e le speculazioni intellettuali, a spese di tutto ciò che è affettivo, di tutto ciò che è vivente. Plutone incarna lo spirito del deserto. Non teme la prova della fame divorante minacciata da Demetra, perché è al servizio della distruzione e dell'annientamento della vita. Il suo amore si dirige verso la putrefazione, verso **l'oro** o i tesori che ammassa con

---

[55] C. G. Jung, *Visioni*, Edizioni Magi, Roma, 2004, pag. 1015, 1016

sentimento di onnipotenza, come il tipico plutocrate o lo scientista che accumula il suo sapere come l'oro.»[56]

Il formidabile intuito di Jung aveva dunque colto l'essenza del personaggio!

Completo questo abbozzo segnalando che il genuino filantropismo di Rockefeller può forse trovare spiegazione nel trigono pressoché esatto tra Giove e Nettuno, con quest'ultimo pianeta nell'umanitario segno dell'Acquario.

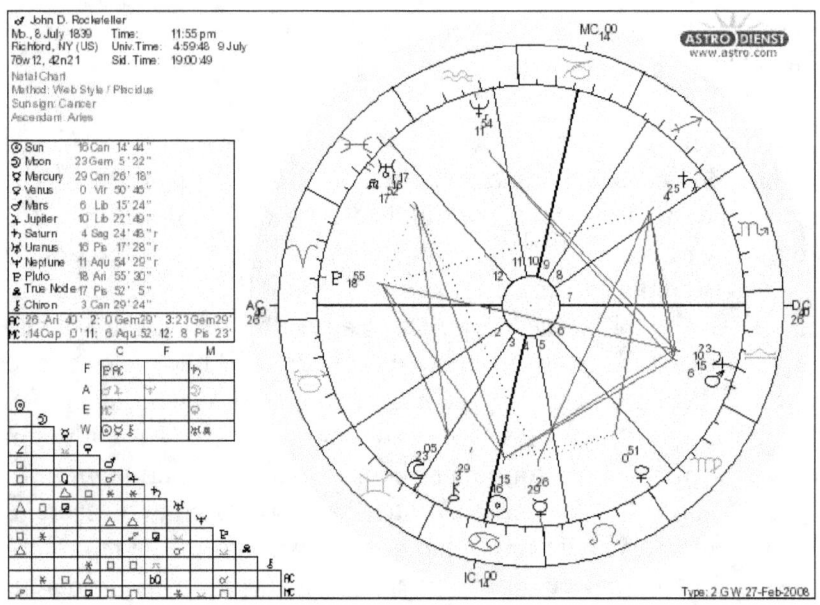

[56] cit. da André Barbault, *Uranus – Neptune Pluton*, Éditions Traditionnelles, Paris, 2002, p. 145

Non ci sono particolari indicatori di ricchezza nella genitura di Rhodes, eppure quando morì, a soli 48 anni d'età, lasciò un'eredità di 4 milioni di sterline del tempo. A 33 anni era già miliardario grazie ai diamanti (*Il Sole 24 Ore*), e al suo enorme patrimonio stava per aggiungere l'oro delle miniere del Transvaal sudafricano. Nel 1888 fonda la De Beers, a tutt'oggi il maggior produttore di diamanti del mondo. Qual era il sogno di quest'uomo, che diede il suo nome alla Rhodesia (oggi Zambia e Zimbabwe)?

Scrive Nicol Degli Innocenti ne *Il Sole 24 Ore* del 28/12/2007: «lui non era interessato alla ricchezza come un fine ma solo come un mezzo. La sua ambizione, così tenace da diventare un'ossessione, era quella di ampliare l'Impero britannico, facendo di tutta l'Africa meridionale una colonia di Sua Maestà. Conquistò il Bechuanaland, l'attuale Botswana, e poi le regioni a nord, chiamate Rhodesia in suo onore. Non bastava mai. Le sue ambizioni colonialiste non avevano confini: "pensa a tutte quelle stelle e a tutti quei mondi che restano fuori dalla nostra portata – disse a un collaboratore guardando il cielo. Se potessi, vorrei annettere tutti i pianeti.»[57]

Rhodes era un uomo dagli smisurati ideali; oggi, in omaggio alla *political correctness*, si direbbe che era un imperialista, un colonialista e un razzista. Il suo sogno politico era semplicemente grandioso: la Gran Bretagna avrebbe dovuto dominare e governare il mondo intero.

Nacque il 5 luglio 1853 a Bishop's Stortford, Hertfordshire, Inghilterra, alle ore 19:00. Il padre era pastore anglicano. Di salute cagionevole, muore in Sudafrica a soli 48 anni il 26 marzo 1902.

Esaminiamo la sua genitura, che evidenzia l'angolarità di Giove sull'Ascendente nel suo domicilio del Sagittario e di Plutone in Toro al Fondo Cielo. Giove e Plutone formano inoltre una sesquiquadratura pressoché esatta. La congiunzione Sole-Luna in Cancro è in trigono a Nettuno sito nel suo domicilio dei Pesci, col Sole che forma con quest'ultimo un perfetto angolo di 120°. La dominante è quindi Giove, assistito da Plutone. Si fa peraltro distintamente sentire la componente nettuniana: Nettuno raccoglie non solo gli aspetti dei luminari, ma anche di Marte, Giove e Urano. In particolare, la quadratura tra Giove e Nettuno amplifica le valenze e i valori Pesci.

---

[57] Wikipedia riporta la citazione come segue: «To think of these stars that you see overhead at night, these vast worlds which we can never reach. I would annex the planets if I could; I often think of that. It makes me sad to see them so clear and yet so far.»

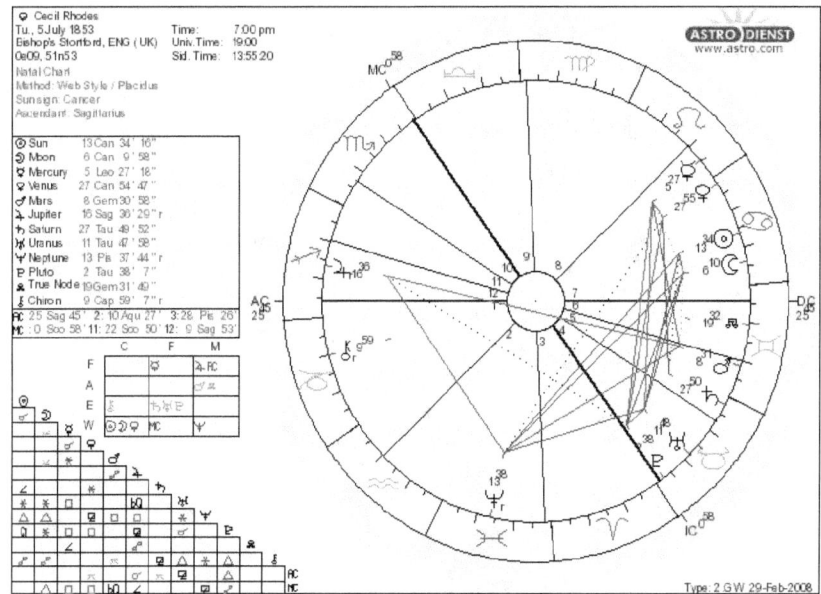

Muore senza eredi, lasciando il suo patrimonio a una fondazione che consente a studenti meritevoli di studiare presso l'università di Oxford.

Dei tre giganti qui presi in esame, Rhodes fu certamente il più idealista, forse il più visionario: visse per l'Impero britannico e per la grandezza della razza anglosassone, che riteneva la migliore. Rockefeller visse per l'oro; Morgan per il prestigio e per il potere, tuttavia godendosi la vita e amando l'arte e le scienze.

Tre vite assai diverse, ma con un fattore comune: tutte pienamente realizzate.

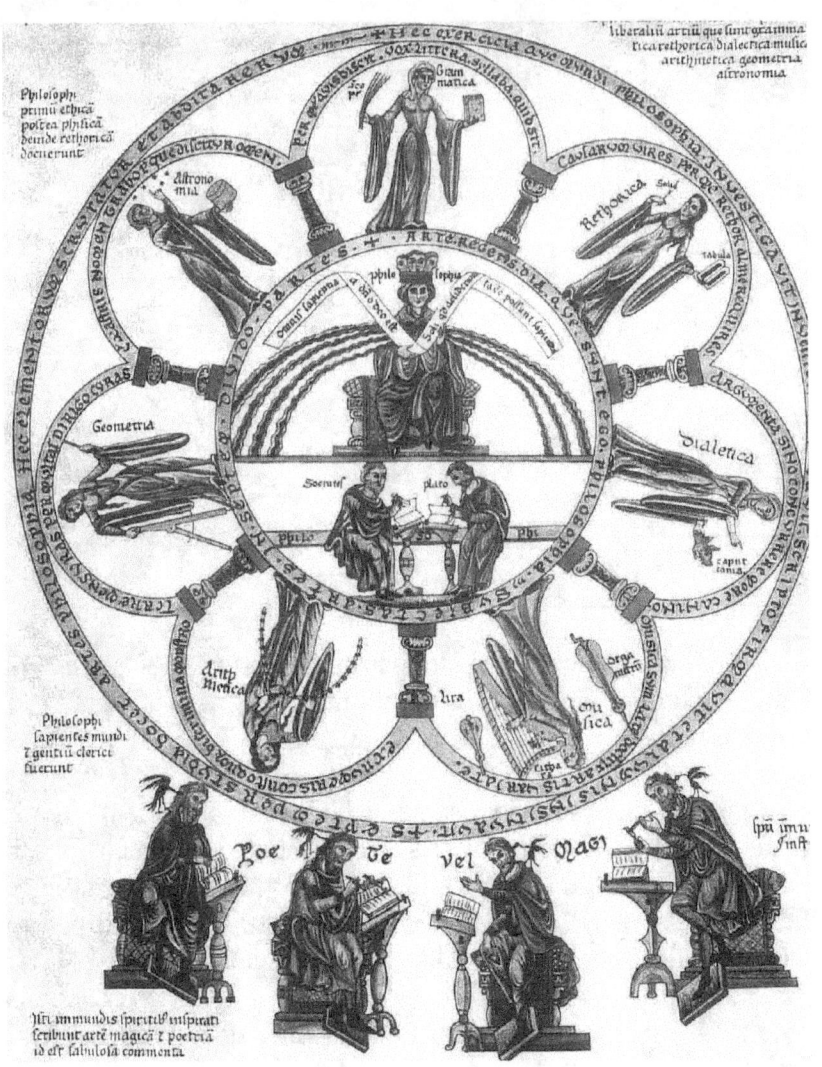

UNA PROFETESSA AMERICANA: MARY BAKER-EDDY E LA CHRISTIAN SCIENCE

> Il momento più misterioso per un individuo
> è quello in cui prende coscienza del proprio
> concetto di personalità., il più misterioso per
> l'umanità è quello in cui nascono le sue religioni.
> (Stefan Zweig)

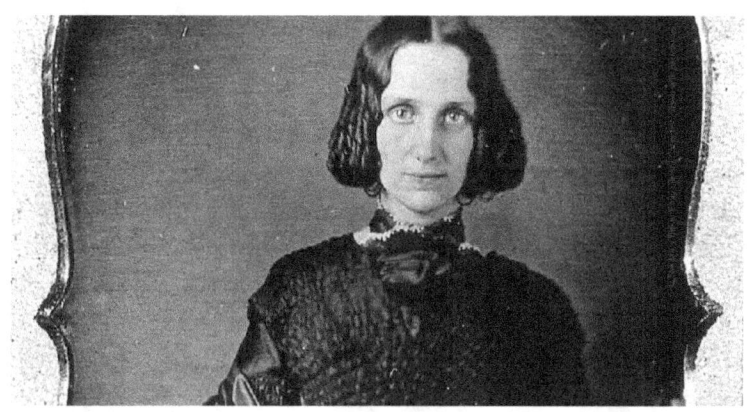

Un'idea grandiosa, che sconvolga il paradigma dominante in un qualsiasi campo dello scibile umano, necessita di un terreno fertile e congeniale affinché possa fare piena presa e imporsi alle coscienze. In mancanza di un idoneo sostrato di fattori sociali, sociali e spirituali, tale idea è destinata a giacere inascoltata nelle profondità dell'inconscio collettivo, e attendere paziente il giusto momento per emergere.

Il greco Aristarco di Samo nel III secolo a.C. sostenne per primo l'idea che la Terra ruotasse attorno al Sole, ma si dovette aspettare parecchi secoli prima che essa potesse affermarsi per merito di Copernico, Keplero e Galileo.

E, per contro, la ribellione e insurrezione teologica di Martin Lutero si propagò con relativa facilità perché già nel Quattrocento si era diffusa la voce che un profeta apportatore di sciagure sarebbe nato sotto la nefasta congiunzione di Giove e Saturno del 1484 nel segno zodiacale dello Scorpione, creando così un'attesa escatologica molto diffusa in tutta Europa.

Affinché una nuova religione nasca e si faccia strada nel cuore degli uomini, sono quindi indispensabili tre fattori : lo spirito del tempo, un ambiente favorevole e un profeta.

Vediamo come questi fattori si siano combinati in modo da consentire l'emersione e poi la diffusione vertiginosa della Christian Science, con particolare riguardo alla straordinaria personalità della sua fondatrice, Mary Baker-Eddy, nata a Bow, nello Stato americano del New Hampshire, il 16 luglio 1821. Sconosciuta l'ora.

«Nel New England proliferavano strani culti religiosi. A East Canterbury, New Hampshire, nel raggio di cinque miglia da Tilton, luogo in cui Mary Baker trascorse la sua adolescenza, si trovava la principale comunità degli Shakers, una setta fondata da Ann Lee. …[58]» Questo Autore, sociologo delle religioni, prosegue la sua analisi snocciolando una serie di nomi di pseudoprofeti americani tra cui spicca quello di Joseph Smith, fondatore del Mormonismo. Snowden rileva considerevoli affinità tra Mormonismo e Christian Science che non sarà inutile menzionare in dettaglio.

«Il Mormonismo e la Christian Science hanno molti punti in comune. Entrambi sono sorti nella medesima regione approssimativamente nello stesso tempo e nelle stesse condizioni religiose; entrambi i fondatori erano nevrotici e isterici, avevano un'istruzione del tutto insufficiente e pretendevano di essere stati ispirati da Dio; entrambi hanno un libro che affermano essere stato divinamente ispirato, ed entrambi i libri furono denunciati come frutto di un plagio da parte dei loro autori…[59]»

Per ultimo, vorrei ricordare che verso la metà del secolo XIX si stava diffondendo, sia in America che in Europa, lo spiritismo con i suoi tavolini rotanti e le comunicazioni con i defunti; il suo predecessore, il mesmerismo o magnetismo animale, aveva fatto da apripista sin dalla fine del Settecento.

---

[58] James Snowden, *The truth about Christian Science*, The Westminster Press, Philadelphia, 1920, p. 17
[59] *op. cit.*, p. 19

Conclude Snowden:

«Nel New England questo stato di cose era l'humus in cui crebbe la Christian Science, l'ambiente in cui fu allevata Mary Baker, l'atmosfera che respirò, gli influssi mentali e religiosi che inconsciamente modellarono e colorarono la sua natura altamente nervosa, impressionabile e nevrotica. La Christian Science trova le sue radici in questo terreno; sia la fondatrice che il suo credo furono caratteristici frutti di quei semi.[60]»

Avviciniamoci ora al nostro personaggio principale, la profetessa Mary Baker. Immaginiamoci una bambina che cresce, ultima di altri cinque tra fratelli e sorelle, in una isolata fattoria nei pressi di Concord, un villaggio di due o tremila anime nello Stato del New Hampshire. Il padre e la madre lavorano duramente la terra e appartengono entrambi al severo movimento religioso dei congregazionalisti, portato in America dai Padri Pellegrini venuti con la nave Mayflower. Il padre Mark ha un carattere duro e testardo, irascibile e litigioso. Della madre si sa poco o nulla, se non che era devota e paziente. Mary evidenzia sin da piccola un carattere difficile, frequenta per un po' la scuola insieme alle sorelle, ma in modo discontinuo, perché era soggetta a convulsioni isteriche[61]. I genitori decidono di tenerla a casa e la bambina continua ad andare soggetta a periodici "attacchi". In pratica non riceve istruzione, anche se nella sua autobiografia, *Retrospection and Introspection*, afferma – mentendo – di avere studiato greco, latino, ebraico, scienze naturali, logica e scienze morali.

Lo scrittore austriaco Stefan Zweig ci consegna alcune acute annotazioni su Mary Baker utili a mettere a fuoco questo personaggio che, con lo scorrere del tempo, assumerà caratteristiche via via più mitiche.

---

[60] *op. cit.*, p. 21
[61] Georgine Milmine, *The life of Mary Baker Eddy and the history of Christian Science*, Doubleday, Page & Company, New York, 1909, p. 12

«È una fanciulla inquieta, debole, pallida, nervosa, che cresce con un carattere sensibile, anzi *ipersensibile*[62].»

«Vuole farsi notare sempre e dovunque, vuole apparire diversa dagli altri: ben presto questa è la nota prevalente del suo carattere. Fin dal principio desidera essere considerata qualcosa di "superiore", qualcosa di speciale, e a tal fine la figlia del *farmer* non trova altra via che fare la preziosa. Si dà arie d'importanza, una *superior air*, si abitua ad avere un'andatura personale, adopera nel parlare assurde parole straniere che è andata a pescare di nascosto nel vocabolario per poi usarle nel contesto sbagliato; negli abiti, nel contegno e nell'atteggiamento ci tiene a segnalare la distanza dal suo ambiente troppo "comune".» (Zweig, 2005, p. 119)

«Già sotto il tetto paterno questa natura prepotente e solipsista, che non si adatta e non si vuole adattare ad alcun ambiente, non è un'ospite ben accetta. Per necessità logica la sua tirannica autocrazia creerà ovunque e senza posa conflitti e crisi, perché Mary Baker non tollera altro accanto a sé che la dedizione al suo Io in perenne tensione, cui l'universo è spazio appena sufficiente.» (Zweig, 2005, p. 121)

È venuto il momento di studiare le caratteristiche astrologiche del nostro personaggio. Poiché ne ignoriamo l'ora di nascita, in prima battuta dobbiamo affidarci a chi – partendo dallo studio dei dati biografici – s'è già cimentato a risalire dalla terra al cielo, ossia dalla personalità e dalle vicende di vita alle astralità. Il notevole astrologo britannico Ronald C. Davison[63] propone la seguente carta del cielo, che la vede nascere alle ore 17:38.

---

[62] Stefan Zweig, *Die Heilung durch den Geist. Mesmer – Mary Baker-Eddy – Freud*, Lipsia, 1931. Trad. it.: *L'anima che guarisce. Mesmer, Mary Baker-Eddy, Freud*, Edizioni e/o, Roma, 2005, p. 119.
[63] Presidente della *Astrological Lodge* della Società Teosofica di Londra e direttore del *The astrology magazine*, secondo il sito internet Astrodatabank (consultato il 6/1/2015).

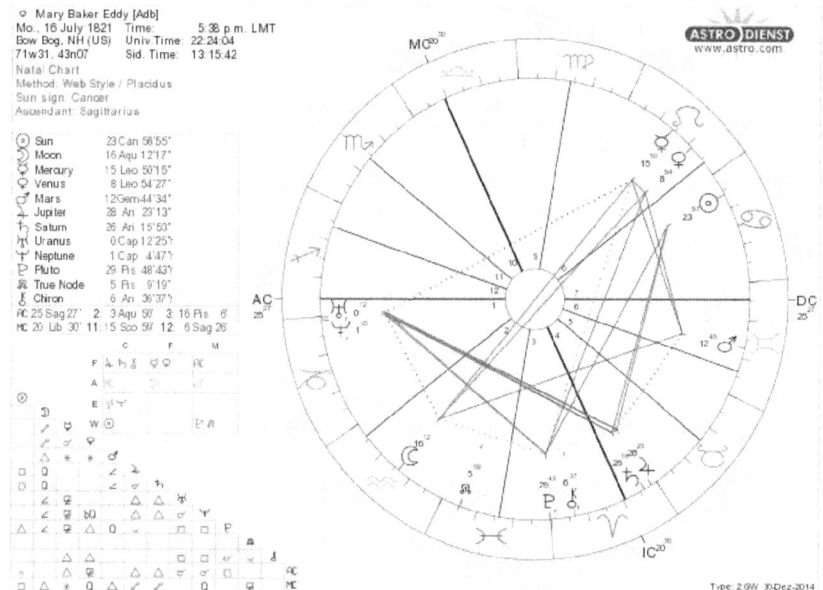

È decisamente una buona base di partenza, perché esalta la potente e assai precisa congiunzione Urano-Nettuno, ponendola all'Ascendente, e contemporaneamente esalta la congiunzione Giove-Saturno, angolare al Fondo Cielo.

Mosso da curiosità, e affascinato da questa geniale intuizione, mi sono procurato i dati di nascita di questo astrologo e ho riscontrato, non senza stupore, che la carta del cielo dello stesso espone un'opposizione angolare Urano-Nettuno lungo l'asse Ascendente-Discendente.[64] Davison aveva correttamente "fiutato" la comune segnatura o aveva proiettato le sue astralità sulla Baker-Eddy? Impossibile dare risposta a questo interrogativo.

In effetti, la congiunzione Urano-Nettuno nella genitura della nostra profetessa è anche fortemente valorizzata da un gran numero di aspetti di pianeti più rapidi: si trova in semiquadratura con la Luna, in sesquiquadratura con Mercurio, e in trigono con Giove e Saturno. Urano e Nettuno a loro volta lanciano una quadratura pressoché perfetta a Plutone. In questo straordinario crocevia planetario anche il Sole fa la sua parte, con quadratura alla congiunzione Giove-

---

[64] Essendo nato a Bromley (GB) il 10/1/1914 alle 8:45. Archivio Rodden.

Saturno e lanciando un trigono a Plutone. Considero quest'ultimo aspetto tra i più potenti di una carta del cielo: è appannaggio di personalità carismatiche dotate di enormi riserve di energia psichica e di una straordinaria forza di volontà; in genere sono dotate di un infallibile fiuto psicologico che li mette facilmente in contatto con le misteriose correnti dell'inconscio collettivo.

Riportiamoci ora ai tratti caratteriali tramandatici dalla penna di Stefan Zweig.

«Questa americana dalla testa dura non ha che un unico e assai ambiguo pensiero, non pensa nient'altro all'infuori di quell'unica idea, non ha altro principio che quello. E su questo insiste, puntando saldamente i piedi a terra, immobile, incrollabile, sorda a ogni contraddizione, e con la sua minuscola leva riesce a sollevare un mondo. In vent'anni, da un pasticcio metafisico riesce a tirare fuori una nuova terapia in cui credono milioni di seguaci, costruisce una scienza che viene esercitata nelle università, discussa nei giornali, da docenti e nei manuali, fa erigere chiese e templi giganteschi, forma un sinedrio di predicatori e di sacerdoti, raccoglie per se stessa un patrimonio privato di tre milioni di dollari.» (Zweig, p. 115)

«Mary Baker, nella storia dello spirito, è uno degli esempi più caratteristici di monomania. Dal 1862 in poi non possiede più che un solo pensiero, o meglio, è da questo posseduta.» (Zweig, p. 141)

Se ora abbiniamo i dati biografici di Stefan Zweig – attendibile Autore dotato di indiscusso acume psicologico – alle osservazioni astropsicologiche di André Barbault & Jean Carteret, troviamo una prima sorprendente corrispondenza del carattere di Mary Baker con il tipo uraniano. Leggiamo:

«L'uraniano è un *volitivo monocorde*. È capace di condurre sistematicamente un'azione, aderendo a essa. Da qui un'affermazione del carattere, un'unità di condotta e forza nell'azione. Tutti i mezzi sono concentrati nel conseguimento di un'impresa che egli vuole privilegiare; qualsiasi cosa che non si accordi con tale impresa viene inibito, represso, screditato e appare un fanatismo, quanto meno l'ascetismo di una finalità principale se non unica, a guisa di contropartita negativa della disciplina e della concentrazione dei desideri. L'uraniano sostituisce *alle* passioni *una* passione che rappresenta il fulcro della sua vita. È l'uomo dalla più alta tensione intima, che spinge più a fondo la mobilitazione delle sue forze interiori. Questa tendenza, portata all'esagerazione, sfocia naturalmente nell'autoritarismo, nell'oppressione, nell'intolleranza, nel fanatismo, nell'ansietà, nell'individualismo forsennato.[65]»

Mary Baker è posseduta da un'unica idea "… un'idea filosofica puerile, di una semplicità sconcertante" (Zweig, 2005, p. 114), che in estrema sintesi viene esposta così: "L'uomo è divino, Dio è il bene, perciò non può esserci realmente il male, e tutto il male, la malattia, la vecchiaia e la morte non sono realtà ma parvenze ingannatrici, e una volta che uno ha riconosciuto questo, non può essere più colpito da malattie, né tormentato dal dolore." (Zweig, 2005, p. 183)

Un'idea semplice, per gente semplice, che non richiede né studio né riflessione. È adatta a tutti, e si diffonde facilmente nelle grandi masse. È possibile guarire per suggestione o autosuggestione? Certamente sì, e molte guarigioni sono certamente documentate, come si afferma ancora oggi nel sito internet della Christian Science. La sua efficacia guaritrice fu riconosciuta dallo stesso C. G. Jung. Leggiamo:

«La più importante figura delle forme religiose indiane è quella dello sciamano, medico ed esorcista. La prima trovata americana in questo campo, divenuta importante anche per l'Europa, fu lo spiritismo, la seconda fu la Christian Science, insieme ad altre forme analoghe di *mental healing*. La Christian Science è un rituale esorcistico: i demoni della malattia vengono scacciati, al corpo riluttante vengono cantate le formule opportune, e la religione cristiana, che corrisponde a un grado di cultura superiore, viene sfruttata per operare guarigioni magiche. La povertà di contenuto spirituale è spaventevole, ma la Christian Science è viva, possiede un vigore

---

[65] *Analogies de la dialectique Uranus-Neptune*, Éditions Traditionnelles, Paris, 1985, p. 16. Traduzione dal francese mia.

profondamente radicato nella terra americana, e opera quei miracoli che invano si richiederebbero alle Chiese ufficiali.[66]»

Mary Baker non è solo posseduta da un'idea-forza che implacabilmente porterà avanti per anni con ostinazione tirannica, non è solo una persona d'acciaio con volontà d'acciaio; è anche una profetessa, una sciamana la cui presenza scatena energie di guarigione. Tuttavia questa volitiva è in realtà una povera nevrotica inquieta, un fascio di nervi che soffre di allucinazioni.

«Questa eroina o santa è in balìa di demoni spaventosi: di notte chi vive con lei sobbalza alle su invocazioni d'aiuto e deve calmare il suo turbamento con mille rimedi segreti. La colpiscono di continuo strani attacchi durante i quali attraversa le stanze con gli occhi sbarrati, sfogando con grida e contorsioni selvagge i suoi *tormenti mistici* che nessuno, e tanto meno lei stessa, riesce a comprendere.» (Zweig, 2005, p. 151)

Ritengo pertanto appropriato considerare il lato nettuniano di questa personalità. Ce ne dà un'efficace descrizione l'astrologo tedesco Erich Karl Kühr in un significativo brano:

«Poiché [il nettuniano] assorbe più della persona ordinariamente dotata, i suoi pensieri e rappresentazioni hanno un carattere insolito e in casi particolari anche inquietante. In positivo, è molto predisposto alla vera mistica, religione, psicologia, alle universali visioni del mondo basate sul sentimento, e via di seguito; può essere straordinariamente creativo in questi ambiti per mezzo dell'intuizione. Se si esprime negativamente, allora predomina il misticismo, la tendenza all'occultismo superstizioso, all'idealismo ingenuo, alla sfrenata immaginazione di cose irreali, all'inganno e all'autoinganno tramite le illusioni, e così via. La fantasia creativa può portare a grandi risultati spirituali, ma può anche degenerare e trasformarsi in assoluta confusione, stravaganza, finzione patologica e nebulosa mancanza di chiarezza.[67]»

---

[66] *Anima e Terra*, Vol. VIII, Opere, Boringhieri, Torino, 1985, p. 71
[67] *Psychologische Horoskopdeutung*, Chiron Verlag, Mössingen, s.d., p. 225. La traduzione dal tedesco è mia.

Urano e Nettuno, una mirabile coppia di opposti e complementari, si uniscono in questa straordinaria genitura, a volte fondendosi, a volte producendo effetti del tutto svincolati uno dall'altro, ma sempre attivi e operativi dal primo all'ultimo giorno di vita di Mary Baker, nata sotto il crocevia di imponenti cicli planetari. In effetti, la citata congiunzione di super lenti si trova ottimamente sostenuta - con un superbo trigono - dalla congiunzione Giove-Saturno alla fine dell'Ariete.

In pratica, abbiamo qui una rara configurazione che coinvolge una serie di cicli, e cioè: Urano-Nettuno, Giove-Saturno, Giove-Urano, Giove-Nettuno, Saturno-Urano e Saturno-Nettuno. Una sommaria ricerca su persone che evidenziano un simile intreccio ha prodotto alcuni risultati, da cui traggo unicamente i più rappresentativi, con ora di nascita certa:

- Rosa Bonheur, nata a Bordeaux il 16/3/1822 alle 20:00. Pittrice, ebbe uno stile di vita eccentrico e anticonformista.
- Clara Barton, nata Oxford, Massachusetts, il 25/12/1821 alle 11:52. Fondò la Croce Rossa Americana.
- Louis Vuitton, nato a Anchay il 4/8/1821 alle 3:00. Il suo nome vive ancora oggi nelle sue borsette e valigie.

Ciascuno di loro ha espresso a suo modo quell'eccezionale situazione planetaria, ciascuno ha lasciato un'impronta indelebile del suo passaggio nella società in cui si è trovato collocato, e tuttavia nessuno ha raggiunto la notorietà e le vette a cui è assurta la profetessa americana. Mi sento perciò di accogliere l'ora di nascita delle 17:38 avanzata da Ronald C. Davison per il prosieguo di questo lavoro, considerandola plausibile e rispondente.

A differenza di Rosa Bonheur, Clara Barton e Louis Vitton, la nostra protagonista fondò una religione. Evidentemente, considerazioni di carattere astrologico non sono bastevoli a dare esaustiva ragione di questo fenomeno. Mary Baker era posseduta da un'idea-forza che le consentì di vivere raminga e in povertà, ma indomita, per anni, bussando di porta in porta per ricevere ospitalità e un piatto di minestra.[68] La sua è una lenta ascesa: i primi segnali di indipendenza economica arrivano solo verso i 50 anni, il vero successo solo a 60, con il trasferimento della sua attività a Boston.[69]

Il quadro astrologico diventa ora un po' stretto e dobbiamo salire ancora di livello. Il pensiero di C. G. Jung ci aiuterà a percorrere l'ultimo pezzo di strada, per cercare di penetrare il segreto di questa donna così volitiva, e tuttavia così fragile, così nevrotica e tuttavia così dotata per gli affari e il denaro, partita in stato d'indigenza e arrivata ricchissima al capolinea della sua vita, così malata eppure così in grado di suscitare negli altri grandi energie risanatrici. Afferma Jung:

«Il contenuto essenziale di tutte le mitologie e di tutte le religioni e di tutti gli "ismi" è di natura archetipica.[70]»
«In effetti è possibile appurare psicologicamente che un archetipo ha il potere di impossessarsi dell'Io e di costringerlo persino ad agire secondo le sue intenzioni (cioè dell'archetipo).[71]»
«L'affiorare degli archetipi ha infatti un carattere dichiaratamente "numinoso" che va definito, se non "magico", almeno quasi spirituale. Perciò questo fenomeno ha grande importanza per la psicologia della religione.[72]»

Abbiamo raggiunto il nocciolo duro di questa personalità, riconducendolo a un fenomeno di "possessione" da parte dell'archetipo dello spirito. Leggiamo ancora le illuminanti parole del Maestro svizzero:

---

[68] «Per anni e anni, prima di compiere l'ascesa più grandiosa che sia mai toccata a una donna del XIX secolo, questa indefettibile combattente dell'assurdo viene sospinta alle estreme umiliazioni, alla più bassa miseria della vita. Insinuarsi in casa altrui ... fare la parassita, è ormai la sua unica salvezza dalla fame, visto che Mary Baker persevera con la solita ostinazione altera nel respingere ogni possibilità di lavoro domestico, di occupazione "banale".» (Zweig, p. 142, 143)
[69] «... lei che per quarant'anni si era coperta di poveri cenci, a Boston offre tè e ricevimenti nel suo salone.» (Zweig, p. 205
[70] *Riflessioni teoriche sull'essenza della psiche*, Opere, Vol. VIII, Boringhieri, Torino, 1976, p. 223
[71] *Simboli della trasformazione*, Opere, Vol. V, Boringhieri, Torino, 197, p. 77
[72] *Riflessioni teoriche sull'essenza della psiche*, cit., p. 222

«In realtà è il fenomeno primordiale dello spirito a possedere l'uomo e, proprio come il mondo fisico, esso è solo in apparenza il malleabile oggetto delle intenzioni umane, mentre di fatto vincola con mille lacci la libertà dell'uomo e diventa un' "idea-forza" ossessiva.[73]»

Lo spirito è un vento che soffia dove vuole, e nulla può fermarlo. Il grande umorista americano Mark Twain scrive un libro devastante sulla Christian Science[74] a cui ne seguono altri di autori altrettanto caustici e ben documentati, ma fino a quando la profetessa è in vita, il suo carisma, le immense somme di denaro che affluiscono a un semplice suo cenno da ogni parte del Paese, la potente macchina organizzativa abilmente messa in piedi negli anni, riescono a superare ogni critica razionale e ogni tentativo di smascheramento.

Inoltre, è un dato di fatto che la forte personalità di Mary Baker è in grado di suscitare l'azione curativa del guaritore interno:

«Quando una persona si ammala, viene costellato l'archetipo guaritore-paziente; il malato cerca il guaritore esterno, ma nello stesso tempo si attiva anche il guaritore intrapsichico, a cui spesso facciamo riferimento chiamandolo il "fattore di guarigione".[75]»

Le adepte della nuova religione partoriscono senza dolore, altri subiscono operazioni chirurgiche senza anestetico, altri ancora vengono risanati moralmente e riacquistano nuove energie e gioia di vivere. Tutto ciò è innegabile e documentato.[76]

Il 3 dicembre 1910, all'età di 89 anni, si conclude l'avventura terrena della profetessa americana, che i suoi seguaci affermano essere non morta, bensì "allontanata dal cerchio visivo". La religione sopravvive alla sua fondatrice, ma da impetuoso fiume in piena s'è

---

[73] *Fenomenologia dello spirito nella fiaba*, Opere, Vol. IX/1, Boringhieri, Torino, 1980, p. 206

[74] *Christian Science*, Harper & Brothers Publishers, New York and London, 1907

[75] Adolf Guggenbühl-Craig, *Al di sopra del malato e della malattia*, Raffaello Cortina Editore, Milano, 1987, p. 76.

[76] Zweig, *op. cit.*, p. 180.

ridotto a un rigagnolo di circa 100.000 affiliati negli Stati Uniti e circa 400.000 in tutto il mondo.

Per concludere questi appunti, sarà utile tornare alla visione astrologica da cui siamo partiti. Esaminiamo la cronologia di alcuni fondamentali tappe della vita di Mary Baker:

1) Primo matrimonio (con George Washington Glover) nel dicembre 1843. Saturno in Capricorno lancia un'opposizione al Sole radix.

2) Il 27 giugno 1844 il marito nuore di febbre gialla mentre lei lo accompagnava in un viaggio d'affari; è incinta di 6 mesi e deve percorrere 1400 miglia per tornare a casa dei genitori, dove darà alla luce un figlio il 12 settembre 1844. Plutone in Ariete lancia una quadratura al Sole radix; Giove all'inizio dell'Ariete lancia una quadratura alla congiunzione Urano-Nettuno radix.

3) Nel novembre 1849 rimane orfana di madre. Urano in Ariete lancia una quadratura al Sole radix.

4) Nel giugno 1853 si sposa una seconda volta con Daniel Patterson, dentista itinerante. Da diversi anni, Mary Baker è una sorta di rottame umano, priva di forze ed energia vitale, incapace di muovere anche pochi passi. Trascorre la maggior parte del suo tempo a letto o sdraiata su un divano a leggere romanzi e a occuparsi di occultismo. Nettuno in Pesci lancia una quadratura a Marte radix; Saturno in Toro lancia un sestile al Sole radix.

5) Nell'ottobre 1862 diventa paziente di Phineas Quimby, un buon uomo che da esperto orologiaio si trasforma in guaritore psichico. E avviene il miracolo: l'inferma cronica viene risanata. Da quel momento vivrà con un unico pensiero. L'opposizione celeste Saturno-Nettuno tra Ariete e Bilancia lancia una quadratura alla congiunzione Urano-Nettuno radix, e contemporaneamente coinvolge – per congiunzione e opposizione - il Plutone radix alla fine dell'Ariete.

6) Il secondo matrimonio non regge, e nel marzo 1866 il marito l'abbandona. Urano in Gemelli si oppone alla congiunzione Urano-Nettuno radix, e lancia una perfetta quadratura a

Plutone radix. Mary Baker si trova in gravi ristrettezze finanziarie, e inizia a insegnare la dottrina di Phineas Quimby. Il 4 luglio 1868 fa un'inserzione pubblicitaria su un giornaletto spiritista, *Banner of light*, in cui si offre di insegnare come curare i malati "in base a un principio scientifico" … "senza necessità di farmaci, elettricità, fisiologia o igiene". Osserva Stefan Zweig: "Ma pare che nessuno abbia risposto." (*op. cit.*, p. 149). Non ci sono transiti degni di nota.

7) Finalmente, nel giugno 1870 stringe un sodalizio con un giovanotto di 21 anni, tale Richard Kennedy, operaio in una fabbrica di cartone. Aprono un gabinetto di cura, e Kennedy si fregia del titolo di "dottore". Ora Mary Baker si qualifica come "Insegnante di Scienze Morali". A quasi 50 anni inizia la grande avventura e i primi cospicui guadagni. Mostra di avere uno stupefacente bernoccolo per gli affari. Saturno in Sagittario lancia un trigono alla congiunzione Giove-Saturno radix. Da quel momento in avanti, le cose vanno di bene in meglio.

8) Nel marzo 1874 termina il suo primo libro, *Science and health*, che verrà pubblicato per la prima volta a Boston nel 1875 sotto il nome di Mary Baker Glover. Urano in Leone transita in congiunzione su Venere e Mercurio radix; Nettuno in Ariete transita in congiunzione a Giove radix e successivamente lancia un trigono alla congiunzione Urano-Nettuno radix. Dal punto di vista astrologico, è la situazione più potente e significativa finora incontrata nella vita di Mary Baker.

9) Il 6 giugno 1875 si forma, ad opera di un piccolo gruppo di discepoli, un'associazione che ha per scopo di ascoltare i sermoni di Mary Baker. In quel momento nasce la religione, la Christian Science. (vedi sopra)

10) Il 1 gennaio 1877 con decisione improvvisa si sposa per la terza volta con Asa Gilbert Eddy, che morirà il 3 giugno 1882. Mary Baker Eddy dichiarerà che il marito è morto a causa di un "veleno mentale" ed effluvi di un "maligno magnetismo animale". Nel momento del matrimonio, Urano in Leone lanciava un trigono all'Asc. radix (ipotizzando che l'ora di nascita ricostruita da Ronald C. Davison sia corretta).

La morte del terzo marito è invece accompagnata dal transito di Plutone alla fine del Toro che lancia un sestile alla propria posizione radix, e dal transito di Urano in Vergine che lancia una quadratura a Marte radix.

11) Il 13 giugno 1888 si tiene a Chicago un raduno a cui partecipano migliaia di persone che l'ascoltano predicare. "Secondo il rapporto ufficiale del Bollettino scientista, in quell'occasione ben undici malati furono del tutto guariti dalla sua presenza.[77]" La congiunzione celeste Marte-Urano in Bilancia lancia un trigono a Marte radix.

12) Nel 1906 viene completato l'ampliamento della Chiesa Madre di Boston al costo dell'enorme somma di 2 milioni di dollari dell'epoca. Il tempio accoglie cinquemila persone, ma ne arrivano oltre trentamila da ogni parte del mondo che vogliono partecipare alla cerimonia della consacrazione. All'età di 85 anni Mary Baker Eddy, ora "Madre Mary" è giunta al culmine della sua potenza e contemporaneamente inizia la sua parabola discendente. Sarà oggetto di accurate indagini giornalistiche e dovrà subire una visita medico-legale per accertare la sua capacità d'intendere e di volere. L'età avanzata, accompagnata da pesanti transiti di Plutone in Gemelli sul Discendente (sempre ipotizzando che l'ora di nascita ricostruita da Ronald C. Davison sia corretta), Urano in Capricorno che si oppone al Sole radix e il terzo ritorno di Saturno sulla sua posizione radix - che contemporaneamente lancia una quadratura sul Sole radix - segnalano le varie pesanti difficoltà che hanno segnato gli ultimi anni di vita della profetessa americana, ormai poco più che una mummia, funzionale unicamente agli enormi interessi economici che le ruotavano intorno.

13) Muore il 3 dicembre 1910, a 89 anni compiuti. Saturno all'inizio del Toro lanciava un perfetto trigono alla congiunzione Urano-Nettuno radix, l'aspetto che – se angolare, come credo - a mio avviso ha maggiormente segnato la vita di questo straordinario personaggio.

---

[77] Zweig, *op. cit.*, p. 214

FRANCESCO GIUSEPPE I D'ABSBURGO, L'IMPERATORE BUROCRATE

Quanto può influire l'ambiente sulla formazione del carattere? La famiglia d'origine, l'intervento dei genitori, il *milieu* sociale, lo spirito del tempo, l'educazione ricevuta, le prime amicizie... È un interrogativo a cui riesce difficile dare una risposta definitiva. A volte la forza del *daimon* è talmente grande da vincere qualsiasi contraria opposizione, a volte soccombe di fronte alla prepotenza dell'ambiente. A volte il destino (qualsiasi concetto sottenda questa parola, spesso abusata) interviene per raddrizzare, deviare o addirittura bloccare quello che crediamo essere un corso naturale degli eventi.

Francesco Giuseppe nasce già con un marchio: è un Absburgo, appartiene a una delle più antiche e potenti dinastie europee. Il padre, Francesco Carlo (Vienna, 17 dicembre 1802, sconosciuta l'ora di nascita) è un uomo debole e insignificante mentre la madre Sofia Federica (Monaco, 27 gennaio 1805, sconosciuta l'ora di nascita), figlia del Re Massimiliano I di Baviera, è fatta di tutt'altra pasta. Il nonno materno è il re di Baviera, quello paterno è l'imperatore d'Austria.

« L'arciduchessa Sofia era una donna dura, fredda, determinata, che in qualsiasi epoca sarebbe stata notevole per via della completa mancanza di gentilezza e morbidezza, a maggior ragione in un tempo di languide e vaporose femminilità; una donna probabilmente più temuta e ammirata che amata, anche nella propria cerchia familiare. Una donna capace di provocare grandi sofferenze per la sua ferma convinzione nella propria superiorità di giudizio e per la risolutezza nel difenderlo contro qualsiasi altro diverso dal suo, ma una donna di sani e grandi principi morali, e in nessun modo gretta o cattiva.[78]»

«Sofia era orgogliosa del compito affidatole di forgiare un imperatore, perché si rendeva conto, forse anche troppo bene, di avere mani abbastanza forti per plasmare la monarchia. ... considerava essenziale che lui imparasse a mantenere un ferreo autocontrollo di fronte alle avversità.[79]»

«Francesco Giuseppe, durante tutta la sua giovinezza, subì l'influenza della madre, alla quale era attaccatissimo.[80]»

Pare che da bambino avesse una predisposizione per l'apprendimento delle lingue e una naturale inclinazione per il disegno, ma fu ben presto avviato alla dura disciplina militare; a 14 anni, già colonnello dei dragoni, era «considerato un cavaliere abbastanza esperto per guidare il suo reggimento durante le esercitazioni in Moravia» (Palmer, p. 31). Non abbandonò più la divisa, che divenne il suo consueto abbigliamento fino alla tarda età. «L'esercito fu forse l'unica istituzione alla quale egli si mantenne sempre sinceramente attaccato e alla quale dedicò tutte le sue cure...» (Caburi, p. 66)

Un biografo riporta l'impressione ricevuta da Bismarck nel 1853: egli riferì del "fuoco dei suoi vent'anni unito alla dignità e serietà di

---

[78] Margaret Cunliffe Owen, *A keystone of Empire. Francis Joseph of Austria*, Harpers & Brothers, New York and London, 1903, p. 8
[79] Alan Palmer, *Francesco Giuseppe*, Mondatori, Milano, 1995, p. 22
[80] Franco Caburi, *Francesco Giuseppe*, Vol. I, Zanichelli, Bologna, 1920, p. 62

un'età matura. ... Se non fosse un imperatore, mi sembrerebbe quasi troppo austero per la sua età.[81]"

Francesco Giuseppe venne quindi accuratamente allevato per regnare sui popoli dominati dagli Absburgo. Un vasto territorio che nel 1848 dall'Austria si estendeva a Est per abbracciare Ungheria, Boemia, Slovacchia, parte della Polonia e Romania; a Sud comprendeva il Lombardo-Veneto, il Trentino; a Sud-Est la Slovenia, Croazia e Dalmazia. In questa sede non interessa entrare nei dettagli geo-politici dell'impero, nei suoi complessi e variegati aspetti giuridici. Basti solo pensare all'enorme apparato burocratico, militare e poliziesco che il suo mantenimento richiedeva.

«La burocrazia in Austria è il materiale di cui è composto il tessuto dello Stato ... la burocrazia austriaca si considera, dal punto di vista teorico, lo strumento che esegue la volontà della Corona.[82]»

Francesco Giuseppe ne fu il supremo rappresentante.

Instancabile lavoratore dotato di «inflessibile senso del dovere nei confronti dello Stato, che lo rendeva simile a *un'istituzione* anziché a un padre delle sue genti.» (Palmer, p. 82)[83]

In genere, le biografie da me consultate sono avare di notizie a carattere psicologico riguardanti il sovrano. La mia impressione è che, tutto sommato, non ci fosse molto da dire. Dobbiamo ricavare la stoffa dell'uomo mettendo insieme alcuni fatti riguardanti il suo atteggiamento di vita.

---

[81] Francis Gribble, *The life of the emperor Francis Joseph*, Eveleigh Nash, London, 1914, p. 68

[82] Henry Wickam Steed, *The Hapsburg Monarchy*, Constable and Company Ltd., London, 1919, p. XXXI

[83] È davvero interessante notare come questa sorta di spersonalizzazione, quasi come per identificarsi a una funzione, corrisponda mirabilmente alla dominante Giove-Saturno (e ancor di più a Saturno-Giove) descritta da André Barbault nella sua galleria di teste coronate: "[essa] manifesta la condizione di un essere riservato, posato, tranquillo, stabile, serio, responsabile, conservatore che tiene all'ordine, ma con una personalità più o meno monotona e come *spersonalizzata*." (*Astres royaux*, Éditions du Rocher, Principato di Monaco, 1995, p. 492)

Lo storico italiano Franco Caburi scrive, riferendosi al giovane sovrano: «... per non aver sortito dalla natura un ingegno molto pronto e per non aver supplito da giovane a questa deficienza con uno studio, serio, ordinato ed esauriente, egli rimase per tutta la vita un uomo di mediocre cultura, estraneo a tutte le manifestazioni intellettuali, spesso addirittura ostile alle innovazioni dell'umano progresso, imbevuto di pregiudizi, diffidente verso le persone di ingegno e incapace di sottrarsi all'influenza nefasta dei cortigiani che circondavano il suo trono. Si aggiungano i difetti del suo carattere, il suo smisurato orgoglio, il suo freddo egoismo e la sua straordinaria insensibilità, che lo resero sordo agli ammonimenti della storia.» (Caburi, p. 66)

«Francesco Giuseppe era parsimonioso per natura. Nemmeno una volta in tutta la sua vita si sarebbe potuto accusarlo di sperperare per sé. ... a parte i banchetti ufficiali si nutriva in modo frugale, durante le giornate lavorative indossava l'uniforme di servizio da luogotenente di fanteria, e l'arredamento dei suoi palazzi fu sempre molto spartano. Alla Hofburg dormiva su un letto di ferro con una coperta di cammello, e usava brocche e catini per la doccia di acqua fredda con cui incominciava quotidianamente la giornata. A Schönbrunn c'era una camera da letto imperiale con due letti gemelli di legno di jacaranda massiccio, coperte di lana e tende di seta azzurra lionese, montate per la prima volta l'anno del suo matrimonio e mai più sostituite. Benché a palazzo ci fossero 1441 stanze e 139 cucine, Francesco Giuseppe non fece mai installare una stanza da bagno negli appartamenti imperiali a Schönbrunn; disapprovava quelle lussuose invenzioni moderne.» (Palmer, p. 230).

Negli anni '50 del secolo XIX, l'Austria, rappresentata dal suo supremo burocrate e autocrate, «era solita torturare in prigione i suoi sudditi italiani. È un dato di fatto che fustigavano, e talvolta giustiziavano, i civili per "mancanza di rispetto" verso i militari. È un dato di fatto che fustigavano le donne che commentavano questi comportamenti. È un dato di fatto che fucilassero un macellaio, trovato in possesso di un coltello da macellaio, per possesso di armi proibite, e un malato di mente per avere simulato un'esercitazione militare nella pubblica via. È un dato di fatto, infine, che – esasperati dal boicottaggio di ogni istituzione ufficiale austriaca – notificassero al pubblico che "se chiunque in base a un'ostinata criminalità politica persisteva nel non frequentare il teatro, tale condotta sarebbe stata considerata quale tacita dimostrazione di atteggiamento criminale, che meritava di essere perseguita e punita." Tale politica era tanto infantile quanto barbara, e tanto barbara quanto infantile.» (Gribble, p. 125, 126)

Ma già negli anni '48 e '49 la selvaggia brutalità austriaca aveva trovato nel feldmaresciallo Radetzky (ancora oggi acclamato a Vienna con l'allegro suono della *Radetzky Marsch* nell'ambito del rituale concerto di Capodanno) il suo forse più degno rappresentante. Questi orrendi comportamenti potevano essere considerati conformi al temperamento del giovane monarca? Fino a che punto li condivideva e ne fu responsabile?

«Non si può dire che una parte importante di responsabilità morale non spettasse in questi orrori anche alla Corte di Vienna, che era completamente dominata dai reazionari e che, dopo i pericoli corsi nell'anno della rivoluzione, ardeva dal desiderio di vendicarsi atrocemente dei liberali, perseguitandoli in tutti i paesi in cui poteva far valere la propria influenza. Né si può dire che Francesco Giuseppe e sua madre si trovassero da questo lato in un diverso ordine di idee e si lasciassero imporre questa bestiale politica dai personaggi del loro contorno. Lo *spiritus rector* della *camarilla* era appunto l'arciduchessa Sofia e Francesco Giuseppe non faceva che uniformare la sua condotta ai desideri e alle intenzioni della madre. La storia delle repressioni in Ungheria è il più tremendo atto d'accusa che possa colpire una Corte» (Caburi, p. 87)

Un "uomo ordinario" e abitudinario, privo di sprazzi, immaginazione e fantasia, tutto compreso nel suo ruolo; sempre controllato, mai spontaneo, penosamente privo di rapporti umani. Buon soldato ma mediocre generale, genitore distante e per nulla affettuoso. Il figlio Rodolfo, poi morto suicida (versione ufficiale) traccia il seguente ritratto della personalità del padre:

«Il nostro imperatore non ha amici, il suo carattere e la sua indole non lo permettono. Si erge solitario sulla sua vetta; parla a quelli che lo servono dei loro doveri, ma evita con cura una conversazione sincera. Di conseguenza si sa poco sui pensieri e i sentimenti delle persone, sulle loro aspettative e le loro opinioni. Possono avvicinarlo soltanto coloro che in un dato momento hanno il potere, e com'è logico interpretano ogni questione nel modo più soddisfacente per loro. [L'imperatore] è convinto che viviamo in uno dei periodi più felici della storia austriaca, perché gli viene ripetuto in continuazione. Sul giornale legge soltanto i passi evidenziati in rosso per lui, e così si isola da qualsiasi rapporto umano, da tutti i consigli equanimi e davvero leali ... C'è stato un tempo in cui l'imperatore ... parlava con l'imperatrice di argomenti seri, esprimendo opinioni diametralmente opposte a quelle di lui. Quel tempo è passato. La grande dama ormai si occupa solo di sport; e così si è esaurita anche questa fonte di opinioni esterne, che nel complesso erano sfumate di liberalismo ... Tre o quattro anni fa, in certa misura l'imperatore era già un liberale e si era riconciliato con il XIX secolo. Adesso è tornato a essere quello dell'epoca della povera nonna: bigotto, burbero e diffidente.» (Palmer, p. 266)

Esaminiamone ora la genitura, eretta per Vienna (castello di Schönbrunn) il 18 agosto 1830 alle 9:15 (archivio Bordoni ed altri, tutti concordanti).

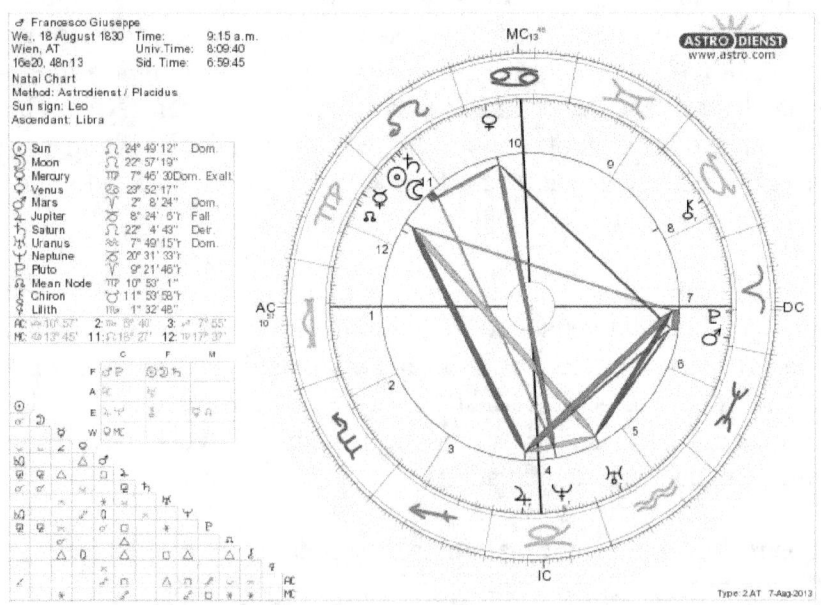

La triplice stretta congiunzione Sole-Luna-Saturno domina il Leone, Giove è angolare al FC in Capricorno; la congiunzione Marte-Plutone in Ariete anch'essa angolare, chiude il quadro. Cinque pianeti in segni di Fuoco, e tuttavia "spenti" – è la sua intera condotta di vita che lo testimonia! – da quell'implacabile Saturno, complice la madre, l'educazione, il ceppo famigliare... in una parola: l'ambiente.

André Barbault lo classifica tra i Leoni saturniani definiti come segue: «[il Leone saturniano è] un nervoso teso, tormentato da conflitti interiori per via delle esigenze di una coscienza più o meno tirannica e dei profondi bisogni della propria natura. Da ciò una fondamentale durezza, una rigidità comportamentale, un'aspra ambizione oppure un amaro pessimismo, se non addirittura qualche sofferenza profonda.[84]»

Il medesimo Autore propone inoltre queste belle e sintetiche pennellate che delineano molto efficacemente i tratti caratteriali essenziali del Nostro:

«Se accantoniamo la punta di Fuoco: gusto per la caccia e il costante interesse per l'esercito, l'insieme Saturno-Giove rende conto di quell'uomo scialbo che è l'imperatore. Un amministratore, una specie di coronato "impiegato dalle mezze maniche" che, tutti i giorni, adempie con perfetta regolarità al suo dovere di monotono sovrano. Il rispetto per la sua persona gli deriva dalla vita dignitosa, dalla coscienziosità professionale, dal culto per l'etichetta, da un sangue freddo che confina con l'indifferenza se non con lo stoicismo. Non trascurando il fatto che è un conservatore strettamente arroccato nella difesa del suo patrimonio austro-ungarico. E nemmeno che è affetto da un profondo egocentrismo leonino: "Perché Rodolfo *mi* ha fatto questo?" dice mentre apprende la notizia del suicidio dell'erede suo figlio...[85]»

---

[84] André Barbault, *Lion*, Seuil, Paris 1989, p. 55.
[85] André Barbault, *L'univers astrologique des quatre éléments*, Editions Traditionnelles, Paris, 1992, p. 316, 317.

L'anno 1848 evidenzia numerose turbolenze nello scenario europeo: guerre, rivolte, insurrezioni, rivoluzioni. I troni traballano e anche l'impero ne risente pesantemente. Ferdinando I d'Austria è costretto ad abdicare, e il 2 dicembre gli succede il nipote Francesco Giuseppe, appena diciottenne.

I transiti dell'incoronazione, malgrado la precaria situazione politica, sono significativi: Plutone a 26° dell'Ariete lancia un trigono al Sole radix del giovane Francesco Giuseppe, e Giove celeste a sua volta staziona a 22° del Leone, esattamente sopra il Saturno radix del sovrano, quasi a confermare la stretta relazione tra i due pianeti, peraltro uniti da una perfetta sesquiquadratura nella carta del cielo radix.

Di certo l'imperatore è un personaggio che a prima vista incute rispetto in quanto austero e maestoso simbolo vivente dell'antica monarchia danubiana; occorre tuttavia sottolinearne i limiti sul piano umano e politico. Combatté tenacemente una battaglia di retroguardia nel tentativo anacronistico di conservare l'impero in un quadro unitario forzatamente artificiale, in un secolo che vedeva affermarsi sempre più l'anelito dei popoli alla libertà, all'indipendenza e a forme di governo democratico. Mancò di acume e di lungimiranza e "si ostinò a voler prolungare fino alla sua morte la vita a un mondo, che altrove era ormai crollato da tempo."

Sotto il profilo caratterologico, il sovrano è inquadrabile tra i non-Emotivi-Attivi-Secondari di Le Senne, che li ha purtroppo battezzato "flemmatici", creando così una confusione terminologica con l'identico lemma riferibile al temperamento ippocratico; è dunque preferibile denominare questo tipo "metodico" come fa Talamonti.

Quest'ultimo Autore li contraddistingue dal "senso di responsabilità, serietà dell'impegno, continuità e regolarità della prestazione. ... Il Metodico è operoso e puntuale, non rimanda mai l'esecuzione di un lavoro; ha il senso innato dell'ordine materiale e morale. ... Le statistiche che lo raffigurano anche sobrio, disciplinato, sessualmente continente, economo.[86]"

---

[86] Leo Talamonti, *Guida al carattere*, Mondatori, Milano, 1976, p. 163, 165

Se invece lo osserviamo dal punto di vista psicologico, è facile notare come Francesco Giuseppe si sia identificato con la Persona in senso junghiano: «La Persona è un complicato sistema di relazioni fra la coscienza individuale e la società, una specie di maschera che serve da un lato a fare una determinata impressione sugli altri, dall'altro a nascondere la vera natura dell'individuo.[87]» Possiamo quindi considerarla un ostacolo al processo d'individuazione, poiché impedisce la manifestazione del proprio più autentico nucleo.

Scrive ancora Jung: «La costruzione di una Persona collettivamente conveniente è una grave concessione al mondo esteriore, un vero sacrificio di sé, che costringe l'Io a identificarsi addirittura con la Persona, tanto che c'è della gente che crede sul serio di essere ciò che rappresenta. ... Queste identificazioni col ruolo sociale sono ricche sorgenti di nevrosi. L'uomo non può impunemente sbarazzarsi di sé stesso a favore di una personalità artificiale. ... L' "uomo forte" nella vita sociale è spesso, nella vita privata, un bambino di fronte alle proprie situazioni sentimentali, la sua disciplina pubblica (che egli esige particolarmente dagli altri) fallisce penosamente in privato.» (Jung, 1928, p. 192)

In effetti, sappiamo che la vita sentimentale e familiare del sovrano fu fallimentare.

---

[87] C. G. Jung, *L'Io e l'inconscio*, Opere, Vol. VII, Boringhieri, Torino, p. 191

COSTANZO CIANO: DA LUPO DI MARE A CAPITANO D'INDUSTRIA

> Poiché era nato in una notte di luna piena,
> una brava donna del caseggiato che si
> piccava di essere astrologa gli profetizzò
> una vita colma di soddisfazioni.
> (*Giordano Bruno Guerri*)

Ciano è un nome che subito richiama alla mente l'infelice traiettoria di Galeazzo, ministro degli esteri dell'Italia fascista, tragicamente conclusasi l'11 gennaio 1944 a Verona con il fragore di una fucilazione alla schiena. Questa figura, e la massa di studi ad essa dedicata, in qualche modo oscura l'immagine di suo padre Costanzo, a tal punto che all'astrologo riesce assai più agevole procurarsi i dati utili a stendere il tema natale del figlio piuttosto che quelli del genitore, la cui ora di nascita è stata ottenuta dall'anagrafe di Livorno dopo avere adempiuto a una scoraggiante trafila burocratica.

Eppure, Costanzo Ciano fu una figura decisamente fuori dall'ordinario: dapprima marinaio, poi eroe della Grande Guerra, uomo politico nelle grazie di Mussolini, efficiente ministro, presidente della Camera dei deputati, amico di D'Annunzio e di Marconi... Quanti italiani sanno che la diffusione della radio in Italia e l'estensione della rete ferroviaria nazionale è merito di Costanzo?

Prima di commentarne la carta del cielo, desidero riportare due brani di due validissimi studiosi della scienza degli astri: il tedesco Thomas Ring e il francese André Barbault.

«Nella genitura si trova unicamente la predisposizione di base. Essa contiene atteggiamenti fondamentali verso cose in un "possibile" ambiente. L'ambiente effettivo non viene indicato. ....
Non è possibile fare affermazioni su quanto viene apportato alla predisposizione di base dagli effetti dell'ambiente, dalle relazioni ambientali, dall'educazione ricevuta, dai destini collettivi.[88]»

---

[88] Thomas Ring, *Astrologiche Menschenkunde*, Verlag Hermann Bauer, Freiburg im Breisgau, 1985, p. 18.

«Possiamo conoscere solo la costellazione interiore dell'individuo, senza sapere quale è stato il ruolo dell'ambiente esterno vissuto con cui si forma il "carattere acquisito", che neutralizza o amplifica il carattere innato. La tendenza originaria di quest'ultimo si esprime nella sua piena misura solo nella perfetta sovrapposizione con l'ambiente, e il mondo esterno diventa così una cassa di risonanza del cosmo interiore. Nei casi di destini fuori dall'ordinario assistiamo in genere alla complicità amplificatrice degli eventi dell'infanzia, degli influssi famigliari, educativi, economici e sociali, con la tendenza di base che si ipertrofizza drammaticamente o che risplende in un'avventura esemplare.[89]»

Qual è stato il ruolo dell'ambiente e del destino collettivo sullo sviluppo di vita di Costanzo?

Nasce il 30 agosto 1876 alle ore 22:00[90] nel porto di mare di Livorno; il padre è piccolo armatore e capitano marittimo. A Livorno, dopo appena cinque anni dalla nascita di Costanzo, viene istituita dal neonato Stato unitario italiano l'Accademia Navale, che formerà gli ufficiali della Regia Marina. Costanzo segue l'esempio dei due fratelli maggiori Arturo e Alessandro, e a 15 anni entra in Accademia da cui esce a 20 anni ancora da compiere col grado di guardiamarina.[91] Gli anni successivi vedono Costanzo percorrere una normale carriera militare, fino all'entrata dell'Italia nella Grande Guerra, che lo sorprende nel porto libico di Tobruk, al comando della *Misurata*. Inizia la sfolgorante epoca eroica di Costanzo, che gli frutta quattro medaglie d'argento e una medaglia d'oro. Resta memorabile la cosiddetta "Beffa di Buccari", audace incursione di tre MAS (Motoscafi Anti Sommergibile, poi ribattezzati dall'immagi-nifico D'Annunzio in *Memento Audere Semper*) nell'omonima baia nei pressi di Fiume al comando di Costanzo, alla

---

[89] André Barbault, *Connaissance de l'astrologie*, Éditions du Seuil, Paris, 1975, p. 125.
[90] anagrafe
[91] Tutte le informazioni di carattere biografico sono tratte dal Dizionario Biografico degli Italiani (voce a cura Gianpasquale Santomassimo su Treccani.it) e dal corposo libro di Giordano Bruno Guerri, *Galeazzo Ciano*, Tascabili Bompiani, Milano, 2011. Quest'ultimo testo, pur essendo incentrato sulla figura di Galeazzo, riporta molte utili informazioni su Costanzo.

quale parteciparono anche Luigi Rizzo e Gabriele D'Annunzio. Lì stavano ormeggiate e ben protette da reti metalliche le navi da guerra dell'Impero austro-ungarico. L'incursione non produsse effetti particolarmente rilevanti sul piano militare, ma fece molto scalpore e sollevò il morale della Nazione. Era la notte tra il 10 e l'11 febbraio 1918. Il poeta compose subito *La canzone del Carnaro* il cui ritornello suonava così: *Siamo trenta d'una sorte / e trentuno con la morte*. Si può comprendere il notevole coraggio richiesto per eseguire questa azione solo scrutando la carta geografica della baia (l'odierna Bakar in Croazia), un budello lungo 90 chilometri che si raggiungeva passando attraverso un ridottissimo stretto. Segue la foto dei tre compagni d'avventura (Rizzo, D'Annunzio e Ciano).

Per ora fermiamoci a questo punto della vita del Nostro. Ha 42 anni e ha già mostrato virtù militari e organizzative (prima della guerra dirigeva la scuola semaforisti e telegrafisti della marina a La Spezia). È venuto il momento di dare un primo sguardo alla carta del cielo di nascita di Costanzo.

Attrae subito l'attenzione l'opposizione Giove-Plutone all'orizzonte, e la congiunzione Sole-Marte nel segno della Vergine, in opposizione a Saturno-Pesci.

Procediamo per approssimazioni successive. Un Autore di stampo tradizionalista così descrive gli effetti della congiunzione Sole-Marte: «Forza fisica e psichica, temperamento attivo e facilmente eccitabile, tendenza a imporsi sugli altri, attitudini a dirigere e a comandare, virilità, coraggio che spesso rasenta l'impudenza. Questa congiunzione armonizza bene con l'attuale epoca dei motori e delle armi, colui che la tiene potrà essere indirizzato sia verso la meccanica che verso la vita militare; è caratteristica di certi piloti spericolati e di ufficiali o militari che, a sprezzo della vita, san compiere veri atti di valore.[92]»

Ma Ciano, pur essendo dotato di grande coraggio ed eccezionali virtù militari, non fu mai un temerario. Gli storici e gli agiografi del fascismo tramandano volentieri l'episodio di Cortellazzo del 16 novembre 1917, per merito del quale Costanzo entra nella leggenda. A capo di due soli Mas, attacca in pieno giorno la flotta austriaca forte di ben quindici navi - che stava bombardando le postazioni italiane attestate lungo il Piave -, semina il panico e la costringe a fuggire.

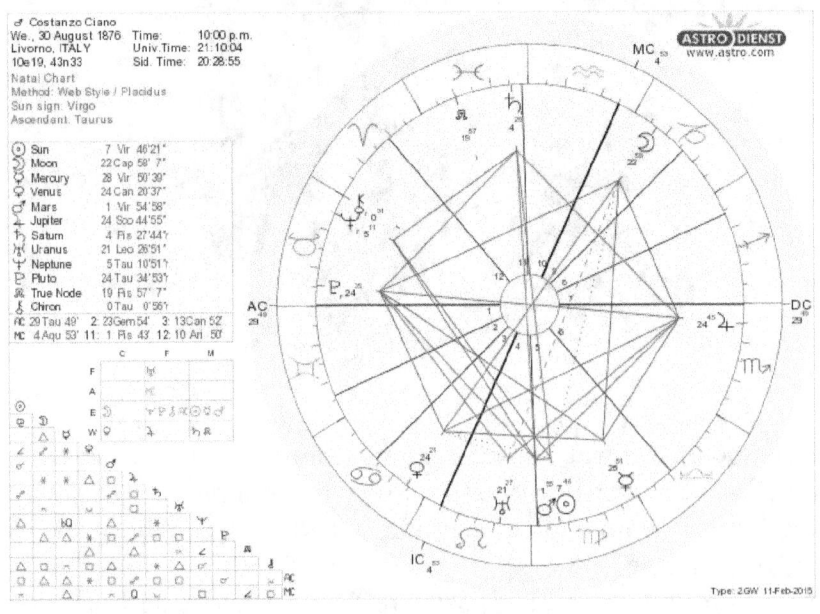

[92] Angelo Brunini, *L'avvenire non è un mistero*, edito in proprio, Roma, 1980, p. 97

Osserva lo storico:

«Costanzo scrisse, nel suo rapporto ufficiale, di essersi risolto all'attacco dopo aver constatato di trovarsi controsole e di avere quindi buone probabilità di giungere a distanza utile per lanciare i siluri prima di essere avvistato. Non rischiò mai invano la propria vita "gettando il cuore e l'anima" nella trincea nemica alla ricerca della "bella morte", ma si adoperò sempre, riuscendoci, nel procurare il maggior danno possibile al nemico con il minor pericolo.» (Guerri, 2011, p. 21, 22)

Forse, astrologicamente parlando, il rischio calcolato del Nostro può ascriversi all'appartenenza al segno della Vergine – da tener però presente che Marte tende a sbloccare l'analità del segno, rendendolo simile allo Scorpione[93] – oppure al freno esercitato dall'azione di Saturno.

Fa ovviamente parte dell'ambiente, oltre alla famiglia di origine, anche la città in cui si è nati e cresciuti; Livorno, nel caso di Costanzo. Il grande giornalista Giovanni Ansaldo:

«"Livorno è una città che lascia, come poche altre, il segno. Ultima nata fra tutte le città toscane, essa da tutte si stacca per una sua certa foga di buttarsi allo sbaraglio. Questa foga, questa tendenza alla "arrischiatura", è un po' come un'aura che circonda, nella città tirrena, uomini e cose. Costanzo Ciano la risentì in sé per tutta la vita".» (Guerri, p. 20)

L'ambiente fu pertanto favorevole al pieno dispiegamento delle innate predisposizioni marinaresche e militari del soggetto.

Contrariamente a quanto fecero i due fratelli maggiori Arturo e Alessandro, a guerra finita Costanzo – pur essendo stato proposto per la promozione a contrammiraglio – abbandona la carriera

---

[93] Cfr. André Barbault, *Uranus – Neptune Pluton*, Éditions Traditionnelles, Paris, 2002, p. 146. Anche Garibaldi presenta Marte in Vergine. Le virtù militari dell'Eroe dei Due Mondi possono forse ascriversi all'abbinamento tra l'angolarità di Marte al FC e l'angolarità del trigono Sole-Plutone tra Asc. e MC (se si accetta la rettifica dell'ora di nascita da me operata: mi sia consentito rimandare al mio *Il punto dell'astrologia*, Alpes Italia, Roma, 2014).

militare per dirigere, su invito di Giovanni Agnelli senior (capostipite dell'omonima famiglia e fondatore della Fiat, già industriale di gran rilievo) la compagnia di navigazione *Il mare*, che successivamente abbandonerà per dedicarsi alla politica.

Inizia in tal modo la seconda fase di vita del nostro personaggio, all'insegna del passaggio di Urano celeste che dall'Acquario lancia una perfetta quadratura all'opposizione Giove-Plutone radix.

Qual è lo spirito del tempo che caratterizza il dopoguerra? Le circostanze politiche, economiche e sociali dell'Italia sono ampiamente note. Occorre sottolineare che la guerra aveva formato un nucleo di uomini addestrati all'ordine e alla disciplina, uomini induriti che alle parole preferivano l'azione violenta e reclamavano per sé un giusto riconoscimento per aver servito la Nazione e per il tanto sangue versato. Lo spirito dell'interventismo, del combattentismo, della lotta. Costanzo era uno di questi, si sente in sintonia dapprima con i nazionalisti, e in seguito con i fascisti. Il 28 ottobre 1922 partecipa alla marcia su Roma. Qui sotto vediamo una commemorazione della marcia risalente al successivo anno 1923: Ciano è il primo a destra e sfila alla testa del corteo insieme agli altri gerarchi.

Era già sottosegretario alla Marina e commissario alla Marina mercantile. L'intellettuale antifascista Ernesto Rossi nel suo classico *Padroni del vapore e fascismo* ricostruisce con molta cura le vicende dell'economia italiana durante il ventennio e afferma: «Fra tutti i Grandi Baroni dell'industria e della finanza che trassero subito vantaggi dall'avvento del fascismo al potere, il gruppo che maggiormente ne profittò fu forse quello degli armatori e dei costruttori navali.[94]» Questo Autore sottolinea il grande potere attribuito al Commissario ai servizi della Marina mercantile dal decreto n. 211/1923, avanzando contestualmente l'ipotesi (peraltro verosimile seppur mai documentata) che Ciano ne traesse enormi vantaggi personali, fino a diventare ricchissimo.

Costanzo diventa sempre più importante e potente, la sua ascesa è irresistibile. Il 3 febbraio 1924 Mussolini lo nomina ministro delle Poste e Telegrafi, il 3 maggio il ministero cambia nome, ora è ministero delle Comunicazioni, competente anche per la marina mercantile, la radio e le ferrovie. Gode della fiducia di Mussolini che lo designa segretamente suo successore in caso di morte improvvisa. Il prestigio di Ciano è alle stelle: è ben visto sia dai monarchici che dai fascisti, e il figlio Galeazzo sposa Edda, figlia del Duce.

Che carattere aveva Ciano, al di là del coraggio e delle comprovate doti organizzative? La moglie Carolina lo descrive "irruento e audace, rapido nelle decisioni e preciso nell'azione." (Guerri, p. 20) "Non era facondo, detestava le immagini retoriche, ed è infatti il più silenzioso e laconico degli uomini espressi dal regime. ... Era quello che si dice un marinaio, risoluto, di gusti sinceri e sbrigativi[95]" " Semplice e burbero", padre sollecito e tuttavia severo nell'educare i figli. "Seppe inculcare nel figlio [Galeazzo] la fede cristiana, l'amor di patria e un profondo senso della famiglia, dell'onore e del dovere." (Guerri, p. 27)

Sotto il profilo fisiognomico, Costanzo è imponente, massiccio, corpulento. Le descrizioni che ci tramandano Virgilio Lilli e D'Annunzio fanno pensare a un Ascendente Toro piuttosto che

---

[94] Ernesto Rossi, *Padroni del vapore e fascismo*, Laterza, Bari, 1966, p. 69.
[95] Virgilio Lilli, *Costanzo Ciano il risicatore*, La Lettura, Agosto 1939, fasc. 8

Gemelli, ipotesi non da scartare in considerazione dell'ora arrotondata depositata in anagrafe. Non credo che anticiparla di pochi minuti costituirebbe una forzatura.

Il Vate, dopo l'impresa di Cortellazzo, ce lo descrive così:

«Lo vediamo torreggiare sul pontile, nella sua gran casacca di pelle fosca. È l'architettura umana della sicurezza. Tra le spalle quadre e la collottola rilevata può portare qualunque peso di obbedienza e di comando agevolmente … Sa ridere come un fanciullo e sa ridere d'un riso che spaccia … Ecco che con lui siamo tutti sicuri di arrivare al bersaglio.» (Guerri, p. 22)
Virgilio Lilli (lo descrive giovinetto):

«La fronte il naso la bocca il collo sono già così solidi concreti e robusti da potersi prevedere senza fatica quella che sarà nell'adulto la maschera poco complimentosa seppure cordialissima del lupo di mare.» (*op. cit.*)

Credo di poter affermare che la corporatura richiami agevolmente sia le caratteristiche taurine che la spiccata angolarità di Giove. Se quest'ultimo è percepibile nel fisico, l'angolarità di Plutone richiama alla mente il potere, l'ambizione e la ricchezza.

Dante colloca avari e prodighi nel cerchio IV dell'inferno, e il demonio Pluto a sua custodia. È a questo punto utile attingere al lavoro dell'analista junghiano Claudio Widmann[96].

«Prima di decadere a infernale demonio, Pluto fu *daimon* della ricchezza e dio del denaro. … Così, già i misteri eleusini finirono per associare Pluto ad Ades, il dio sotterraneo degli Inferi, signore delle ricchezze custodite nel sottosuolo e nelle profondità umane.» (Widmann, p. 203, 204)
«Sulla connessione tra denaro e feci, Freud incentrò una triade comportamentale (parsimonia-ordine-ostinazione) che ritenne improntarsi durante la fase anale e improntare a sua volta la nevrosi ossessiva.» (Widmann, p. 164)

---

[96] *Il mito del denaro*, MaGi, Roma, 2009.

Nella sua descrizione delle caratteristiche psicologiche e psicoanalitiche abbinabili al segno della Vergine, André Barbault parla di carattere anale controllato. «Il tratto fondamentale di questo carattere è costituito dalla tendenza a *trattenere*, e di conseguenza a *controllare*, e inoltre a *dominarsi*. … Questo tipo Vergine si trova tanto più accentuato, sia nei pregi che nei difetti, quanto più è potente alla nascita Saturno, l'astro delle inibizioni.[97]»

In un documento ufficiale, Costanzo Ciano dichiarò il criterio che lo aveva guidato reggendo la Marina mercantile: "Io ho fatto valere due virtù che erano diventate desuete: ordine e disciplina; io le ho imposte decisamente all'osservanza di tutti" (Guerri, p. 35, 36).

E chi meglio di Costanzo poteva far sì che i treni marciassero in orario[98]?

Ciano era un quindi un rappresentante della Vergine con le chiare caratteristiche del carattere anale; tipo rilasciato nella vita militare e tipo trattenuto nella vita civile. Il tipo "ambivalente" descritto da Barbault, poiché hanno giocato in differenti momenti e differenti sfere di vita sia Saturno che Marte e, soprattutto, Plutone. Con l'opposizione angolare Giove-Plutone tra Toro e Scorpione lungo l'asse I-VII (se si accetta una leggera correzione dell'ora di nascita), i segni zodiacali legati al possesso e al denaro. Basti osservare, ad esempio, le posizioni celesti all'atto dell'entrata in guerra dell'Italia: una congiunzione Saturno-Plutone a circa 1° del Cancro, che attivavano per sestile il Marte radix del futuro Conte di Cortellazzo.

Il destino fu generoso nei suoi confronti: colmo di onori e di sostanze, vide il figlio diventare Ministro degli esteri e genero di

---

[97] *Vierge*, Éditions due Seul, Paris, 1989, p. 41, 43.
[98] «Ci raccontano che egli al mattino se ne andasse solo soletto alle stazioni, e con l'orario alla mano attendesse l'arrivo dei convogli. Ai primi tempi della sua carica di massima autorità delle ferrovie, attese tra la folla dei viaggiatori, tra facchini, tra i manovali, tra i venditori di giornali e di guanciali fino a dieci ore, dodici ore. Paziente; pazienza da navigante. Quando la locomotiva aveva finalmente arrestato i suoi stantuffi, si presentava al macchinista al capotreno ai frenatori al capostazione, l'orologio nella destra, l'orario nella sinistra. Con quel capitano di mare non si scherzava.» (Virginio Lilli, cit.)

Mussolini. Gli furono risparmiati gli orrori del II conflitto mondiale e l'ignominiosa esecuzione di Galeazzo. La sua morte fu benevola e senza sofferenza: Marte sferrò il colpo decisivo, passando misericordioso sopra quel prudente Saturno radix che gli prestò la falce, in quella notte tra il 26 e 27 giugno 1939. Il lupo di mare era sceso dalla nave prima dell'infuriare della tempesta.

TESORI NASCOSTI: IL LASCITO DI NICOLA SEMENTOVSKY-KURILO

MATER SCIENTIAE

Tutto è uno:
Comete disperse nel cosmo,
Scintille sul focolare terrestre.
Tutto è identico
Come suono e vibrazione.
Le stelle scivolano
Sui binari del cielo.
Il sangue umano ruota
sulle tracce della vita.
Il sopra è immobile essenza.
La luce trasforma il sotto.
Dove l'effimero sempre
Nello spazio si dissolve,
Per lo sguardo senza tempo
È solo eco
Dell'eterna esistenza.

(Nikolaus v. Sementovsky-Kurilo, *Lebensspuren*)

Non sarà a molti noto che Nicola Sementovsky-Kurilo ebbe cura di disporre che, dopo la morte, tutte le sue carte dovessero essere conservate presso lo Schillers Archiv di Marbach am Neckar.

Gli studiosi di germanistica sanno che qui è raccolta tutta la letteratura di lingua tedesca a partire dalla metà del secolo scorso, nonché i lasciti e l'epistolario dei grandi della letteratura del passato. Oltre all'attività di raccolta e di archiviazione, promuove la ricerca tramite pubblicazione di testi inediti nonché la loro recensione critica.

L'Archivio, fondato nel 1955, contiene circa 800 lasciti di scrittori, oltre 150.000 lettere, 360.000 volumi e 840 riviste specializzate. L'importanza di questa istituzione è inestimabile per tutti gli studiosi di lingua e letteratura tedesca.

In questo ambito è reperibile il lascito di Nicola Sementovski-Kurilo, costituito da 36 raccoglitori contenenti un copioso epistolario in italiano, spagnolo, tedesco, francese, inglese e russo, bozze e manoscritti di libri in progettazione, articoli pubblicati su vari quotidiani e riviste italiane, svizzere e tedesche; vi sono inoltre i testi delle numerosissime conferenze tenute dall'Autore in Italia, Svizzera e Germania su argomenti attinenti la storia russa, la religiosità russa ed occidentale (con particolare riguardo a San Francesco d'Assisi), l'astrologia come patrimonio culturale dell'Occidente.

Vi sono inoltre innumerevoli documenti riguardanti l'attività giornalistica e la sua presidenza dell'Unione Giornalisti Esteri con sede in Milano.

Dall'epistolario emergono i contatti intrattenuti, fra l'altro, con alcune personalità di rilievo in vari campi della cultura, come ad esempio il prof. Hans Bender, titolare della prima cattedra di parapsicologia in Germania, la dott.ssa Froebe, segretaria del C. G. Jung Institut di Zurigo, esponenti del convento dei frati cappuccini di Lucerna, con il dott. Gastone de Boni, noto parapsicologo, ed anche con André Barbault.

Vi sono ovviamente numerosissime lettere e grafici riguardanti la propria attività astrologica che però, come egli stesso più volte sottolineava, costituiva solo una piccola parte della sua vasta e variegata attività.

Nell'ambito di un paziente lavoro di esame di una gran mole di materiale, abbiamo avuto la piacevole sorpresa di rintracciare cenni biografico-astrologici riguardanti lo stesso Sementovsky, che aveva sempre accuratamente taciuto o addirittura occultato.

Egli sosteneva infatti di non conoscere la propria ora di nascita e quindi di essere impossibilitato a tracciare il proprio tema natale.

In un momento particolarmente difficile della propria vita, però, egli confessa ad un proprio corrispondente svizzero alcune notizie sulla sua situazione astrologica, notizie che sono state da noi utilizzate, con l'aiuto di Ciro Discepolo e dei suoi programmi informatici, per tentare di ricostruire il grafico di nascita.

Segue ora la traduzione italiana della lettera in questione, per la sola parte riguardante la situazione astrologica.

«*3.8.1965*

(...)

Per quanto attiene i Suoi quesiti sulla mia persona, mi permetto di darLe qualche indicazione astrologica che potrebbe interessare anche Lei.

Saturno attualmente si trova retrogrado nei Pesci (segno opposto al mio segno natale, la Vergine) e si allontana lentamente dall'opposizione al mio Sole, per poi, nella primavera del 1966, grazie al cielo raggiungere l'opposizione con una veloce corsa in avanti che però non avrà più conseguenze negative come quelle odierne.

Prevedo quindi che il logoramento delle prossime settimane perderà lentamente di intensità ma tuttavia io ne risentirò ancora alcuni effetti, per altro abbastanza sopportabili. La parola d'ordine è: tenere duro. Si tratta di una situazione molto simile a quella in cui Lei si è trovato tra la fine del 1964 e l'inizio di quest'anno. Al contrario della mia situazione (Saturno opposto al Sole) Lei ha Saturno congiunto al Sole di nascita tra l'Acquario e i Pesci. E all'epoca cosa Le consigliai? Pazienza, resistenza, costanza.

Ma per Lei la vera corrispondenza di Saturno è terminata. Tutt'al più ne risentirà appena appena qualche traccia. Ciò corrisponde a quello stato di sospensione tra Sì e No di cui si parlava a Heidelberg.

Ma io mi trovo proprio nel bel mezzo. E Lei sa per propria esperienza che cosa significa, soprattutto perché una opposizione è sempre più sgradevole di una congiunzione. È inoltre da osservare che in un oroscopo di base favorevole (e questo è proprio il Suo caso) ogni negativa corrispondenza appare più attenuata che non in un oroscopo di base sfavorevole (come il mio), dove il termine sfavorevole si manifesta sul piano sociale e finanziario, il che significa difficoltà e crisi in questo ambito malgrado doti intellettuali, talento e diligenza.

Dal punto di vista spirituale il mio tema natale mostra un quadro non molto frequente: quasi tutti i pianeti si trovano nel loro segno!

Il transito di congiunzione di Urano sul mio Sole in Vergine non mi fa molta paura (sarebbe interessante sapere in che modo si è manifestata per Lei la corrispondente opposizione di Urano dal segno del Leone tra la fine degli anni '50 e l'inizio degli anni '60). Nel mio tema natale Urano si riferisce al lavoro e alla professione. Già da un anno sto facendo a questo riguardo un "rinnovamento fondamentale" che naturalmente comporta enormi tensioni.

So che ce la farò. Ho messo troppa carne al fuoco. Il mio nuovo libro è già sul tavolo di tre editori e altri due l'hanno richiesto, ma non ho più copie. Dall'uno o l'altro mi aspetto a giorni una risposta. Un contratto con una casa editrice significa entrate. È impossibile che tutti dicano di no. La richiesta di presentare il manoscritto si fa dopo avere trasmesso un indice dettagliato.

Ma Saturno logora. Aspettare, aver pazienza (Lei lo sa!) un giorno, ancora un giorno, e ognuno va vissuto. In una tale situazione la resistenza necessita di un impulso: una minuscola cosa positiva incoraggia, ma anche la più piccola cosa negativa paralizza. Anche la mancanza di notizie ha un effetto logorante e fa sorgere "pensieri neri". E poi io non ho nessuno con cui sfogarmi. Non mi rimane altro che buttarmi sul lavoro (non ha fatto anche Lei la stessa esperienza?).

Dunque io non sono un uomo di successo come Lei, come mio fratello. Vivo nella paura di essere sfortunato, anche se non ce n'è motivo. Semplicemente, non posso godermi la vita. Appena mi immagino qualche cosa che mi dà gioia, tranquillità interiore e fiducia nel futuro, arriva inevitabilmente il "destino" e butta tutto per aria: la mia fidanzata morì in tre giorni di tifo nel 1939 poco prima del nostro matrimonio... e l'ultimo caso di Werner Reiners?

Contro tutto ciò posso solo "oppormi", deviare i colpi attraverso un enorme lavoro, sopportare con pazienza e disponibilità interiore tutto ciò che avviene, attenuare il peggio; inoltre so che all'ultimo momento arriva qualcosa che scaccia l'incubo. A 17 anni fui

*condannato a morte e "graziato" davanti al plotone d'esecuzione:
questo è rimasto il motivo conduttore della mia vita!
Ciò si rispecchia anche nel mio tema natale: Saturno in Capricorno
nell'8^ casa (gloria post mortem!).
Il suo Saturno sta in III casa: è il segno di qualcuno che spesso con
modestissime origini ha possibilità di ascesa quasi illimitate...
Ora mi accorgo di essermi dilungato troppo. Mi scusi, ma ciò che ho
detto forse Le interesserà nella prospettiva di un confronto.
Cordiali saluti.* »

A questo punto, abbiamo considerato alcuni dati di fatto, che sono:
1) il Sementovsky nacque a Poltava (odierna Ucraina) il 28 agosto
   1901 e morì a Heidelberg (Germania) il 1 dicembre 1979;
2) ebbe una vita estremamente movimentata, caratterizzata da
   frequenti spostamenti;
3) svolse una intensissima attività come scrittore, giornalista e
   conferenziere;
4) aveva una enorme capacità di lavoro (in più lettere egli scrive di
   lavorare 16/20 ore al giorno);
5) aveva un fratello maggiore, Constantin, che viveva a Francoforte
   sul Meno dove aveva fatto una brillante carriera bancaria; di lui
   egli lamentava l'insensibilità ai propri problemi finanziari;
6) era continuamente assillato da problemi economici;
7) non si era mai sposato né, da un certo punto della sua vita, aveva
   voluto legarsi con una donna;
8) malgrado avesse contratto gravi malattie quali la tubercolosi,
   un'infezione renale, un'infezione da streptococchi al muscolo
   cardiaco, ripetuti esaurimenti nervosi etc., era dotato di enormi
   energie ed inesauribile carica vitale.

Conoscendo ora i principali dati del Sementovsky, si è tentati di
rileggere il suo *Trattato* e *Carattere e Destino* in chiave biografica,
ed infatti proprio le corrispondenze oroscopiche del suo tema natale
trovano ivi spiegazioni e riscontri particolarmente calzanti.
Ve ne proponiamo alcuni.
Per quanto attiene i cambiamenti di ambiente, sappiamo che egli
visse dal 1901 al 1919 in Russia, dal 1920 al 1933 a Berlino, nel
1933/1934 a Ibiza, poi si trasferisce in Italia a San Remo e da lì a
Mirandola, poi a Modena indi a Milano dove si trattiene fino al

1964, anno in cui si trasferisce prima in Svizzera e poi a Heidelberg. Non risulta che abbia mai fatto viaggi di piacere.

Di ciò si trova conferma nella descrizione del terzo campo in Cancro a pag. 362 del *Trattato*:

Questi individui cambiano volentieri la residenza e gli ambienti che frequentano, ma solo di rado compiono grandi viaggi. Passeggiate e gite solitarie in mezzo a bei paesaggi costituiscono i loro svaghi preferiti. Parenti ricchi, ma avari.

Viene inoltre confermato l'insoddisfacente rapporto col fratello. A questo proposito a pag. 237 di *Carattere e Destino* si legge:

Fratello (o sorella) estraneo alle aspirazioni del soggetto; attriti o dissidi per tali motivi; incomprensione da parte dei parenti in genere; frequenti cambiamenti di residenza; possibilità di crearsi un ambiente proprio fuori del paese natale.

Sappiamo che il Sementovsky discendeva da antica famiglia nobiliare. Il bisnonno Maxim fu medico personale dello zar Alessandro I di Russia, il nonno Constantin ricoprì la carica di Consigliere Privato dell'imperatore, nonché di Direttore di Cancelleria per le domande di grazia. Il padre Mitrofan fu colonnello dell'armata imperiale russa e prefetto di polizia a Navgorod. La madre Vera era discendente di una famiglia principesca.

Con la morte dei due fratelli Nicola e Constantin si estingue l'antica famiglia Sementovsky-Kurilo, poiché ambedue non lasciano discendenti.

A pag. 382 del *Trattato* (descrizione del IV° campo in Leone) si legge:

Origine distinta e spesso nobile. Il padre e gli antenati maschi generalmente appartengono alle alte gerarchie statali, sono o sono stati proprietari di complessi industriali o alti militari. Buona educazione e atteggiamenti di uomo di mondo o di grande dama nella società. Per lo più mancanza di prole o pochi discendenti.

Sappiamo che il Sementovsky fu in procinto di contrarre matrimonio solo una volta (vedi lettera di cui sopra), dopodiché non dimostrò più alcun interesse affettivo, dedicandosi anche ad una intensa attività pedagogica: nel 1946 fonda la Unione Gioventù Europea con l'intento di riportare fra i giovani «l'impulso dell'amore» e di far sì che «una luce sublime tornasse ad illuminare le vie future dell'umanità europea» (vedi Epoca n. 222 del 2/1/1955). Queste idee sono organicamente espresse nel suo libro *L'Europa cerca Dio*, che fu accolto da un grande successo di critica. Ne riportiamo un brano:

L'uomo moderno ha perso la coscienza di queste possibilità intrinseche del proprio essere: la santificazione della vita, considerata manifestazione di debolezza, è oggi oggetto di derisione; l'eroismo, a sua volta, dopo aver subito un atroce sfiguramento, appare come un'espressione di malvagità e di arbitrio. Perché la civiltà cristiana sopravviva alla sua attuale decadenza, le generazioni future dovranno rianimare prima, coordinare poi nella propria esistenza l'aspirazione alla santità e i principi dell'eroismo, ricostruendo così quello specchio della vita, in cui "dentro" e "fuori" fusi insieme si rifletteranno di nuovo in perfetta armonia e, dileguati i veli del lungo crepuscolo, allo sguardo del mondo in luce si presenterà l'immagine resuscitata dell'uomo creato ad immagine di Dio.

A pag. 453 del *Trattato* si legge quanto segue (descrizione di Urano in Sagittario in campo VII):

Il matrimonio è consigliabile solo a condizione che il compagno di vita sia in grado di condividere integralmente gli interessi professionali del soggetto, specie se quest'ultimo è uno studioso. Spesso si tratta di persone che si sacrificano per una grande idea od un'opera sociale.

La descrizione del suo aspetto fisico e della conformazione psichica si trova a pag. 251 del *Trattato*. Infatti il Sementovsky era di corporatura assai minuta (egli stesso ci fa sapere che non pesò mai più di 49 chili); anche le malattie di cui fu colpito sono quelle riportate nel lungo paragrafo dedicato all'ASC Gemelli / Sole Vergine (pag. 251 del *Trattato*). Si trovano pure riferimenti alla versatilità intellettuale ed alla capacità di apprendimento delle lingue. È noto che il soggetto parlava e scriveva correttamente cinque lingue, mentre quale corrispondente di riviste straniere copriva le più svariate aree giornalistiche. Dal punto di vista affettivo abbiamo rilevato che egli difficilmente manifestava slanci: nel copioso epistolario col figlio adottivo egli si occupava prevalentemente di problemi pratici che lo riguardavano in prima persona a seguito del precipitoso abbandono della sua residenza italiana nel 1964. Lo stesso vale per l'epistolario col fratello Constantin.

Sementovsky per tutta la vita fu assillato da problemi economici. Dall'epistolario risulta che, per sopperire alle sue necessità, non esitava a chiedere prestiti a conoscenti o anticipi alle case editrici. Si rivolse spesso anche al fratello e fu aiutato dai frati cappuccini di Lucerna. Quando abbandonò l'Italia nel 1964, lasciò anche una serie di pendenze che però si sforzò di sistemare gradualmente.

A pag. 231 di *Carattere e Destino* si legge (Nettuno in seconda casa):

Nelle questioni finanziarie regna disordine; guadagni irregolari, spesso provenienti da fonti oscure; incapacità di sistemare la propria esistenza materiale; furti o inganni subiti.

Dagli elementi che abbiamo potuto raccogliere, unitamente ad un esame di gran parte delle opere in lingua italiana e tedesca di Sementovsky, ci siamo formati la convinzione di trovarci di fronte ad una personalità assai complessa, a volte contraddittoria, tuttavia portatrice di profondi valori spirituali provenienti soprattutto dalle sue origini russe.

Anche l'astrologia, quindi, non poteva non diventare una vera e propria cosmologia, dove l'alfabeto del linguaggio cosmologico diventa inevitabilmente espressione di una realtà spirituale ultratemporale (...) immutabile nel suo essere in quanto essa riflette l'immagine stessa di Dio. In questa ottica, il destino dell'uomo - come imperfetto frammento della esistenza della Creazione Divina, come legge del divenire del microcosmo - non è più qualche cosa che si compia senza ch'egli vi possa intervenire, ma, essendo la proiezione di un'immagine ch'egli deve comprendere e interpretare per poterla concretare nella propria vita, appare invece al contrario e proprio perciò una via che l'uomo percorre passo per passo, fissandone una per una le singole tappe e mete in piena consapevolezza di doverlo e poterlo fare con tutte le facoltà di una creatura dotata di libero arbitrio. (*L'Europa cerca Dio*, pag. 350/351)

Speriamo con questo di avere stimolato la curiosità e risvegliato l'interesse dei lettori verso l'opera di Nicola Sementovsky-Kurilo.

N.B. Al momento della nascita di Sementovsky, in Russia vigeva il calendario giuliano. Il passaggio da questo al calendario gregoriano avvenne l'1/4/1918 e comportò la "perdita" di 13 giorni. Secondo il calendario gregoriano la data di nascita del 28/8/1901 diventa quindi il 10/9/1901.

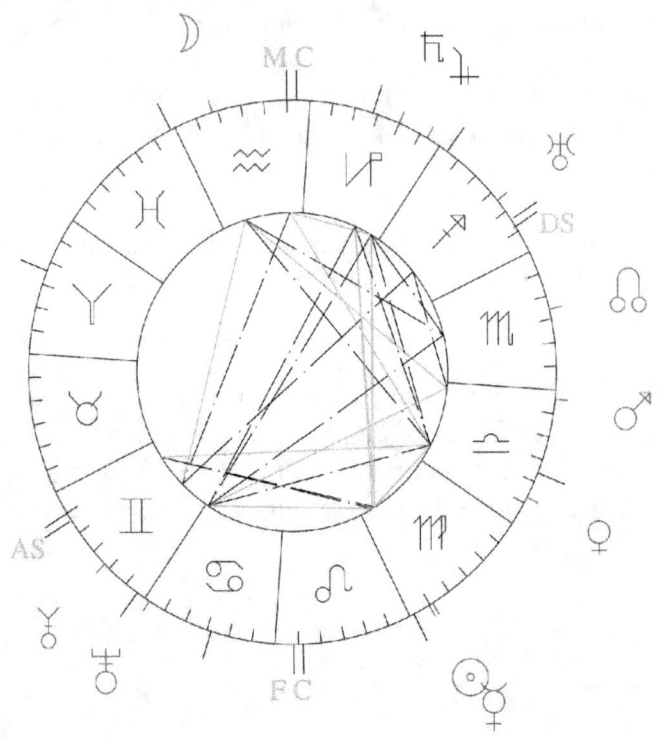

IV PARTE
PER CONCLUDERE

Enzo Barillà è nato nel 1945 a Bologna,
dove ha conseguito nel 1974 la laurea in
Economia e Commercio.
Inizia a interessarsi all'opera di C. G. Jung
già da studente, e contemporaneamente si
sente attratto dall'astrologia.
Al suo attivo conta diversi titoli: *"Il punto
dell'astrologia"*, *"Astri e destino"*,
*"Incursione nei regni inferi. Analisi
astropsicologica di Plutone"*, *Eros e
Thanatos nel giardino dell'astrologia"*,
*Tipologia psicologica e tipologia
astrologica"*, nonché numerosi articoli
pubblicati su riviste specializzate nazionali
ed estere di astrologia e di psicologia.
Il suo interesse primario, astrologicamente
parlando, verte sugli aspetti storici della
disciplina e sul suo rapporto con la
psicologia del profondo, seguendo così il
percorso tracciato da André Barbault, con il
quale si sente in perfetta sintonia.
È infine da ricordare la sua partecipazione a
numerosi convegni e la sua attività di
traduttore dalla lingua inglese, tedesca e
francese.

ISBN 978-1-328-53958-5

I mille volti di Nettuno

Enzo Barillà

DIAGNOSI ASTROLOGICA DELL'ORIENTAMENTO PROFESSIONALE: L'INSEGNAMENTO DI ANDRÉ BARBAULT

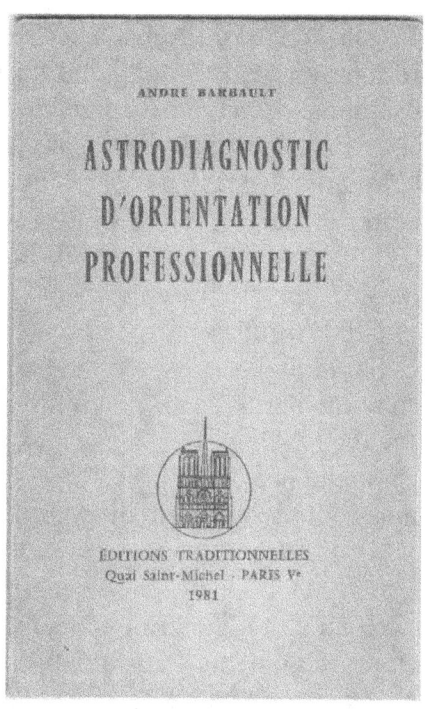

Le ricerche astrologiche in materia di orientamento professionale, argomento quanto mai specialistico, non evidenziano molta letteratura.

Consapevole di questa lacuna, André Barbault decise di occuparsi della questione pubblicando una serie di articoli su *l'astrologue*, iniziando dal numero 25 (I trimestre 1974) e finendo col numero 35 (III trimestre 1976). Considerata l'importanza e il successo dell'iniziativa, le Éditions Traditionnelles riunirono questi articoli in un libricino di 80 pagine stampato nel 1981 e successivamente tradotto in italiano nel 1984, per i tipi delle Edizioni Ciro Discepolo.[99]

---

[99]Nella maggior parte dei casi ho però preferito rivedere la traduzione dei brani riportati tra virgolette, sostituendo la mia versione a quella dell'edizione italiana.

Cercherò di riassumerne fedelmente il contenuto – sia pure nei limiti di una breve relazione – certo che l'insegnamento del maestro francese non abbia perso nulla della sua validità e attualità.[100]

Il primo principio a cui deve attenersi l'astrologo consulente, interrogato in merito alle attitudini professionali di un giovane che vuole affacciarsi sul mondo del lavoro, è quello di richiamarsi ai capisaldi che la disciplina stessa dell'orientamento professionale si è data. Non è infatti pensabile di occuparsi, astrologicamente, di una materia di cui si ignorano le basi e le regole di funzionamento.

«Conviene, naturalmente, operare raccogliendo il massimo delle informazioni sul soggetto. All'inizio, il consulente deve conoscere l'ambiente sociale della famiglia, gli studi in corso o i diplomi posseduti, la formazione intellettuale, gli svaghi, le preoccupazioni e inclinazioni, oltre al suo problema d'orientamento professionale. È in tal modo, e solo così, che potrà "prendere la misura giusta" delle sue astralità e individuarne il particolare registro.»[101]

In primo luogo, occorre individuare la disposizione innata del soggetto, che si converte in attitudine professionale, qualora i fattori ambientali (educazione, ambiente sociale, situazione socio-economica del periodo storico) lo consentano. Più facile a dirsi che a farsi...

Cercare la disposizione innata significa indagare e scoprire, con la collaborazione del consultante, il nucleo della personalità, e come esso possa manifestarsi in modo creativo anche per mezzo dell'esercizio di un'attività professionale. In una conferenza tenuta a Vienna nel 1932, C. G. Jung afferma: «Personalità è la suprema realizzazione dell'indole innata al singolo essere vivente. Personalità è l'atto di supremo coraggio di fronte alla vita, l'affermazione assoluta dell'essere individuale e il più riuscito adattamento alle

---

[100] Le citazioni di André Barbault non specificamente riferiti ad altre opere, s'intendono tratte dal testo sopra menzionato.
[101] *Astrologia e orientamento professionale*, cit., p. 84

condizioni universali dell'esistenza, unito alla maggiore libertà possibile di autodeterminazione.»[102]

Per ritornare al nostro argomento, in buona sostanza, occorre quindi «stabilire una relazione tra una natura umana e una professione o una carriera.» Precisa poi il Barbault: «Si tratta, in effetti, partendo da una conoscenza dell'essere umano, di ricercare un mestiere conveniente alla sua natura e che sia possibilmente anche il più conforme ai suoi gusti, disposizioni e attitudini.»

«Una buona indagine sull'orientamento professionale deve quindi iniziare ricercando le motivazioni più forti del bambino. Una professione ha tanto più possibilità di riuscita quanto più riesca interessante, a condizione però di non suscitare un'applicazione troppo presto faticosa; con la matrice di tale interesse che risiede tutta nell'animare i bisogni più vitali dell'essere.»[103]

Una prima difficoltà risiede però nel definire i parametri dell'attitudine professionale: come la si può misurare? Dall'interesse mostrato dal soggetto verso una certa professione o un dato mestiere? Dal successo che s'incontra nel concreto svolgimento di quella professione o mestiere? E il successo a sua volta come si misura? Dalla soddisfazione che il soggetto ritrae nell'esercizio dell'attività, dal denaro che riesce a guadagnare, o dal prestigio sociale che ne deriva?

E che cosa può rivelarci l'informazione astrologica? Ora ci soccorrono i risultati statistici dei coniugi Gauquelin eseguiti su migliaia di soggetti: campioni sportivi, chirurghi, scienziati, uomini politici di livello ministeriale, scrittori, artisti, militari ai vertici della scala gerarchica. Essi evidenziano la presenza di uno specifico astro alla levata o alla culminazione, «sicché è fuor di dubbio che è proprio la riuscita in se stessa che vale da indice in questi bilanci statistici.»

---

[102] *Il divenire della personalità*, Opere, Vol. XVII, p. 166
[103] *Astrologia e orientamento professionale*, cit., p. 47

Riferendoci a queste monumentali ricerche, è tuttavia necessario fugare un possibile disguido: Marte culminate o alla levata non "produce" necessariamente il militare, il poliziotto o l'atleta (solo per citare una possibile gamma di professioni "marziali"); il soggetto tuttavia eserciterà da "marziale" qualsiasi professione egli avrà scelto. Michel Gauquelin è categorico: «La posizione natale di Marte è veramente l'espressione di un temperamento e ha poco a che vedere con il destino professionale.»[104]

Da parte sua, così si esprime il grande astrologo francese: «A margine o al di là delle barriere economiche, scolastiche e sociali all'avanzamento sociale, la nascita sotto una specifica angolarità planetaria costituisce il massimo fattore di qualificazione che conduce alla riuscita, quando l'individuo si orienta in un percorso professionale consono al tipo di professione che corrisponde al pianeta angolare alla nascita.»

Tuttavia accade anche che il soggetto scelga un mestiere o una professione indotto da spinte di carattere compensatorio piuttosto che da impulsi conformi a quella che, col senno di poi, si rivela la sua autentica vocazione.

Occorre ora scendere nel campo specificamente astrologico. Esaminiamo gli indicatori a disposizione: la casa VI (il lavoro sotto l'aspetto un po' mortificante dell'obbligo, della costrizione, del lavoro ingrato, o dei carichi domestici), la casa X (carriera, reputazione, coronamento degli sforzi, riuscita), la casa III (educazione, studi, esami)[105]. Per Tolomeo, «il Signore delle opere si trae da due dati: dal Sole e dal segno del Medio Cielo.»[106] Per Barbault, «l'attinenza del Sole con la coscienza, con la volontà, con la realtà, con l'azione e con un tipo di comportamento rispondente a un certo sentimento dell'Io (di forza, di grandezza, di elevazione...), come il self-feeling degli Inglesi e il Selbstgefühl dei Tedeschi, sono

[104] *Il dossier delle influenze cosmiche*, Astrolabio, Roma, 1975, p. 87
[105] cfr. André Barbault, *Vierge, Capricorne, Gémeaux*, Collezione Zodiaque, Seuil, Parigi, 1989
[106] *Tetrabiblos*, libro IV

rapporti acquisiti.»[107] «Il Medio Cielo ne è la rappresentazione oggettiva, essendo il luogo più alto del cielo del nostro sistema solare: esso ha valore di elevazione, di ascensione, di culminazione. ... Da ciò proviene la specificità attribuita al X settore, che riguarda l'azione esercitata dal soggetto nell'ambito sociale, o la posizione più o meno importante che in esso occupa: professione, carriera, iniziative, onori, gloria...»[108]

Un'analisi, per quanto accurata, dei fattori appena descritti non basterebbe però a render ragione delle attitudini professionali del soggetto poiché «ovviamente, a coronamento del tutto, si trova la segnatura della dominante, il leitmotiv del tema natale. D'altronde, al limite, tutto il tema partecipa alla vita professionale tramite il gioco di vibrazione delle pedine della scacchiera astrale: la posizione del Sole - per segno, settore e aspetti – qualifica il sentimento della riuscita; il MC, tramite l'astro culminante o – in mancanza – per mezzo del suo governatore, qualifica la natura delle tendenze passibili d'elevazione, con l'astro che va interpretato nell'insieme delle proprie configurazioni, ecc.»[109]

Per una migliore comprensione del concetto della dominante, conviene rifarsi brevemente a un recentissimo lavoro di André Barbault, *La signature astrale*[110], che ho avuto l'onore di tradurre in italiano. In esso si legge:

«Affrontando il tema della "dominante" – blasone della formula astrale della persona, in qualche maniera il suo stemma, che gli imprime il suo stile – abbiamo la consapevolezza di toccare l'essenza dell'interpretazione del tema, come se questa fosse la sua pietra angolare o la sua chiave di volta. Una specie di ricerca del Graal... Il fatto è che la posta in gioco non è magra, perché interpretare con questa finalità significa scrivere la storia psicologica dell'individuo pressappoco come si disegna la mappa di un paese per darne la corretta idea dei suoi rilievi, delle diverse proporzioni ed

---

[107] *Dalla psicoanalisi all'astrologia*, Morin, Siena, 1971
[108] *Astrologia e orientamento professionale*, cit., p. 43
[109] *Astrologia e orientamento professionale*, cit., p. 44
[110] Può essere consultato sul sito internet di André Barbault.

estensioni, e delle relazioni che vi si stabiliscono, ovvero l'identificazione della vita che vi si svolge. A causa della sua importanza, non bisogna stupirsi che questa nozione si trovi là, già all'inizio del passaggio all'atto dell'interpretazione. Per lo meno, si pone come una presenza latente, una potenzialità che s'insinua e si delinea precisandosi mano a mano che la si concretizza.»

Tutto ciò detto e premesso, quasi sembrerebbe che l'astrologo abbia poco da offrire ad una seria ricerca di orientamento professionale; e ciò non per sua colpa o inadeguatezza, bensì per l'imponderabilità dei numerosi fattori che compongono il quadro, come se questo fosse un mosaico o un gioco a incastro i cui pezzi non vogliono saperne di entrare nella loro giusta collocazione. E tuttavia, come ben sappiamo, l'indagine astrologica - se condotta in collaborazione col soggetto in un rapporto dialettico in cui entrambe le parti si pongono onestamente su un percorso di ricerca senza travisamenti – ha molto da dire, purché ne vengano riconosciuti i limiti.

Concludo avvalendomi delle parole del Maestro:

«... il problema non è quello di voler indovinare il mestiere esercitato dal soggetto o prevedere quello che sceglierà (abbandonate al dilettante questa temerarietà); eventualmente, si può solo sondare quello o uno di quelli che sarebbe stato interessato a fare o dalla cui scelta avrebbe ritratto vantaggi, preferendolo ad altri. Il consulente deve rifiutarsi di giocare agli indovinelli procedendo al buio e partendo da zero, con il solo tema natale sotto gli occhi. ... La sua ricerca consisterà nell'accordare una scelta tra ipotesi egualmente plausibili agli occhi della ragione, evidenziando tuttavia delle preferenze che occorre giustificare per una strada piuttosto che un'altra. Si tratta di cogliere le possibilità di accordo o disaccordo dell'essere con ciascuna delle professioni proposte – o addirittura con altre che ispirano il consulente e a cui gli interroganti non avevano pensato – dedicandosi a un'analisi a tutti i livelli: ricerca delle motivazioni, delle tastiere professionali, delle coordinate psicologiche, dei fattori di riuscita... *Una luce in più*, sì, ecco che cos'è la diagnosi astrologica di orientamento professionale, che consente di fare *la scelta più illuminata*. ... Inoltre, è consentito cogliere le capacità d'inserimento del nuovo arrivato nell'ambiente professionale, qualora sia possibile raffrontare le sue astralità con quelle dei suoi colleghi di squadra, che siano i superiori o i subordinati. Ad esempio, è fin troppo da temere che una sovrapposizione zodiacale -Sole/Marte o Marte/Sole (soprattutto se uno di questi astri è dissonante, e a maggior ragione se lo sono entrambi), tra il candidato e il suo principale o il suo immediato superiore - possa tradursi in uno screzio finale, fortemente pregiudizievole agli interessi dell'impresa; mentre il rapporto Sole/Giove, MC/Sole, MC/Giove (in posizioni non dissonanti) costituisce un elemento di vantaggiosa collaborazione per gli interessati. La diagnosi astrologica si rivela insostituibile per fornire queste particolari categorie di informazioni di grande importanza.»[111]

---

[111] *Astrologia e orientamento professionale*, cit., p. 84, 85,90,91.

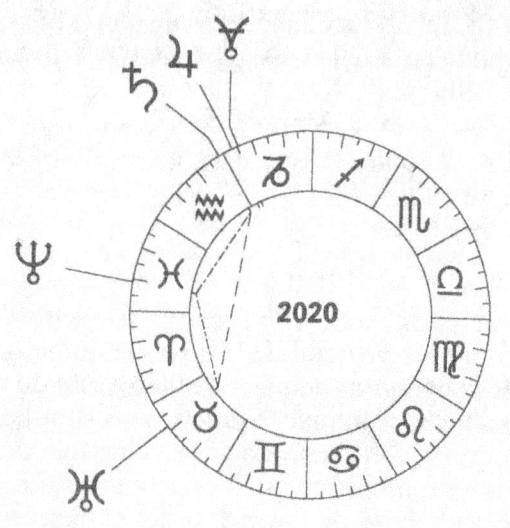

LA MAGIA ASTROLOGICA

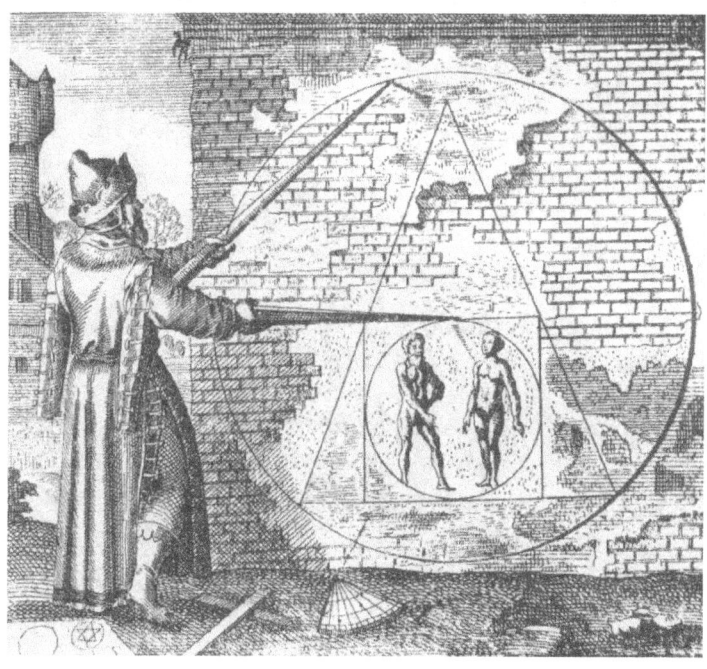

Affrontando il tema della "magia astrologica", rientrante nella più vasta tematica della magia – con quest'ultima che viene trattata con serietà prevalentemente a livello accademico – desidero proporre alcuni spunti di riflessione su questioni che hanno sollecitato il mio interesse e stimolato la mia immaginazione.

Che cosa si deve intendere per "magia" (dal greco μαγεία)? Il dizionario Treccani.it ne dà la seguente definizione:

Nel mondo ellenistico e tardo antico, la magia, soprattutto in alcuni ambienti filosofici e religiosi, si viene definendo come forma superiore di conoscenza cui corrisponde una concezione del mondo retto da forze spirituali, intermedie tra l'uomo e la divinità suprema, con le quali si entra in contatto per il tramite di riti e pratiche mistiche e religiose. Nel Medioevo (dal sec. XII) e nel Rinascimento, soprattutto per suggestione della tradizione neoplatonica, la magia torna a proporsi come forma di conoscenza, collegata con l'astrologia, che permette un rapporto privilegiato con le forze che reggono la natura secondo una concezione vitalistica e dinamica, rappresentando quindi un'esperienza cruciale della cultura europea fino al sec. XVII, soprattutto in quanto apre nuovi spazî a esperimenti e tecniche di manipolazione dei fenomeni, grazie anche ai legami con l'alchimia; spesso ritenuta capace di evocare e di usare forze demoniache infernali (detta quindi m. nera o negromanzia), e come tale proibita, condannata e perseguitata, la magia ha cercato di definirsi come scienza che conosce e usa forze naturali (m. bianca).

Il concetto è talmente complesso da potere contemplare, sempre a livello di primo approccio ermeneutico, più di una definizione.

Dall'Enciclopedia Garzanti di Filosofia:

Termine che designa sia atteggiamenti spirituali e mentali sia pratiche rituali presenti in ogni cultura e tendenti a dominare e a controllare la realtà, là dove l'uomo sente di non poterlo fare concretamente o nei confronti di "potenze" o "forze" che egli non conosce.

«Fin dall'età ellenistica o dalla scolastica la magia aveva trovato il suo fondamento teorico nell'astrologia, e sviluppando varie argomentazioni attinte ai sistemi dei platonici, degli aristotelici o degli stoici, pretendeva così di operare secondo natura; ... certo una parte delle fonti greche, soprattutto magiche, erano disponibili senza intervalli fin dalla tarda antichità: così l'*Asclepius* e le testimonianze ermetiche in Lattanzio e altri Padri latini...[112]»

Non sarà inutile riprodurre un bel passaggio di Frances A. Yates che riconduce all'ermetismo le origini della magia astrologica:

«I metodi della magia simpatica presuppongono quei continui effluvi di influenze, che dalle stelle si riversano sulla terra, di cui parla l'autore dell'*Asclepius*. Si riteneva che tali effluvi ed influenze potessero essere incanalati, e conseguentemente sfruttati, da un

---

[112] Paola Zambelli, *L'ambigua natura della magia*, Marsilio, Venezia, 1996, p. XIII, 7-8.

operatore fornito delle necessarie conoscenze. Tutti gli oggetti del mondo materiale si credevano colmi di occulte simpatie, riversate in essi dalla stella dalla quale ciascuno dipendeva. L'operatore che avesse voluto catturare, per esempio, il potere del pianeta Venere, doveva conoscere quali piante, quali pietre e metalli, quali animali appartenevano a quel pianeta, e servirsene mentre si rivolgeva a Venere. Doveva essere a conoscenza delle immagini di Venere, e sapere come riprodurle su talismani ricavati dagli adatti materiali venusiani, nel momento astrologicamente adatto. Si riteneva che queste immagini potessero catturare lo spirito, o il potere, della stella, e conservarlo per le necessità dell'uso. Non soltanto a ciascun pianeta era collegato un complicato sistema pseudo scientifico di simpatie occulte e di simboli, ma i dodici segni dello zodiaco avevano le loro piante, animali e immagini, e così via; e analogamente tutte le stelle e le costellazioni dei cieli. Perché il Tutto era Uno, collegato in se stesso da un sistema di relazioni infinitamente complesso. Il mago era appunto colui che sapeva penetrare all'interno di questo sistema, e servirsene, grazie alla sua conoscenza degli anelli delle catene di influenze discendenti verticalmente dall'alto, e al fatto di saper costituire, per sé, una catena di anelli ascendenti, mediante l'uso corretto degli occulti poteri simpatici contenuti nelle cose terrestri, delle immagini celesti, di invocazioni e nomi, e così via. I metodi e il sistema cosmologico presupposti sono sempre gli stessi, sia che il mago intenda servirsi di queste forme per ottenere, a proprio vantaggio, concreti benefici materiali, sia che egli se ne avvalga religiosamente, come nella magia ieratica descritta nell'*Asclepius*, per affondare lo sguardo nelle forze divine operanti nella natura, e per coadiuvare il suo culto di esse.[113]»

Troviamo specificamente menzione delle immagini astrologiche in una lettera del neo platonico Porfirio (234 – 305) al sacerdote egiziano Anebo. Thorndike ne riporta il piccolo brano che segue: *Nor are the artificers of efficacious images to be despised, for they*

[113] Frances A. Yates, *Giordano Bruno e la tradizione ermetica*, Einaudi, Torino, p. 71, 72

observe the motion of celestial bodies[114] (E nemmeno sono da disprezzare gli artefici di efficaci immagini, poiché essi osservano il moto dei corpi celesti). Devo tuttavia fare presente che, secondo Angelo Raffaele Sodano[115] il brano in questione va così tradotto: *Quanto poi a ciò che tu proponi da non rigettarsi affatto, [quello] cioè [che riguarda] coloro che sono capaci di produrre immagini dotate di azione, mi meraviglierei se qualcuno dei teurgi, i quali contemplano le vere specie degli dèi [nelle loro dirette, beate visioni] accettasse ciò. Ma costoro, dice [la tua lettera], osservano il corso dei corpi celesti e dicono di quale corpo celeste che ruoti con un altro o con altri saranno falsi o veri i vaticini, e [dicono quali suoi] fenomeni [saranno] privi di importanza o rivelatori [del futuro] o efficaci.*

Sia come sia, risulta attestata la fabbricazione di immagini astrologiche (o talismani), di cera, terracotta, pietra, metallo o altro materiale che, costruite in determinati momenti cosmici, avevano la proprietà di catturare le forze planetarie, per utilizzarle a proprio beneficio.

In questo modo operano i talismani, secondo qualità e somiglianza, giacché il talismano non è altro che la forza dei corpi celesti che opera per mezzo di quelli. Così, quando la materia del talismano viene predisposta [in modo adeguato] a ricevere l'influenza dei corpi celesti o pianeti e questi stessi – i pianeti – sono in una disposizione atta a influire sui materiali del talismano, allora lo stesso talismano sarà più potente e adeguato a produrre tutti gli effetti che chiediamo e desideriamo [ottenere] da esso e, parimenti, il pianeta in questione sarà più perfetto e completo. Ad esempio, quando vuoi predisporti a costruire un talismano, prendi in considerazione l'oggetto e la forma in funzione dei quali pensi di costruirlo, nonché il materiale che pensi di utilizzare e modellare e

---

[114] Lynn Thorndike, *A history of magic and experimental science*, Vol. I, Columbia university press, New York, 1923, p. 316
[115] *Lettera ad Anebo di Porfirio*, L'arte tipografica, Napoli, 1958, p. 39, 40

fa' in modo che tutto quanto stia insieme per simpatia dovuta a somiglianza.[116]

Ecco dunque il consiglio del Picatrix, "opera araba elaborata in Spagna alla metà dell'XI secolo, che tenne banco come autorevole manuale di ermetismo, d'alchimia e astrologia nell'epoca di Federico II e di Alfonso X, ripresa poi nell'umanesimo-rinascimento da tutti i grandi magi (Ficino, Pico, Agrippa…) come il compendio di magia cerimoniale e recuperata in età moderna come il vero manuale diabolico; essa ha resistito nove secoli presso tutti gli esoteristi come l'opera di magia per eccellenza…)"[117]

La diffusione di questo testo ha formato oggetto di studio da parte di Eugenio Garin[118] il quale scrive che una copia figurava addirittura nell'inventario dei libri sequestrati a Casanova quando fu mandato ai Piombi.

Il terzo libro del *De triplici vita* di Marsilio Ficino è impregnato di astrologia, e nel capitolo XVIII egli si occupa, sia pure con timore ed esitazione, delle immagini. Usando l'artificio di riferire semplicemente le opinioni di altri, il sacerdote e medico descrive in dettaglio il procedimento pratico per fabbricarle. Ficino inizia con Saturno che, come sappiamo, era il signore della sua genitura.

Per ottenere una vita lunga gli antichi facevano l'immagine di Saturno nella pietra Feyrizech, cioè nello zaffiro, nell'ora di Saturno, quando era ascendente e in posizione felice. La forma era quella di un uomo vecchio seduto su un'alta cattedra o su un drago, con il capo coperto da un panno di lino scuro, nell'atto di levare le mani sopra il capo, con una mano che tiene una falce o dei pesci, vestito di veste scura.[119]

---

[116] *Picatrix*, a cura di Paolo Aldo Rossi. Traduzione di Davide Arecco, Ida Li Vigni e Stefano Zuffi, Mimesis, Milano, 1999, p. 79, 80.

[117] *Idem*, p. 9, dall'introduzione dei traduttori.

[118] Eugenio Garin, *La cultura filosofica del Rinascimento italiano*, Sansoni, Firenze, 1961, pagg. 159 e segg.

[119] Marsilio Ficino, *Sulla vita*, traduzione di Alessandra Tarabochia Canavero, Rusconi, Milano, 1995, p. 253, 254

Torniamo ora ai tempi del Picatrix e incontriamo Arnaldo da Villanova (circa 1240? – circa 1312), medico, alchimista e astrologo. Arnaldo era convinto che l'astrologia stesse alla base della magia. Scrisse un trattato sui sigilli, fornendo dettagliate istruzioni sulla loro preparazione.

Nel nome del Padre vivente del nostro Signore Gesù Cristo, prendi oro purissimo e fondilo quando il Sole entra in Ariete. Poi ne farai un sigillo rotondo e mentre lo fai dovrai dire "Sorgi, Gesù, luce del mondo, tu che in verità sei l'agnello che togli i peccati del mondo e illumini le nostre tenebre."E ripeterai il Salmo Domine dominus noster. Dopo aver fatto tutto ciò, metti via il sigillo e più avanti, quando la Luna sta in Cancro o in Leone e mentre il Sole è in Ariete, incidi su una faccia la figura di un ariete e sulla circonferenza le parole arahel tribus v et vii, e altrove sempre sulla circonferenza imprimi queste sacre parole "Il Verbo si fece carne e venne ad abitare in mezzo a noi" e nel centro "Alfa e Omega e San Pietro".[120]

L'operazione magica per essere efficace doveva pertanto essere eseguita nel momento propizio, determinato dai calcoli astrologici. Secondo D. P. Walker, Ficino utilizzava la musica astrologica in concomitanza con i talismani[121], e "sappiamo dalle sue stesse parole che in almeno due occasioni (nel 1494 e 1495) Ficino riuscì, con strumenti derivati dalla sua magia astrologica, a espellere dei demoni malvagi di tipo saturnino."[122]

A distanza di un secolo e mezzo dall'apparizione del *De vita coelitus comparanda* di Marsilio, Tommaso Campanella ne mette ancora in pratica i precetti, dimostrando – nella loro applicazione, come vedremo – di averli ben compresi. D. P. Walker scrive un saggio rimasto insuperato e afferma: "non è lecito sollevare alcun dubbio sul fatto che la magia praticata a Roma da Campanella fosse di stretta derivazione ficiniana. ... In altre parole Campanella, oltre ad

---

[120] Lynn Thorndike, *A history of magic and experimental science*, Vol. II, Columbia university press, New York, 1923, p. 858. La traduzione dall'inglese è mia.
[121] Daniel Pickering Walker, *Magia spirituale e magia demoniaca da Ficino a Campanella*, Aragno, Torino, 2002, p. 49, 50.
[122] *Ibidem*, p. 64

adottare come propria la magia di Ficino, si mostrò perfettamente a conoscenza delle sue fonti, anche di quelle più pericolose in relazione all'ortodossia cattolica. Egli dimostrò di aver sicuramente compreso che, dietro la magia spirituale del *De vita coelitus comparanda*, vi erano preghiere rivolte ad angeli planetari..."[123]

Nella Roma barocca del 1628 presero a circolare preoccupanti voci in merito alla prossima morte del pontefice Urbano VIII. Alcuni astrologi, tra cui don Orazio Morandi, abate di Santa Prassede, ne fecero successivamente le spese e furono di esempio per tutti coloro che osassero formulare previsioni nefaste sulla salute del papa. Il papa, che si vantava di essere esperto e si dilettava di stendere le geniture dei suoi cardinali, temeva i malefici effetti delle eclissi di luna e di sole che si sarebbero verificate nel 1628 e 1630. Campanella era assai noto per essere "molto eminente in belle Lettere, in Teologia et in Astrologia", e Urbano, dopo averlo fatto liberare dal carcere del Sant'Uffizio, si dilettava di consultarlo, ricevendone gran beneficio. Risalgono quindi al 1628 le pratiche di magia astrologica eseguite insieme al pontefice, che Campanella descrive nel suo *De fato siderali vitando,* pubblicato a Lione nel 1629. "E li Spagnoli dissero ch'il Papa si salvò da quelli influssi per haver usato il rimedio ch'il Campanella pose nel Libro de Fato Siderali vitando." L'uscita del libro suscitò l'ira di Urbano VIII, che temeva di vedersi pubblicamente coinvolto in pratiche superstiziose, e ciò costringe Campanella a scrivere subito un *Apologetico* molto convincente e circostanziato in cui, tra gli altri, ricorre all'autorità di Marsilio Ficino, Alberto Magno e San Tommaso d'Aquino[124].

Scrive il grande erudito domenicano nel capitolo dedicato a evitare i mali che dipendono dall'eclisse nel *De fato siderali vitando*:

---

[123] *idem*, p. 284, 286-287.

[124] Per quanto riguarda Alberto Magno e S. Tommaso, Campanella abilmente e arditamente si spinge a dire: "Inoltre alcuni, fra i quali Alberto Magno, asseriscono che dai sette pianeti che influiscono sulle sette candele, che sono il numero numerato, non astratto, dei corpi sottoposti al cielo, deriva anche una virtù fisica. Con costoro è d'accordo san Tommaso nel III *Contro i Gentili,* cap. 105: quando infatti si fabbrica con arte qualche manufatto sotto determinate costellazioni, i prodotti ricevono una virtù specifica dalle stelle..." *Opuscoli astrologici,* traduzione di Germana Ernst, BUR, Milano, 2003, p. 163.

In primo luogo sforzati di vivere in modo temperato conforme a ragione e il più possibile vicino a Dio, dedicandoti a Lui con orazioni e cerimonie.

In secondo luogo, cospargerai la tua casa, ben sigillata perché non penetri aria dall'esterno, con aceto di rose e profumi aromatici; accenderai un fuoco con alloro, mirto rosmarino, cipresso e altri legni aromatici. Nulla risulta più efficace per dissipare gli influssi venefici del cielo, anche se fossero inviati da un demone.

In terzo luogo, adornerai l'edificio con panni bianchi di seta e rami frondosi.

In quarto luogo, accenderai due luminari e cinque fiaccole, che rappresentino i pianeti del cielo, in modo che, quando si oscurano in cielo, non manchino quelli che li sostituiscano sulla terra, come di notte, quando il sole si allontana, una lampada lo sostituisce, perché non venga a mancare il giorno che si è allontanato. Le candele siano composte con una mistura aromatica, e se imiterai anche i dodici segni, procederai in modo filosofico, e non superstizioso, come ritiene il popolino.

In quinto luogo, frequenta fra gli amici coloro i cui luoghi acetici, nelle rispettive natività, non risultino passibili di danno dall'eclisse. Risultano infatti di grande utilità le relazioni contrarie o simili all'evento. Le prime per allontanarlo, le seconde per accelerarlo.

In sesto luogo ascolterai musica gioviale e venerea, perché la malignità dell'aria venga frantumata, e i simboli delle benefiche si contrappongano agli influssi delle stelle malefiche.

In settimo luogo, poiché, di ogni stella, esistono adeguate corrispondenze con pietre, piante, colori, odori, musiche e moti, come sostenevo nel quinto libro della Medicina, *adopererai quelle esche che attirano le forze delle benefiche, e mettono in fuga quelle delle malefiche.*[125]

D. P. Walker nota che "le sue luci imitano i pianeti, non solo nel numero ma anche nella sostanza, ossia nell'essere fatte di fuoco. Le luci nella camera sigillata sostituiscono, a mio avviso, semplicemente il mondo celeste esterno in quel momento alterato

---

[125] Tommaso Campanella, *Opuscoli astrologici*, traduzione di Germana Ernst, BUR, Milano, 2003, p. 94, 95.

dall'eclissi: il cielo vero è sottoposto a una grave deprivazione naturale e così ci si crea un altro piccolo cielo, normale, tranquillo, d'aspetto favorevole."[126]

La magia astrologica degli ermetisti e neoplatonici si basava su complesse concezioni del mondo che si rifacevano ai grandi filosofi dell'antichità. Oggi ne possiamo sorridere, ma la questione tenne occupate menti eccelse ancor prima di Ficino, Pico e Campanella: Guglielmo d'Alvernia, Ruggero Bacone, Alberto Magno e Tommaso d'Aquino.

Qualche pratica di stampo magico-astrologico riaffiora anche ai giorni nostri: l'astrologo ed esoterista francese Alexandre Volguine nel 1937 scrive un testo che continua a essere molto consultato, *La technique des révolutions solaires*[127] arricchito di un intero capitolo sulla magia astrologica (*Quelques mots sur la magie astrologique*). Questo autore scrive testualmente: "Nous voulons parler ici du moyen, découlant directement des Révolutions Solaires, de combattre la destinée, tout au moins partiellement."[128]

Il rimedio suggerito consiste nel "consigliare al soggetto di trascorrere il giorno del suo compleanno in un altro luogo, diverso da quello di residenza. ... In questo modo si possono evitare temi annuali davvero catastrofici e spesso più o meno neutralizzare le dissonanze planetarie, evitando, ad esempio, che una potente opposizione si collochi sul meridiano o all'orizzonte della rivoluzione solare. Insomma tutta la magia astrologica non consiste in altro che nel deviare e indebolire i violenti aspetti malefici, spostandoli il più lontano possibile dagli angoli, che sono i punti più sensibili di una figura oroscopica."[129]

---

[126] *Op. cit.*, p. 301
[127] Alexandre Volguine, *La technique des révolutions solaires*, Dervy-Livres, Paris, 1972
[128] "Vogliamo qui parlare del mezzo, derivante direttamente dalle rivoluzioni solari, di combattere il destino, almeno in parte." (La traduzione dei brani di questo A. dal francese è mia)
[129] *Op. cit.*, p. 170

L'autore lo dichiara onestamente senza perifrasi, è un'operazione magica. Con ciò egli stabilisce un rapporto causale tra spostamento nel giorno del compleanno e storno dei malefici influssi planetari, ponendosi però in assoluto contrasto con le teorie oggi più seguite e accreditate, che vedono nell'astrologia un sistema simbolico decifrabile con il linguaggio e con gli strumenti della psicologia del profondo.[130]

---

[130] Cfr. a questo proposito i numerosi scritti di André Barbault, tra cui spicca *De la psychanalyse à l'astrologie* (trad. it.: Dalla psicoanalisi all'astrologia)

LE ETÀ DELLA VITA

> Di trenta l'uomo è bello, di quaranta fa il cervello,
> di cinquanta fa la roba, di sessanta fa la gobba.
>
> (Proverbio popolare)

Sin dall'antichità l'uomo ha osservato con curiosità e interesse i cambiamenti che intervengono, col trascorrere del tempo, nel corpo e nella psicologia dell'essere umano. Il filosofo ellenistico ebreo Filone d'Alessandria (circa 30 a.C. – circa 45 d.C.), richiamandosi all'ateniese Solone (640-630 a.C. – 560 circa) distingue la vita dell'uomo in base al numero sette.

Scrive Filone (*De opificio mundi*, XXXV, § 103):

… la facoltà di portare tutto a compimento, propria del numero 7, è mostrata assai chiaramente anche dai diversi periodi della vita degli uomini, che, da quando sono bambini a quando son vecchi, sono misurati da questo numero. Nei primi sette anni, dunque si assiste alla nascita naturale dei denti; nei sette anni successivi matura il tempo in cui può essere emesso un seme fecondo; nel terzo settennio si ha la crescita della barba e nel quarto lo sviluppo della forza fisica; nel quinto, poi, il tempo del matrimonio; nel sesto il culmine dell'intelligenza; nel settimo il miglioramento e l'accrescimento sia dell'intelletto sia della parola; nell'ottavo la perfezione in entrambi; nel nono la mitezza e la moderazione, essendosi fatte più docili le passioni; nel decimo, infine, si ha il termine auspicato della vita, quando le varie parti del corpo sono ancora in forze. Una vecchiaia che si prolunghi tende infatti, solitamente, a indebolire e distruggere ciascuna di queste parti.[131]

Indi il filosofo alessandrino prosegue riportando letteralmente i versi attribuiti a Solone, a cui evidentemente s'è ispirato:

«L'impubere fanciullo, incapace ancora di parlare quando sono spuntati i primi denti, perde questi nei primi sette anni. E quando Dio gli ha fatto compiere gli altri sette anni, mostra allora i segni della pubertà appena venuta. Nel terzo settennio, ancora accresciutesi le membra, si copre di peli il suo mento e la pelle ha mutato splendore. Nel quarto, ciascuno raggiunge il massimo della forza, che gli uomini tengono per segno di virtù. Nel quinto, è tempo che l'uomo si curi del matrimonio e cerchi di generare figli da poter lasciare dopo di sé. Nel sesto, perfettamente compiuto è l'intelletto dell'uomo, e non vuole più compiere opere scellerate. Nel settimo e nell'ottavo, che insieme fanno quattordici anni, massimamente eccellente

---

[131] Filone di Alessandria, *La creazione del mondo*, Rusconi, Milano, 1978, p. 119. Trad. it. Gianmaria Calvetti.

diviene nell'intelletto e nella lingua. Nel nono, è ancora in forze, ma più deboli sono la sua lingua e la sua sapienza, mentre ha una grande virtù. Nel decimo, se vi giunge dopo aver vissuto in modo giusto, non è immaturo esser toccati dal destino della morte.»[132]

Si nota che tanto Solone quanto Filone abbandonano, a partire dal sesto settenario, ogni riferimento allo sviluppo del corpo per osservare l'uomo piuttosto sotto il profilo culturale, etico e morale.

Tali concetti trovano una rappresentazione pavimentale nel Duomo di Siena a opera di Antonio Federighi (1475).

Infantia, pueritia, adolescentia, iuventus, virilitas, senectus, sfilano davanti ai nostri occhi con movimento rotatorio in senso orario (il senso delle lancette dell'orologio!) per terminare nel quadrato centrale posto su una grande croce: *decrepitas*, un vecchio che si avvia a entrare nella bara, stazione terminale di un percorso scandito dal tempo, che tutto consuma e tutto porta a compimento. Poiché, come ribadisce più volte Filone, «il numero 7 è anche chiamato "ciò che porta a compimento"», quindi legato all'idea di un ciclo che eternamente si rinnova.

---

[132] *Idem*, p. 120.

Il ciclo settenario, come schema generale dello svolgimento della vita umana, ha attratto nei secoli un'attenzione privilegiata da parte degli studiosi di varie discipline. Occorre tuttavia ricordare che, già a partire dal XIV secolo, nei paesi del Nord Europa si diffuse un'iconografia che suddivideva la vita in stadi (in tedesco "gradini o scalini"), di 10 anni cadauno.

E, ancor prima delle incisioni che ci sono state tramandate, risulta attestata una poesia dell'erudito ebreo sefardita Abraham ben Meir ibn Ezra, vissuto a cavallo dell'XI e XII secolo, che tradotta dall'ebraico in inglese suona così intitolata: *The son of earth should remember his origin, for one day to his mother he must return*[133]. Nella composizione ogni quartina il poeta descrive le attività caratteristiche di ciascuna età, suddivise in decadi, premettendo però una quartina introduttiva che narra i diletti del bambino di cinque anni. Dopo aver tracciato il quadro degli ottanta, l'ultima quartina invita l'uomo a considerarsi un pellegrino con la mente rivolta alle ricompense dell'altra vita che lo attende.

Un notevole esempio iconografico delle decadi è il bel manoscritto inglese riccamente miniato denominato "Arundel MSS. 83", conservato presso la British Library, e considerato risalente al 1310-1320. Per un'esauriente spiegazione del relativo simbolismo, rimando ancora una volta al già citato testo di John Winter Jones. Mi limito qui a richiamare l'attenzione sulle quattro figure agli angoli: la prima, in basso a sinistra tiene un cartiglio dove si legge *Infantia*, la seconda, in alto a sinistra, *Juventus*, la terza *Senectus*, e l'ultima *Decrepitus*. La miniatura espone quindi anche la suddivisione della vita in quattro stadi, ripartizione già iconograficamente conosciuta quanto meno sin dall'XI secolo che, come vedremo, anche C. G. Jung predilige.

---

[133] Cfr. John Winter Jones, *Observations on the origin of the division of man's life into stages*, Ellis, London, 1861, p. 5 e segg.

Nel 1520 viene stampato ad Anversa un curioso libricino intitolato
Der Dieren Palleys (Il palazzo degli animali), il cui autore, Jan van
Doesborch, non solo descrive lo svolgimento della vita umana
suddiviso in decadi, ma abbina a ciascuna fase un animale che ne
riassume le caratteristiche.

THE TEN AGES OF MAN
From "Der Dutsen Pelleger"

Riassumo di seguito le descrizioni che ne dà van Doesborch.

A dieci anni è un bambino mai stanco di giocare, assomiglia a un capretto che salta, a venti è un giovanotto, assomiglia a un vitello tormentato dalle pustole, a trenta è un uomo, assomiglia a un toro che vuol combattere e incornare a testa bassa chiunque lo contrasti, a quaranta farà mostra di saggezza, e gli viene attribuita la nobiltà del leone, a cinquanta è pieno di espedienti, la volpe si rifugia nella tana quando piove, a sessanta è in declino ma pieno d'ingordigia, come il lupo che balza su un gregge, a settanta si prende cura dell'anima sua, rinuncia a gioie e piaceri e, come un cane che rosicchia un osso, quotidianamente altrettanto egli si consuma, a ottanta vien messo da parte, è un peso e un disturbo per il mondo, assomiglia a un gatto che sta al caldo presso il focolare, a novanta assomiglia a un asino, negletto e zimbello dei bambini: mancano intelletto, vigore e piaceri, e tutti desiderano la sua morte, triste destino. A cento è preda della morte; assomiglia a un'oca, spennata e mangiata. Allo stesso modo viene spennato delle ricchezze che gli sono così care, e il corpo viene mangiato dai vermi.

Riporto qui sotto il primo esempio di incisione a noi noto, eseguito dal pittore e incisore tedesco Jörg Breu der Jüngere nel 1540.

Anche in questa rappresentazione osserviamo l'abbinamento di ciascuna figura a un animale: al bambino corrisponde la capra, al ragazzo il vitello, al giovanotto il cavallo, al quarantenne il leone, al cinquantenne la volpe, al sessantenne il cane, al settantenne il bue, all'ottantenne l'orso, al novantenne l'asino, ma al centenario corrisponde la bara. La morte sovrasta la scena, e sotto l'arco viene raffigurata la risurrezione dei morti e il Giudizio Universale.

Una raffigurazione cronologicamente di poco successiva (1545-1553), è a opera dell'incisore e pittore olandese Cornelis Anthonisz.

Questo artista risente evidentemente dell'influsso esercitato dal suo predecessore Jörg Breu der Jüngere, tuttavia introduce un più elaborato simbolismo; il percorso inizia in basso a sinistra col bambino in culla e procede, ascendendo, con l'attribuzione a ciascuna figura di un animale, che per lo più corrisponde alla serie del predecessore. Anche qui la volpe accompagna l'uomo fatto, maturo, al culmine della sua potenza, quasi a significare che non è più necessaria la forza del leone per mantenere la posizione di supremazia acquisita, ma è un'età in cui occorre giocare d'astuzia. Degno di nota il Turco, associato al lupo dei sessanta anni. Partendo dall'alto, fa la sua apparizione una mano che regge una clessidra, simbolo dell'inesorabile scorrere del tempo. Nel lato sinistro dell'immagine, l'albero della vita è rigoglioso: ai rami sono appesi strumenti musicali, quasi a raffigurare le gioie di un divertimento spensierato. Al lato destro, l'albero è spoglio, si è come disseccato e ospita, tra le altre cose, una civetta, simbolo di saggezza.

Rappresentazioni di questo tipo si rinvengono in Olanda, Francia e Germania. Sotto ne vediamo una tedesca risalente al XIX secolo, che – per alcune sue caratteristiche – riveste un certo interesse. Il titolo *Das Stufenalter des Menschen* (La scala delle età dell'uomo) ci dice di che cosa si tratta. Sotto i gradini nel cartiglio si legge: "Da tempo immemorabile la vita è suddivisa in dieci gradini che qui si mostrano in immagini, se su di esse volentieri ci sofferma." Sui singoli gradini si legge: a dieci anni un bambino, a venti un giovanotto, a trenta un uomo, a quaranta il compimento, a cinquanta il traguardo, a sessanta arriva la vecchiaia, a settanta un vegliardo, a ottanta un saggio, a novanta lo zimbello dei bimbi, a cento spera nella grazia di Dio. Sotto il cartiglio, il Padre Tempo assiso sul cerchio zodiacale, con i suoi usuali attributi della clessidra e della falce.

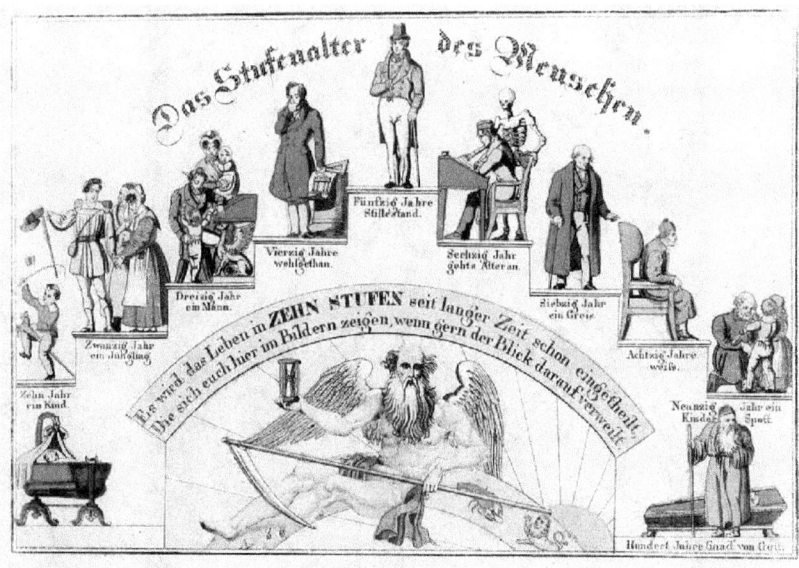

In Inghilterra l'immortale Shakespeare resta ancorato al settenario e diletta il suo pubblico con il famoso monologo di Giacomo (*Come vi piace*, Atto II, scena 7):

Tutto il mondo è teatro. E gli uomini e le donne puri istrioni tutti: hanno le loro entrate e uscite di scena, e ognuno fa diverse parti nella vita, che è un dramma in sette atti. Dapprima il neonato, che miagola e rigurgita il latte addosso alla sua balia. Poi lo scolaretto piagnucoloso, che con la sua cartella e il viso infreddolito dal mattino, a passo di lumaca si trascina svogliato a scuola. Poi l'innamorato, che soffia sospiri più che una fornace, componendo meste ballate per le belle ciglia del suo carotene. E poi il soldato, che sa dir bestemmie in ogni lingua; baffi di leopardo, sofistico sul punto dell'onore, impulsivo e corrivo alle baruffe, capace di cercare il fumo della gloria nella gola d'un cannone. Poi il giudice con la sua panciadoro rotondetta farcita di buon cappone, con occhietti severi e barba d'ordinanza; zeppo di vecchie massime e luoghi comuni, tanto per recitare la sua parte. La sesta età ti riduce a un macilento e acciabattato Pantalone, con occhiali sul naso e borsa attaccata al fianco; e con quelle sue calze, ben conservate al tempo della gioventù, larghe ora un pozzo per le sue cianche stecchite; e con la voce, virile un tempo, ridotta ora a un falsetto bambinesco stridulo e sibilante. Poi la scena conclusiva d'una storia piena di strani eventi: una seconda fanciullezza senza denti, senza vista, senza palato, senza memoria, senza niente.[134]

Un bell'esempio di settenario, riferito alla donna, è quello dipinto da Hans Baldung (1484 – 1545).

Edvard Munch invece ci riconduce ancora al quaternio.

---

[134] Traduzione di Cesare Vico Lodovici. Secondo Klibansky, Panofsky, Saxl "a Giove è assegnato il quinto atto, mentre l'età corrispondente al Sole è tralasciata in quanto troppo simile a quella «gioviale»."(*Saturno e la melanconia*, p. 139 n.)

Pur se la suddivisione della vita in decadi manifesta da una parte una maggiore accuratezza in termini di scansione temporale, dall'altra si sottrae al ricco simbolismo del numero 7 di cui la Bibbia, tra le varie altre, espone un quadro grandioso e a volte terribile.

Prima di rientrare nell'argomento delle età della vita, affrontandolo sotto il profilo astrologico, vorrei accennare all'affascinante tematica della settimana planetaria che ci aiuterà a introdurre un collegamento, sia pure analogico, tra età della vita e cicli dei pianeti astrologici. Secondo l'accademico americano Hutton Webster, «la settimana planetaria, istituzione diffusasi a est verso il mondo orientale e a ovest verso l'Europa, è il prodotto delle speculazioni di astrologi e filosofi dell'età ellenistica o greco-orientale. La sequenza dei giorni dipende, in ultima analisi, dall'ordine delle sette sfere planetarie adottate nell'antichità da Tolomeo...[135]» Resta tuttavia il

---

[135] Hutton Webster, *Rest days*, Macmillan, New York, 1916, p. 216. La traduzione dall'inglese è mia.

dilemma della spiegazione «dell'ordine astrologico dei pianeti e cioè l'ordine in cui appaiono nella loro veste di reggenti dei giorni della settimana...[136]»

Dione Cassio (circa 150 – 235 d.C.) si esprime così (*Historia romana* XXXVII, 18): «L'abitudine di riferire i giorni alle sette stelle chiamate pianeti fu istituita dagli Egizi ed ora è presente in tutta l'umanità, sebbene la sua adozione non sia molto antica. Infatti, gli antichi Greci, per quanto ne sappia, non ne avevano alcuna conoscenza. Tuttavia, poiché è ormai d'uso corrente in quasi tutti i popoli ed anche presso i Romani, per i quali è divenuta quasi una tradizione ancestrale, voglio dire qualche parola in merito al suo ordinamento.[137]»

In effetti a prima vista appare singolare il fatto che i pianeti assegnati ai giorni seguano l'ordine di Luna-Marte-Mercurio-Giove-Venere-Saturno-Sole invece che quello, basato sulla loro distanza dalla Terra, di Luna-Mercurio-Venere-Sole-Marte-Giove-Saturno (o, inversamente, Saturno-Giove-Marte-Sole-Venere-Mercurio-Luna).

Trascurando di indagare sulle spiegazioni che ne dà Dione Cassio, per i nostri scopi è sufficiente chiudere la questione con le parole del già citato Hutton Webster: «Pertanto, la settimana planetaria si presenta come un curioso amalgama di idee derivate da fonti differenti. Babilonia, la terra madre della divinazione, fornì la dottrina dell'influsso delle stelle sui destini umani, e la Grecia procurò l'astronomia matematica che raggruppò i pianeti secondo la loro distanza dalla terra. Su queste fondamenta gli astrologi di età ellenistica, che conoscevano bene il culto del numero sette e la suddivisione del giorno in 24 ore, edificarono ciò che, all'inizio, era un'istituzione interamente pagana.[138]»

Di una generazione precedente a quella di Dione Cassio, incontriamo il greco alessandrino Claudio Tolomeo (100 d.C. circa – morto dopo

---

[136] *Idem*, p. 215.

[137] Giuseppe Bezza, *Arcana mundi*, Biblioteca Universale Rizzoli, Milano, 1995, p. 482.

[138] *Op. cit.*, p. 218.

il 170[139]) matematico, astronomo, geografo e astrologo. Lo scienziato tratta il tema delle età dell'uomo affrontandolo, forse per primo, con metodo scientifico; afferma infatti all'inizio del suo celebre *Tetrabiblos*, «è innanzitutto cosa assai evidente, e che non ha bisogno di molte parole per essere confermata, che si diffonde una certa influenza dal Cielo su tutte le cose che sono in Terra...[140]». Nel libro IV, giunto al termine del suo *Tetrabiblos*, Tolomeo assegna a ciascun pianeta un lasso temporale in cui esercita un dominio. «Vi è difatti, per lo studio di tutti gli uomini, un naturale procedimento, di natura universale, che comincia con l'età infantile e con l'orbita che ci è più vicina, cioè quella della Luna, e finisce con l'orbita planetaria più alta, cioè quella di Saturno.» (*Op. cit.*, p. 258). Conviene ora riportare, riassumendolo, il testo di Tolomeo.

«I primi quattro anni di vita sono attribuiti alla Luna... essa in tal periodo governa il bimbo. Mercurio governa i dieci anni seguenti dell'età infantile. La terza età, che è quella dell'adolescenza, ha per governatrice Venere per gli otto anni seguenti. La quarta età è quella della giovinezza, essa ha per governatore il Sole e presiede ai diciannove anni seguenti. L'età seguente, la quinta, è quella di Marte il quale governa per quindici anni. Giove, che è il sesto, governa la vecchiaia per un periodo di dodici anni. L'ultimo pianeta è Saturno: esso regge la vecchiaia.» (p. 259-261)

Sette restano quindi le età della vita, suddivise però in periodi diseguali, ciascuna delle quali riflette le caratteristiche astrologiche del suo reggitore.

---

[139] Cfr. la relativa voce sul sito internet Treccani.it
[140] Claudio Tolomeo, *Tetrabiblos*, Arktos, Carmagnola, 1980, p. 22

Lo scultore francese Maurice Munzinger[141], riallacciandosi – pur senza citarlo espressamente – a Tolomeo, propone lo schizzo che segue:

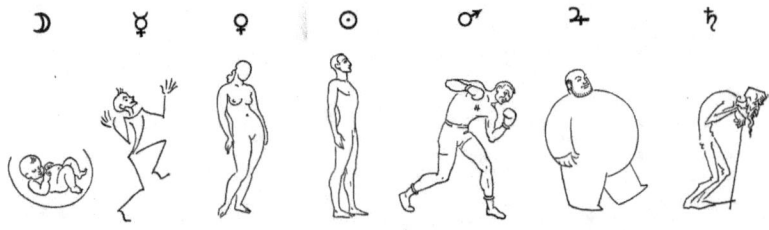

---

[141] Maurice Munzinger, *Morpho-psychologie astrologique*. Sta nel collettaneo *Jupiter & Saturne* di André Barbault (ed.), Éditions Traditionnelles, Paris, 1980, p. 41 e segg. Le successive traduzioni dal francese sono mie.

Pur avvertendo il lettore che tali immagini sono fortemente stilizzate allo scopo di sottolineare le varie caratteristiche astrologiche dei pianeti di riferimento, Munzinger afferma: «ogni essere umano, salvo che non muoia prematuramente, attraversa necessariamente questa serie di metamorfosi, corrispondenti alle caratteristiche di ciascun pianeta. ... Infatti, ciascuno di noi, mentre attraversa tali diversi periodi, può solo abbozzare in modo transitorio e assai diseguale la maggior parte dei tipi. Tra di essi, realizzeremo invece maggiormente e incarneremo in particolar modo il tipo o i tipi che si richiamano ai pianeti che ci hanno più fortemente marchiato o "segnato" alla nascita. Inoltre, è proprio durante l'età conforme alla loro natura che i "pianeti dominanti" manifesteranno con maggior intensità le tendenze loro proprie, realizzando alla perfezione il tipo che gli corrisponde.» (*Op. cit.* p. 41, 44)

Lo studio di Munzinger si sofferma poi sulla descrizione delle particolarità legate a ciascuna delle sette età della vita, assegnando precisi limiti temporali unicamente alle prime due: l'età della Luna (che va dalla nascita i sette anni) e l'età di Mercurio (dai 7 ai 14 anni). Questa interessante elencazione è arricchita dall'originale accostamento delle età con l'antica dottrina dei temperamenti; all'età della Luna corrisponde il temperamento flemmatico, a quella di Mercurio il temperamento "nervoso secco[142]", all'età di Venere il temperamento sanguigno-flemmatico, all'età del Sole il temperamento bilioso, all'età di Marte il temperamento bilioso-sanguigno, all'età di Giove il temperamento sanguigno-flemmatico e all'ultima, l'età di Saturno, il temperamento nervoso-freddo.[143] Lo schizzo dello stesso Munzinger servirà a illustrare meglio il concetto.

---

[142] La scuola francese preferisce parlare di temperamento "linfatico" anziché flemmatico, e "nervoso" anziché melanconico, come invece tramandatici dagli antichi.

[143] Munzinger ha cura di specificare che i temperamenti associati alle età non sono mai puri. Riferendosi al tipo Solare (facendo qui corrispondere il tipo all'età, *N.d.T.*), scrive infatti: «Ciò che definiamo temperamento rappresenta null'altro che il predominio di un sistema organico il quale corrisponde a sua volta a una funzione vitale legata con uno dei quattro elementi. Le quattro funzioni vitali necessariamente coesistono nel tipo solare come in qualsiasi essere umano, nella misura in cui: 1) si alimenta (temperamento flemmatico-Acqua); 2) respira (temperamento sanguigno-Aria); pensa (nervoso-Terra); 4) esercita la volontà o agisce (bilioso-Fuoco). Il più delle volte si stabilisce una gerarchia tra le funzioni,

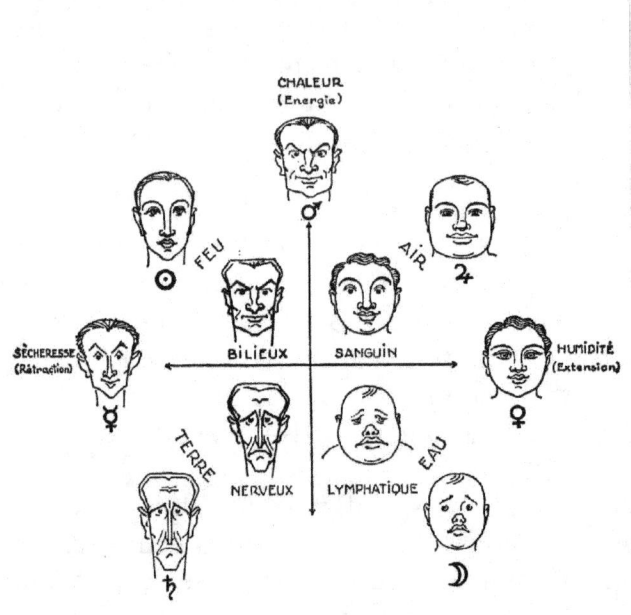

Desidero concludere questa carrellata, partita da così lontano, dirigendomi verso il sicuro approdo costituito dal pensiero di C. G. Jung a cui rivolgiamo quindi un grato pensiero per averci consegnato il saggio *Gli stadi della vita*[144], in cui affronta i problemi psichici dell'essere umano in relazione alle diverse età. Per Jung, il ciclo della vita può essere suddiviso in quattro parti. Jung ci dice che la nascita di una vera e propria coscienza dell'individuo si ha con "la differenziazione cosciente dai genitori", il che avviene normalmente all'epoca della pubertà. Successivamente, Jung considera la giovinezza che "va dall'epoca che segue immediatamente la pubertà fino alla metà della vita, pressappoco verso i 35-40 anni." I problemi che normalmente s'incontrano in questo stadio hanno secondo Jung

---

delle quali solo una o due esercitano il predominio; nel solare, assistiamo all'esaltazione della volontà.» (*op. cit.*, p. 51, n.)

[144] C. G. Jung, *Opere*, Vol. VIII, Boringhieri, Torino, 1976.

una caratteristica comune: "un attaccamento più o meno netto al grado di coscienza proprio dell'infanzia, una resistenza alle potenze del destino in noi e intorno a noi, potenze che vogliono trascinarci nel mondo. Qualcosa in noi vorrebbe restare infantile... La resistenza insorge contro l'espansione della vita, che è il carattere essenziale di questa fase." (p. 422). Jung si sofferma poi lungamente sullo spartiacque della cosiddetta "mezza età", che colloca tra i trentacinque e i quarant'anni. È un'epoca di trasformazioni profonde, "che sembrano partire dall'inconscio. Talvolta avviene come una lenta modificazione del carattere; tal altra ricompaiono tratti spariti fin dall'infanzia, oppure accade che inclinazioni e interessi avuti e manifestati sino ad allora comincino a impallidire, facendo posto ad altri, o, ciò che è più frequente, che le convinzioni e i principi soprattutto morali avuti sino ad allora assumano una durezza e una rigidità che può giungere, verso i cinquant'anni, sino all'intolleranza e al fanatismo..." (p. 424). Inoltre, se si paragona la prima metà della vita a un'ascesa (Jung a questo proposito propone l'allegoria del corso del sole, con il suo sorgere, lo zenit, il tramonto e la mezzanotte) la seconda metà ne rappresenta la discesa, e di conseguenza l'attivazione della legge di enantiodromia: "I valori psichici e il corpo stesso si trasformano nei loro contrari; non fosse altro che con accenni." Così conclude il suo saggio: "Ritorniamo, per finire, alla similitudine del sole. I 180 gradi del ciclo della nostra vita si suddividono in quattro punti. Il primo quarto, a oriente, è l'infanzia; è uno stato senza problemi durante il quale noi siamo problemi per gli altri, ma non abbiamo ancora coscienza dei nostri problemi. La coscienza dei problemi si estende al secondo e al terzo quarto; e nell'ultimo quarto, costituito dalla vecchiaia, noi ritorniamo in quelle condizioni in cui, senza preoccuparci della disposizione della nostra coscienza, diveniamo nuovamente un problema per gli altri. L'infanzia e la vecchiaia sono indubbiamente assai diverse; ma hanno in comune il fatto d'essere immerse entrambe nell'inconscio psichico. Poiché il fanciullo si sviluppa uscendo dall'inconscio, la sua psicologia, per quanto difficile, è sempre meno difficile della psicologia del vecchio, che rientra a poco a poco nell'inconscio, ove alla fine sparisce." (p. 432)

INDICE